U0527952

国家出版基金项目
上海高校服务国家重大战略出版工程

秦汉六朝字形谱

第二卷

臧克和 郭瑞 主编

华东师范大学出版社

小部

【小】

《說文》：小，物之微也。从八，丨見而分之。凡小之屬皆从小。

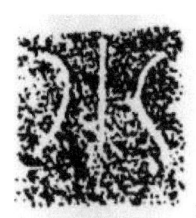

漢銘・上郡小府盤

漢銘・館陶郭小鐵

漢銘・張君馬二

漢銘・熒陽宮小□鐙

漢銘・大吉田器

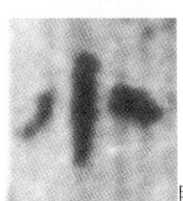

睡・秦律十八種 52

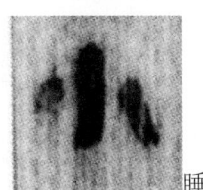

睡・封診式 79

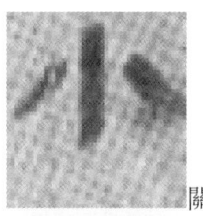

關・曆譜 70

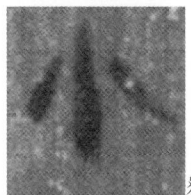

嶽・質日 3430

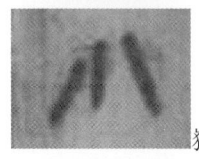

嶽・暨過案 105

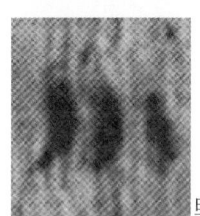

里・第五層 18

里・第八層 143

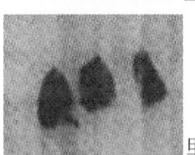

里・第八層背 529

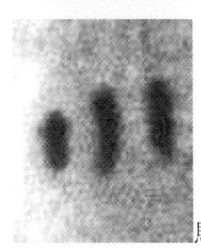

馬壹 149_75/249 下

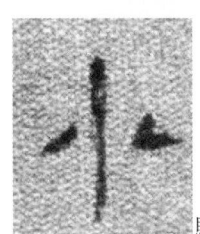

馬壹 72_6

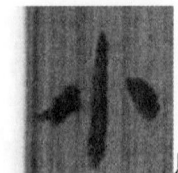

馬貳 238_195

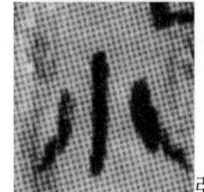

張·賊律 10

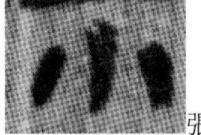

張·蓋盧 40

銀壹 238

銀貳 1104

北貳·老子 41

敦煌簡 0661

敦煌簡 0238A

金關 T01:142A

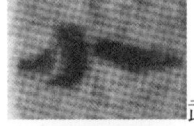

武·儀禮甲《服傳》2

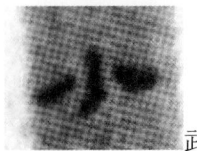

武·甲本《燕禮》5

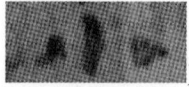

東牌樓 012

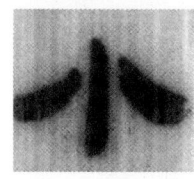

北壹·倉頡篇 32

○細小貧寠

廿世紀璽印二-SP

○咸郿小有

歷代印匋封泥

○小廄將

秦代印風

○小廄南田

廿世紀璽印三-GY

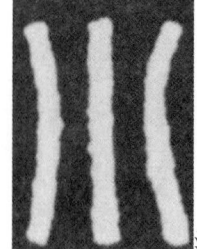

○御小府

漢晉南北朝印風

○新前胡小長

漢晉南北朝印風

○小中里

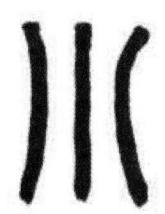

漢印文字徵

○新前胡小長

漢代官印選

○小苑東門侯

漢印文字徵

○諸葛小孫

漢印文字徵

○高小奴

漢印文字徵

○曹小

漢印文字徵

○公乘小孫

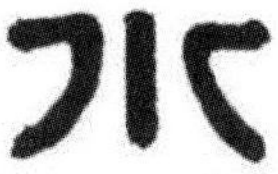

漢印文字徵

○勃小府

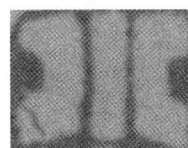

柿葉齋兩漢印萃

○孫小青

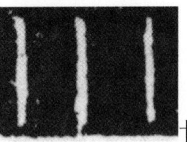

廿世紀璽印四-SY

○胡小男

漢晉南北朝印風

○宋小兒印

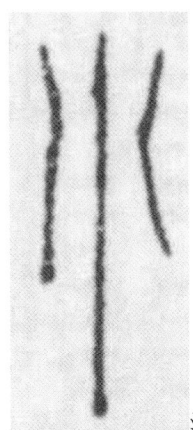

漢晉南北朝印風

○曹小

東漢・鮮於璜碑陰

東漢・元嘉元年畫像石題記一

東漢・楊著碑額

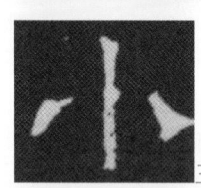

三國魏・張君殘碑

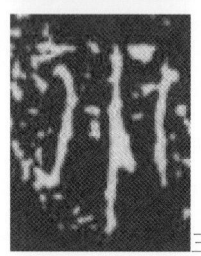

三國魏・三體石經尚書・篆文

○在令予小子非克有正迪惟

三國魏・三體石經尚書・隸書

北魏・元靈曜誌

北魏・李超誌

北魏・堯遵誌

東魏・閻叱地連誌

北齊・高百年誌

【少】

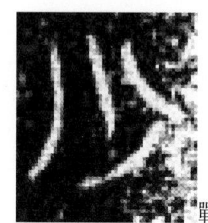

《說文》：少，不多也。从小丿聲。

戰晚・十三年少府矛

戰晚・卅四年少府戈

戰晚・上皋落戈

戰晚・五年相邦呂不韋戈二

戰晚・邵宮和

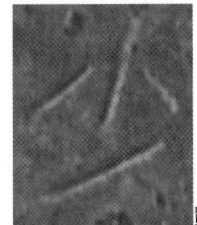

戰晚・咸陽四斗方壺

秦・少府矛

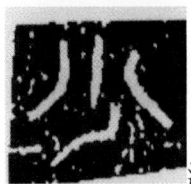

漢銘・桂宮行鐙

漢銘・駘蕩宮高鐙

漢銘・廢丘鼎蓋

漢銘・壽成室鼎一

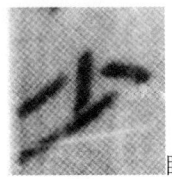

睡・法律答問 32

睡・為吏 27

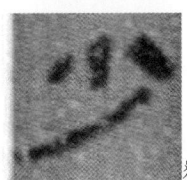

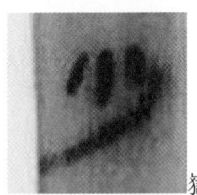

獄・為吏 69

獄・數 26

獄・學為偽書案 227

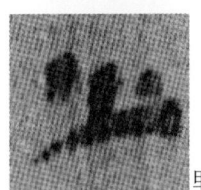

里・第八層 63

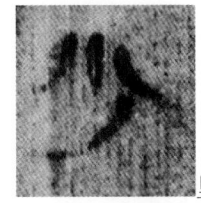

〇五石少半斗

里・第八層 33

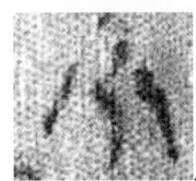

馬壹 245_2 下\3 下

〇東南少（小）吉

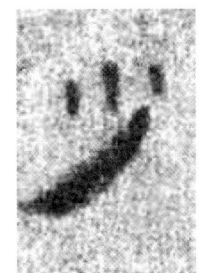

馬壹 137_63 下/140 下

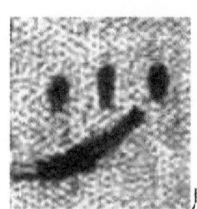

馬貳 32_3 上

張·徭律 414

張·脈書 47

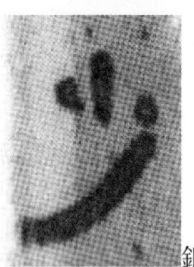

銀貳 1567

北貳·老子 27

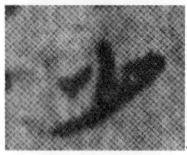

敦煌簡 0239B

金關 T24:142

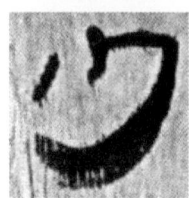

金關 T01:015

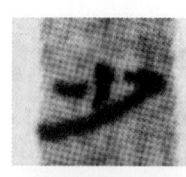

武·甲《泰射》51

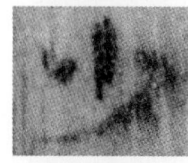

東牌樓 032 正

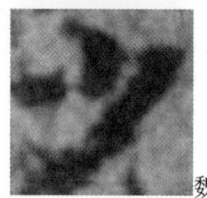

魏晉殘紙

廿世紀璽印三-GP

○少府工丞

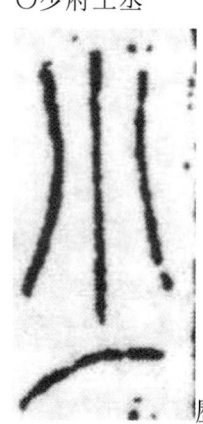

歷代印匋封泥

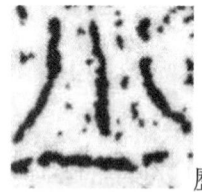

歷代印匋封泥

秦代印風

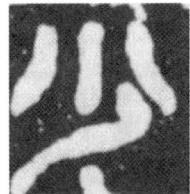

漢晉南北朝印風

漢晉南北朝印風
○少内

廿世紀璽印三-SY
○李少君

廿世紀璽印三-SY
○葛少君印

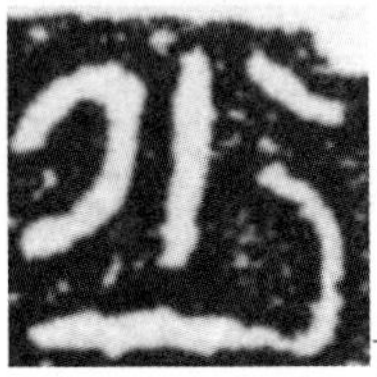

廿世紀璽印三-GY
○少年祭尊

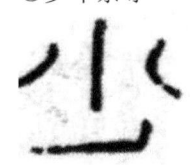

廿世紀璽印三-GP

廿世紀璽印三-SY
○呂少季印

廿世紀璽印三-SY
○趙少卿昌

漢晉南北朝印風
○少年祭尊

漢印文字徵

漢印文字徵
○夏少公印

漢印文字徵
○趙少

漢印文字徵
○肐少孺

漢印文字徵
○王印少君

漢代官印選

○丞相少史

漢代官印選

○少府監印

漢印文字徵

○許少卿印

歷代印匋封泥

○少府銅丞

歷代印匋封泥

漢印文字徵

柿葉齋兩漢印萃

○榮少孺

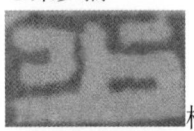

柿葉齋兩漢印萃

○呂丘少孺

柿葉齋兩漢印萃

○魏少卿

漢代官印選

○太子少傅

漢晉南北朝印風

○史少齒

漢晉南北朝印風

○李少翁

漢晉南北朝印風

○宋少孺

漢晉南北朝印風

○袁少生印

漢晉南北朝印風

○孫少夫印

漢晉南北朝印風

○李少卿

漢晉南北朝印風
○呂少之印

東漢・石祠堂石柱題記

東漢・建寧元年殘碑

東漢・肥致碑

西晉・成晃碑

北魏・元瓛誌

北魏・元子正誌

北周・匹婁歡誌蓋
○周少傅大將軍普安壯公墓誌

【尐】

《說文》：尐，少也。从小乀聲。讀若輟。

東漢・開母廟石闕銘
○九域尐其脩治

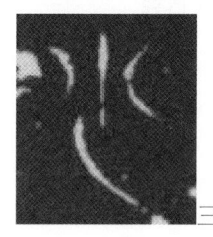

三國魏・三體石經尚書・古文
○告之曰尐（小）人

〖𡴍〗

張・算數書 82
○𡴍（胜）脂亦一兩

〖尟〗

西晉・石尟誌
○尟親率邑族

西晉・石尟誌
○代尟

425

西晉・石尟誌

〇石尟

北魏・卅一人造像

〇牀宗者尟

〖眉〗

張・算數書 82

〇得眉（胜）脂

八部

【八】

《説文》：八，別也。象分別相背之形。凡八之屬皆从八。

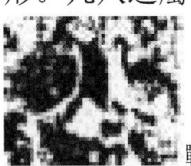

戰中・商鞅量

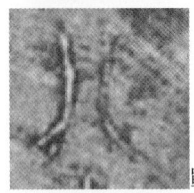

戰晚・十九年寺工鈹六

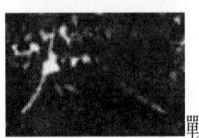

戰晚・卅六年私官鼎

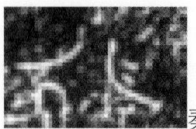

秦代・麗山園鐘

秦代・始皇詔八斤權二

漢銘・汝南郡鼎

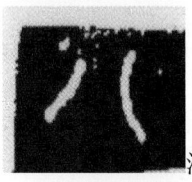

漢銘・汧鼎蓋

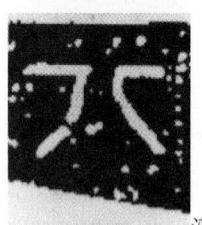

漢銘・雎平陽宮鼎

漢銘・陶陵鼎一

漢銘・平陽甋

漢銘・新常樂衛士飯幀

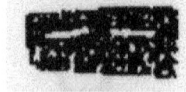

漢銘・椒林明堂銅錠三

漢銘・漢第八鍾

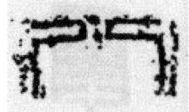

漢銘・建初八年洗

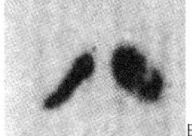

睡・秦律十八種 41

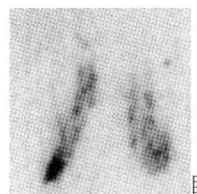

睡・日甲 107

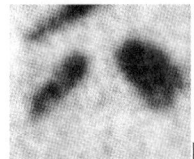

睡・日甲《歲》64

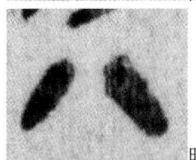

睡・日乙 101

關・日書 135

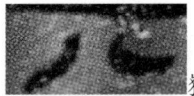

嶽・質日 272

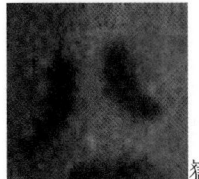

嶽・質日 351

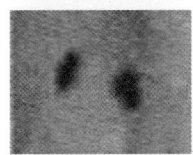

嶽・數 11

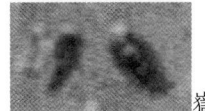

嶽・數 3

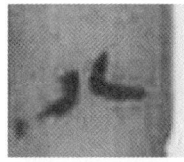

嶽・暨過案 105

里・第六層 16

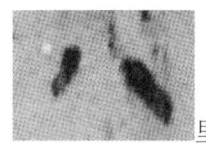

○卅八日

里・第八層 548

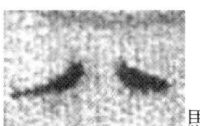

馬壹 179_83 上

馬貳 219_37/48

馬貳 111_56/56

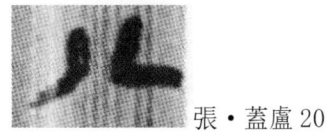

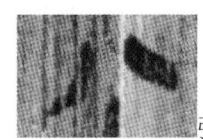

張・戶律 315

張・蓋盧 20

○日有八勝

張・算數書 180

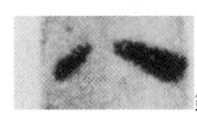

銀壹 344

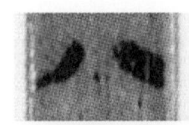

銀貳 1714

敦煌簡 2220A

金關 T05:064

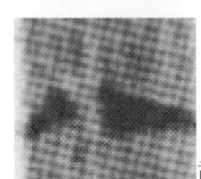

武・儀禮甲《服傳》38

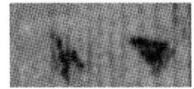

東牌樓 120

○十八

北壹・倉頡篇 26

○百廿八

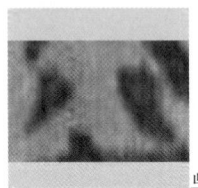

吳簡嘉禾・四・二二三

歷代印匋封泥

○八解風

漢印文字徵

○廿八日騎舍印

漢印文字徵

○第八封完

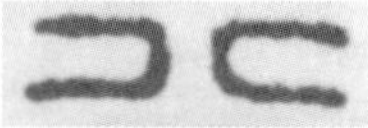

漢晉南北朝印風

○巨秦八千萬

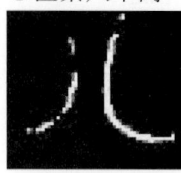

詛楚文・亞駝

○兼倍十八世詛盟

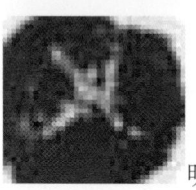

明瓊

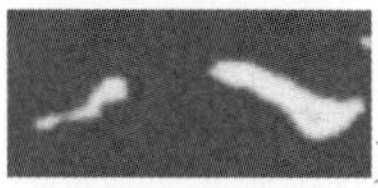

東漢・楊著碑額

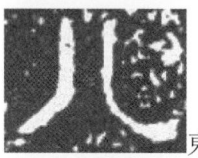

東漢・燕然山銘

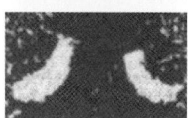

東漢・張遷碑陰

東漢・成陽靈臺碑

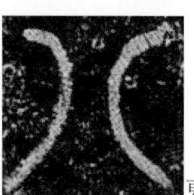

東漢・司徒袁安碑

西晉・荀岳誌

○年八

北魏・鄭黑誌

北魏・元誘妻馮氏誌

【分】

《說文》：分，別也。从八从刀，刀以分別物也。

戰中・商鞅量

漢銘・館陶家行釘

漢銘・大司農權

漢銘・一分圭

漢銘・新量斗

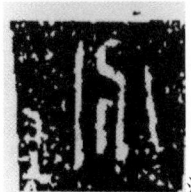

漢銘・光和斛一

睡・秦律十八種 83

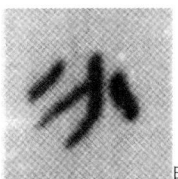

睡・效律 12

睡・日甲 10

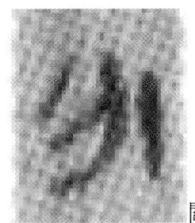

關・病方 321

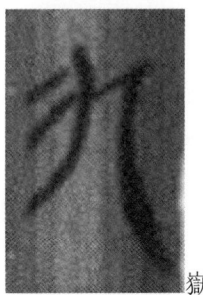

獄・占夢書 3

獄・數 12

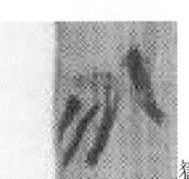

獄・癸瑣案 7

里・第八層 1557

馬壹 111_9\360
○分后曰天金（法）

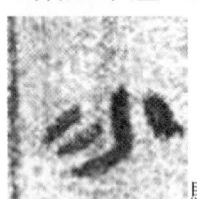

馬壹 179_88 上

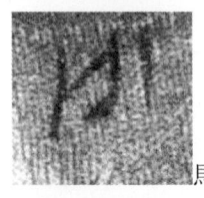

馬貳 70_48/48

張·捕律 140
○分將令

張·算數書 5

銀貳 1149

敦煌簡 2011

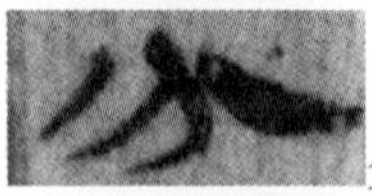

金關 T31:140

武·甲《特牲》43
○佐食分軌（簋）

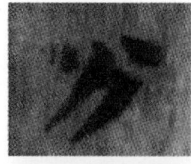

東牌樓 035 背

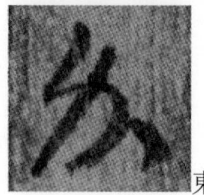

東牌樓 043 背
○分別

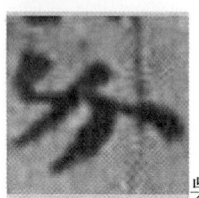

吳簡嘉禾·四·四三二

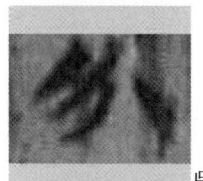

吳簡嘉禾·四·二一六

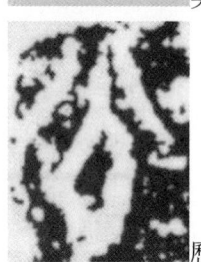

歷代印匋封泥
○魚里分步

廿世紀璽印三-SP
○分

漢印文字徵
○李分誓

泰山刻石

東漢·尹宙碑

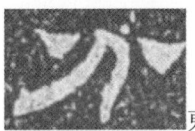

東漢·尚博殘碑

西晉·臨辟雍碑

○三方分崩

北魏·尉遲氏造像

○分段之鄉

北魏·鄯乾誌

○錫土分茅

北魏·□伯超誌

○支分派降

北魏·奚真誌

○分柯皇魏

北魏·楊乾誌

○其分基霄漢

北魏·長孫盛誌

北周·寇嶠妻誌

南朝宋·王佛女買地券

○事事分明

【尔】

《說文》：尒，詞之必然也。从入、丨、八。八象气之分散。

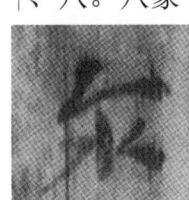

東牌樓035正

○邁忽尔令

魏晉殘紙

○當來尔慎

東漢·校官碑

〇卑尔熾昌

北魏·元舉誌

〇卓尔殊佚

北魏·元汎略誌

〇卓尔不群

北魏·懷令李超誌

〇泛尔沿流

北魏·楊氏誌

〇記號云尔

北魏·元彥誌

〇卓尔俗表

北齊·徐顯秀誌

〇尔朱天柱

【曾】

《說文》：曾，詞之舒也。从八从曰，囧聲。

漢銘·中曾鼎

里·第八層背 1495

馬壹 87_188

馬貳 241_230

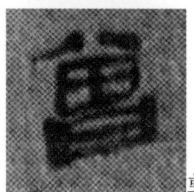

敦煌簡 1448

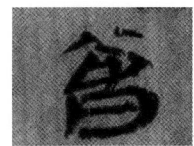

金關 T11:001
○曾氏

廿世紀璽印三-SY

漢印文字徵
○任曾

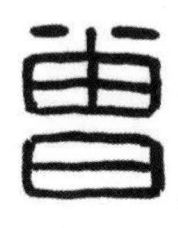

漢印文字徵
○曾子寶

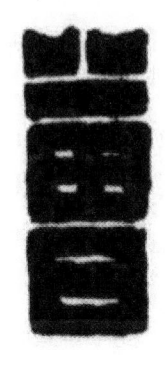

漢印文字徵
○曾敖

漢印文字徵
○山曾

漢晉南北朝印風
○山曾

漢晉南北朝印風
○平原劉世曾印

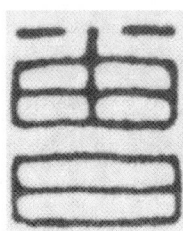

漢晉南北朝印風
○曾子寶

秦駰玉版

石鼓・吳人

東漢・曹全碑陽

東漢・東漢・婁壽碑額

西晉・管洛誌

北魏・楊範誌
○曾祖父

北魏・穆亮誌

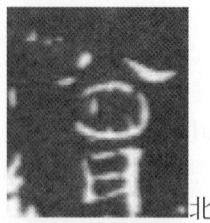

北魏・崔隆誌

北魏・司馬紹誌
○曾孫

北魏・孫標誌
○曾孫

北魏・吐谷渾璣誌
○曾孫

北魏・元譚妻司馬氏誌
○曾孫

北魏・薛伯徽誌
○曾孫

北魏・元融誌

北魏・寇慰誌

北魏・元天穆誌

北魏・王悅及妻郭氏誌

北魏・寇臻誌

○曾孫

北齊・崔德誌

○曾祖

北周・華岳廟碑

北周・叱羅協誌

○曾無疑滯

【尚】

《說文》：尚，曾也。庶幾也。從八向聲。

漢銘・駘蕩宮壺

漢銘・齊大官尚志鼎

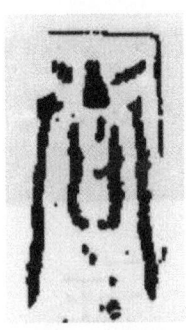

漢銘・尚方故治器三

漢銘・元初二年鐖

漢銘・王家尚食釜

漢銘・中尚方鐎斗

漢銘・尚方故治器二

睡・效律 24

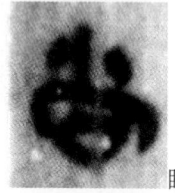

睡・封診式 89

獄・猩敞案 56

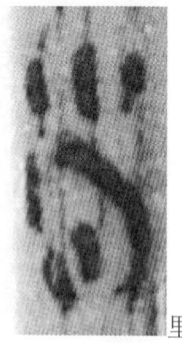

里・第八層 216
○令史尚視平

馬壹 7_38 上

馬壹 6_25 下

銀壹 599
○以不尚（上）焉

敦煌簡 1617B
○五十尚肥子

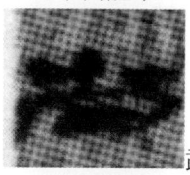

武・甲《特牲》2

武・甲《少牢》3

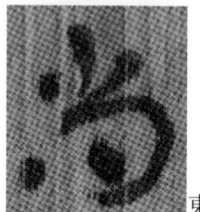

東牌樓 044
○吉自尚小

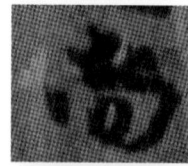

東牌樓 012

北壹・倉頡篇 2
○賓勛向尚

魏晉殘紙

○尚書

廿世紀璽印二-GP

○右尚

歷代印匋封泥

○尚畢里季

秦代印風

歷代印匋封泥

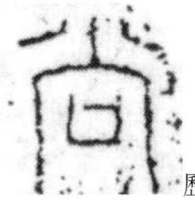

歷代印匋封泥

漢晉南北朝印風

漢印文字徵

漢印文字徵

漢代官印選

漢晉南北朝印風

○尚普私印字子良

漢晉南北朝印風

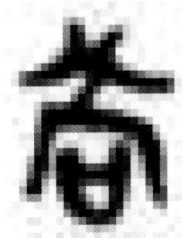

秦駰玉版

東漢・史晨後碑

東漢·禮器碑陰
〇尚書侍郎魯孔彪元上三千

東漢·史晨前碑

東魏·叔孫固誌

東魏·馮令華誌

北齊·高淯誌

北齊·感孝頌

北齊·雲榮誌

北齊·封子繪誌蓋
〇齊故尚書右僕射冀州使君封公墓誌銘

北周·豆盧恩碑

【叙】

《說文》：叙，从意也。从八豖聲。

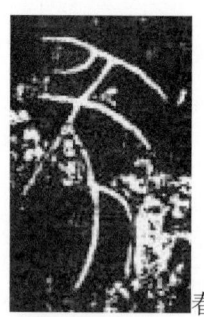

春早·秦公鎛
〇不叙(墜)于上

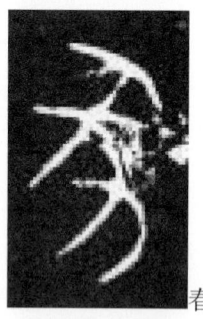

春早·秦公鐘
〇不叙(墜)于上

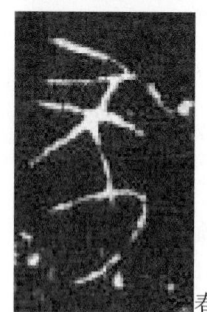

春早·秦公鐘
〇不叙(墜)于上

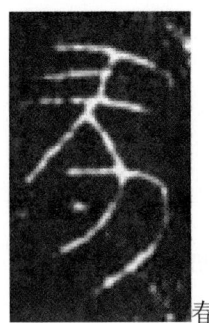

春早·秦公鎛

○不豖（墜）于上

【詹】

《說文》：詹，多言也。从言从八从厂。

馬壹 105_56\225

○于野詹（瞻）忘

馬貳 8_17 中\21

○七十詹

張·秩律 463

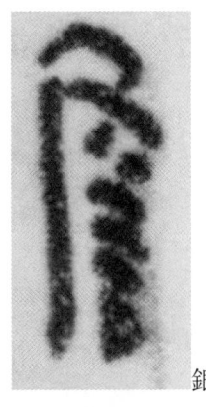

○詹事

銀壹 682

漢印文字徵

○狼詹私印

漢印文字徵

○成詹之印

漢印文字徵

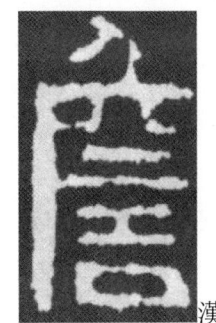

○閻詹

漢代官印選

○太子詹事印章

漢晉南北朝印風
〇顯平詹事丞印

北魏·元寶月誌
〇太子詹事

北魏·王悅及妻郭氏誌
〇太子詹事

北魏·爾朱襲誌
〇東宮詹事

北魏·爾朱紹誌
〇東宮詹事

【介】

《説文》：介，畫也。从八从人。人各有介。

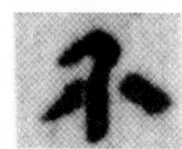

睡·法律答問 207
〇介人

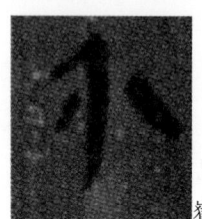

獄·質日 2713

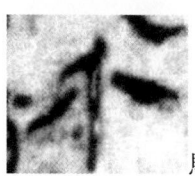

馬壹 87_176
〇壞介（界）燕畢

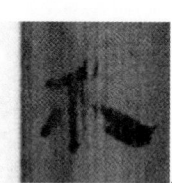

馬貳 259_17/26

北貳·老子 43

敦煌簡 2180

金關 T01:001
〇人妻介罪民閒

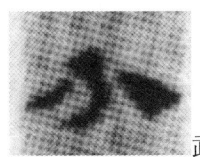

武‧甲《有司》62
○三介其餘皆取之

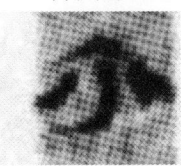

武‧甲《泰射》59
○取一介

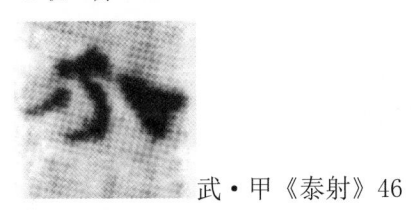

武‧甲《泰射》46
○取一介

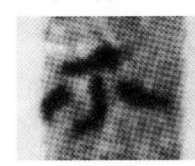

武‧甲《泰射》45
○一介出于次

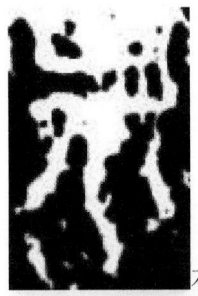

石鼓‧田車

詛楚文‧亞駝
○輿禮使介老將之以

東漢‧趙寬碑
○辭榮抗介

東漢‧三公山碑

北魏‧元寶月誌
○介然山峙

北魏‧元颺妻王氏誌

北魏‧馮迎男誌

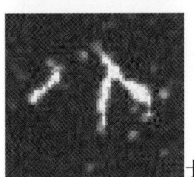

北魏‧韓賄妻高氏誌
○貞風介氣

北魏‧李媛華誌

北魏‧李超誌

北魏‧邢安周造像
○鎮遠將軍介

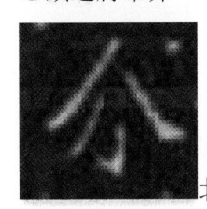

北魏‧弔比干文
○切寶犀以貫介

北魏·李謀誌蓋

〇大魏故介休縣令李明府墓誌

東魏·趙胡仁誌

〇風儀介操

北齊·崔芬誌

北齊·張海翼誌

【𠔽】

《說文》：𠔽，分也。从重八。八，別也。亦聲。《孝經說》曰："故上下有別。"

【公】

《說文》：𠫓，平分也。从八从厶。八猶背也。韓非曰：背厶爲公。

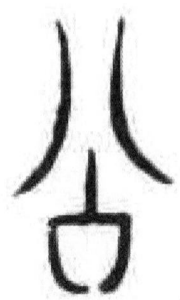

春晚·秦公鎛

春早·秦公簋

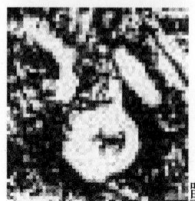

戰晚·太后公車害

春晚·秦公簋

西晚·不其簋

春晚·秦公鎛

春早·秦公鎛

春早·公戈

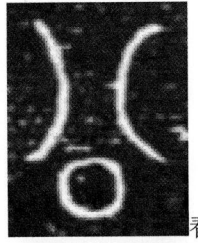

春早・秦公鼎

春早・秦公鼎一

春早・秦公鐘

漢銘・綏和鋗

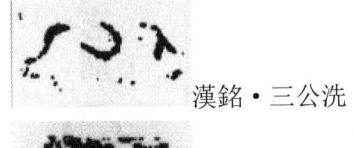

漢銘・三公洗

漢銘・□公瓵

漢銘・位至三公鉤

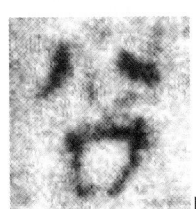

馬壹90_250

○大公壐封齊

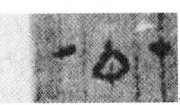

敦煌簡1897

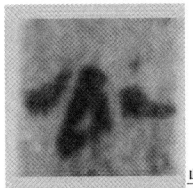

吳簡嘉禾・五一六二

歷代印匋封泥

○公區

廿世紀璽印二-SY

○公孫舉

廿世紀璽印二-GP

○邢公

廿世紀璽印二-GP

○公畬

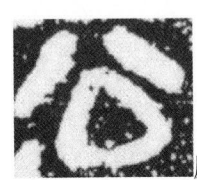

歷代印匋封泥

○公釜

廿世紀璽印二-SY

○公孫綏

歷代印匋封泥
○公二
秦代印風 
歷代印匋封泥 
○公車司馬丞
秦代印風 
秦代印風 
○公祿
秦代印風 
秦代印風 
○公孫市

秦代印風
廿世紀璽印三-SY 
○李幼公印
廿世紀璽印三-SY 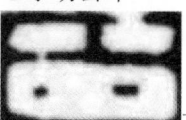
○公孫賀
廿世紀璽印三-SY 
○少公信印
廿世紀璽印三-SY 
○公孫況印
歷代印匋封泥 
○公伯

漢晉南北朝印風
○太師公將軍司馬印

歷代印匋封泥
○朱中公

廿世紀璽印三-SY
○楊長公

歷代印匋封泥
○公車司馬

廿世紀璽印三-SY
○常少公

漢代官印選
○公車丞印

柿葉齋兩漢印萃
○魏公孫

漢代官印選
○公車令印

柿葉齋兩漢印萃
○公治定印

歷代印匋封泥
○公孫調

柿葉齋兩漢印萃
○公孫望印

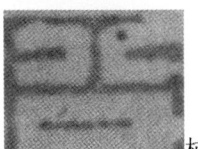

漢印文字徵
○吳公子

柿葉齋兩漢印萃
○公良路子

柿葉齋兩漢印萃
○大原郡開國公章

漢印文字徵
○公口義印

漢印文字徵
○公孫鄧印

漢印文字徵
○公上翁叔

漢印文字徵
○莊少公印

漢印文字徵
○公孫慶印

漢印文字徵
○公乘舜印

漢印文字徵
○馮少公

漢印文字徵
○公冶定印

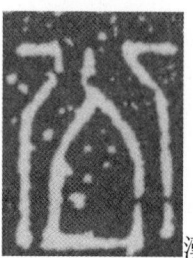

漢晉南北朝印風
○長廣公郎中令

漢晉南北朝印風
○汶山公下將軍司馬

漢晉南北朝印風
○冀樂公

漢晉南北朝印風
○公息禹印

漢晉南北朝印風
〇田少公

漢晉南北朝印風
〇公孫國印

漢晉南北朝印風
〇公孫喜印

漢晉南北朝印風
〇公孫慶印

漢晉南北朝印風
〇公孫禹印

漢晉南北朝印風
〇公孫武印

漢晉南北朝印風
〇趙次公印

漢晉南北朝印風
〇公乘延年

漢晉南北朝印風
〇成公綰臣

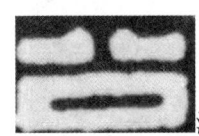

漢晉南北朝印風
〇公孫少孺

漢晉南北朝印風
〇陳長公印

漢晉南北朝印風
〇楊長公

漢晉南北朝印風
〇公丘整

漢晉南北朝印風
〇朱長公

漢晉南北朝印風
○成公何

漢晉南北朝印風
○公乘舜印

漢晉南北朝印風
○公孫戎印

漢晉南北朝印風
○公孫並印

漢晉南北朝印風
○中公

廿世紀璽印四-SP
○田公心

漢晉南北朝印風
○公孫乘印

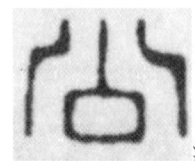

漢晉南北朝印風
○公乘沮印

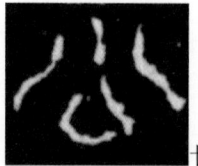

廿世紀璽印四-GY
○遼西公章

詛楚文・巫咸
○先君穆公及楚成王繆力

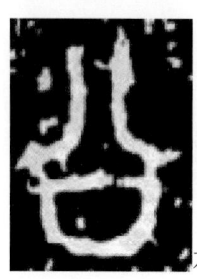

石鼓・吾水

懷后磬

東漢・張遷碑陽

東漢・夏承碑

東漢・張遷碑陰

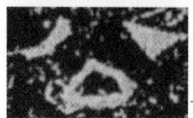

東漢・尹宙碑

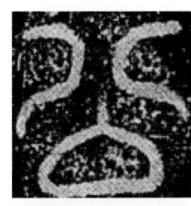

東漢・司徒袁安碑

○詔公爲賓

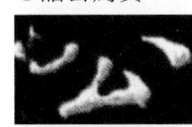

東漢・楊震碑

東漢・楊震碑

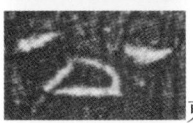

東漢・楊震碑

東漢・禮器碑陰

○平原樂陵朱恭敬公二百

東漢・肥致碑

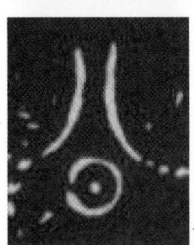

三國魏・三體石經尚書・古文

○命公曰

三國魏・曹真殘碑

○姜潛公

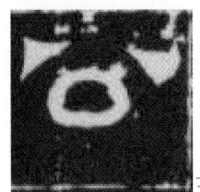

三國魏・曹真殘碑

○於是徵公

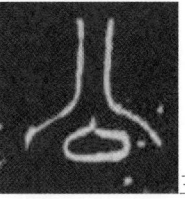

三國魏・三體石經春秋・篆文

○齊冬公

西晉・郭槐柩記

北魏・尉遲氏造像

北魏・楊君妻崔氏誌

東魏・李希宗誌蓋

○司空李公

東魏・元光基誌蓋

○司空公

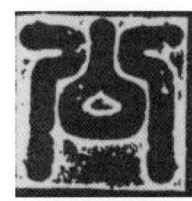

東魏・高盛碑額

○文懿高公碑

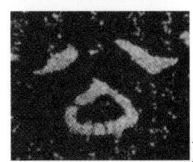

東魏・邸珍碑額

北齊·堯峻誌蓋

○堯公墓誌銘

北齊·崔昂誌蓋

○崔公墓誌

北齊·劉洪徽誌蓋

○大齊太尉公平梁王劉君墓誌

北齊·高阿難誌蓋

○太尉公

北周·董榮暉誌蓋

○廣昌公

【必】

《說文》：𢖩，分極也。从八、弋，弋亦聲。

戰中·杜虎符

睡·秦律十八種188

睡·效律32

睡·為吏35

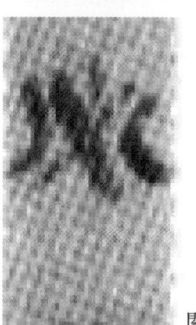

關·日書219

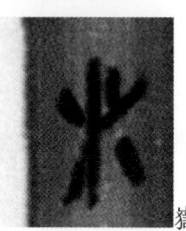

獄·為吏33

○畢至必有天當

獄·識劫案132

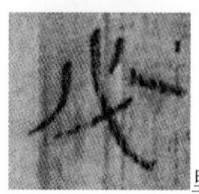

里·第八層138

450

○必謹視中

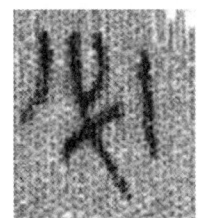

馬壹 257_4 下

○黍肉必多酒

馬壹 77_80

馬壹 7_36 上

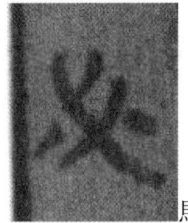

馬貳 204_19

馬貳 33_17 下

張・蓋盧 40

銀壹 344

銀貳 1863

北貳・老子 73

敦煌簡 1448

金關 T07:063

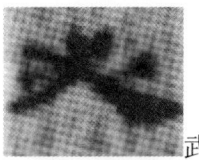

武・儀禮甲《服傳》22

武・日忌木簡丙 7

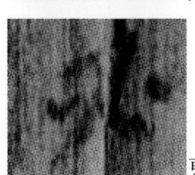

東牌樓 036 背

○必遣送

秦代印風

○必敄

漢印文字徵
○必庠之印

漢印文字徵
○杜必

漢印文字徵
○必市

漢印文字徵
○必充

東漢・熹平石經殘石四

東漢・石門頌

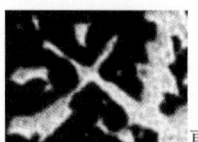

東漢・楊震碑

北魏・馮邕妻元氏誌
○逕目必持

北魏・李伯欽誌

北魏・謝伯達造像
○斯福必就

北周・李賢誌

【余】

《說文》：余，語之舒也。从八，舍省聲。

【𠆢】

《說文》：𠆢，二余也。讀與余同。

西晚・不其簋

春晚·秦公簋

○余雖孚（小子）

春晚·秦公鎛

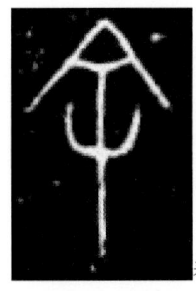

春早·秦公鎛

○余孚（小子）

睡·日書乙種《除》26

○建寅余（除）卯

馬壹183_126上

馬壹146_41/215上

馬貳206_37

○余（徐）去

張·秩律454

張·引書29

銀壹903

敦煌簡1053

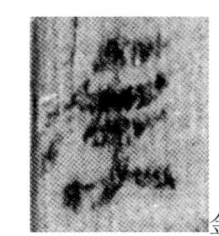

○八升余

金關T24:914B

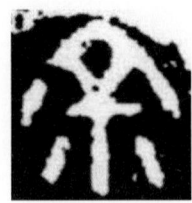

廿世紀璽印二-GP

○余都鍴

漢印文字徵

○余禁

漢印文字徵

○余蒼私印

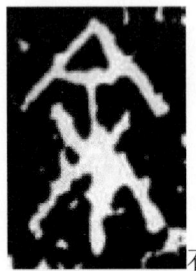

石鼓・吾水

秦駰玉版

○余身曹（遭）病

新莽・萊子侯刻石

○用百餘（余）人。

東漢・趙寬碑

東漢・石門頌

○詔書開余

東漢・石門頌

○余谷之川

東漢・開通褒斜道摩崖刻石

○開通褒余(斜)道

晉・洛神十三行

北齊・雋敬碑

北齊・雋敬碑

○永保余心

北齊・張潔誌

○余獨何爲

北齊・天柱山銘

○余忝資舊德

北齊・房周陁誌

【个】

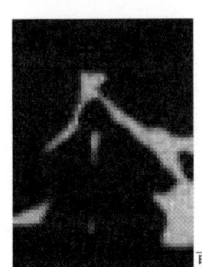

東魏・廉富等造義井頌

○□个澄寂

東魏・王方略造塔

○郭阿个

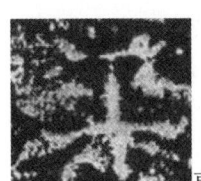

采部

【采】

《說文》：采，辨別也。象獸指爪分別也。凡采之屬皆从采。讀若辨。

【𠂤】

《說文》：𠂤，古文采。

東漢・孟孝琚碑

○十一月□卯采

【番】

《說文》：番，獸足謂之番。从采；田，象其掌。

【蹞】

《說文》：蹞，番或从足从煩。

【𥸸】

《說文》：𥸸，古文番。

漢銘・聖主佐宮中行樂錢

馬壹 134_49 上/126 上

馬壹 15_13 上\106 上

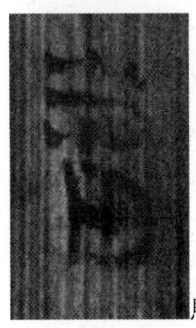

馬貳 286_312/331

○一續番

金關 T07:095

金關 T23∶193

○奴牡番和宜便里

東牌樓 007

吳簡嘉禾・四・五八九

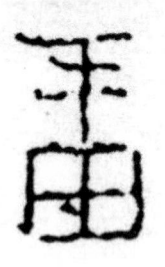

廿世紀璽印三-GP

○大吉番禺

漢代官印選

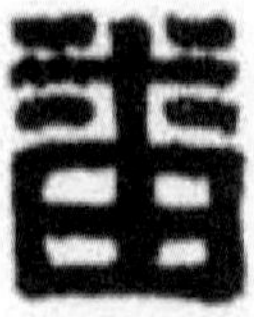

漢印文字徵

東漢・白石神君碑

北魏・元纂誌

北魏・李端誌

北魏・元思誌

○番醜改識

北魏・李端誌

【宷】

《説文》：宷，悉也。知宷諦也。从宀从釆。徐鍇曰："宀，覆也。釆，別也。包覆而深別之。宷，悉也。"

【審】

《説文》：審，篆文宷从番。

睡・效律 50

○不審而贏

睡・法律答問 100
○不審
獄・為吏 30
里・第八層 1125 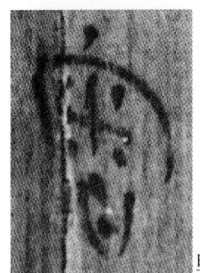
○審論訾
馬壹 124_38 上
○審知四度
張・具律 115 
○其不審
張・奏讞書 47 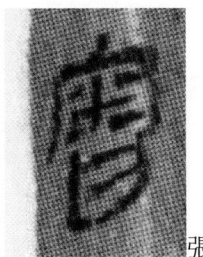

○捕武審
銀貳 1750 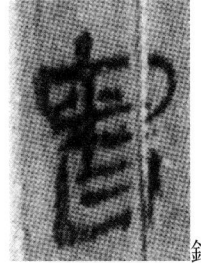
○始疏用重不審
敦煌簡 0683 
金關 T21:179 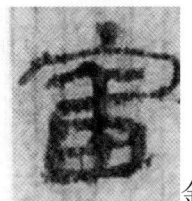
○令史審
東牌樓 050 正 
○不審
廿世紀璽印二-SY 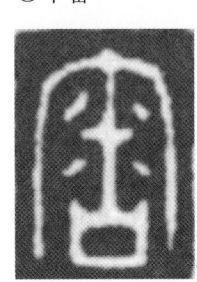
○審仁言
秦代印風 
○審訑

秦代印風

○審有

廿世紀璽印三-SY

○審諸候印

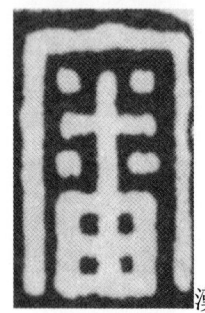

漢晉南北朝印風

漢印文字徵

漢印文字徵

○審福

漢印文字徵

漢印文字徵

漢晉南北朝印風

東漢・成陽靈臺碑

東漢・西狹頌

東漢・成陽靈臺碑

北魏・張寧誌

北魏・薛慧命誌

北齊・李難勝誌

【悉】

《說文》：悉，詳盡也。从心从釆。

【𢜽】

《說文》：𢜽，古文悉。

里・第八層 336
○悉求及

馬壹 83_89
○悉上黨以功（攻）

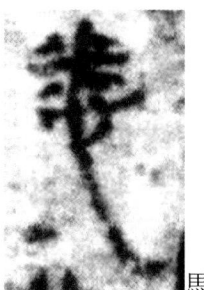

馬壹 88_208
○君悉燕兵而疾贊

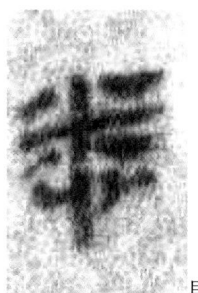

馬壹 145_20/194 下

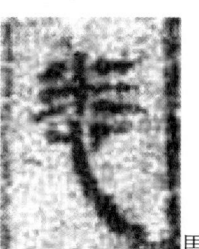

馬壹 226_75

張・奏讞書 222

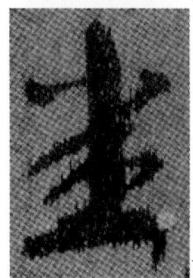

東牌樓 043 正
○書不悉送

東牌樓 162 背
○暑人悉□□

北壹・倉頡篇 6
○顛顧重該

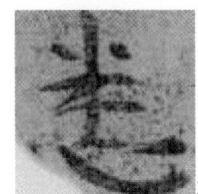

北圖五卷四號

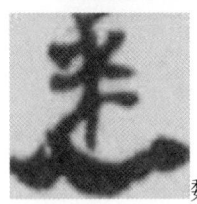

魏晉殘紙
○所悉自爾

詛楚文・巫咸
○今又悉興其衆

東漢・舉孝廉等字殘碑
○悉厥緒爲

東漢・曹全碑陽
○悉以薄（簿）官

北魏・馮會誌

北魏・王禎誌
○千齡誰悉

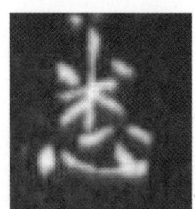

東魏・慧光誌

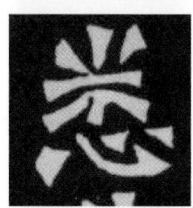

東魏・成休祖造像

北齊・無量義經二

北齊・牛景悅造石浮圖記

【釋】

《説文》：釋，解也。从釆；釆，取其分別物也。从睪聲。

金關 T29:113

○郭釋之

東漢・張遷碑陽

○釋之議爲不可

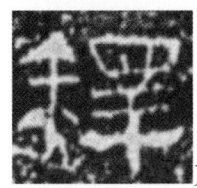

東漢・張遷碑陽

○有張釋之

北魏・昭玄法師誌

北魏・崔承宗造像

○釋迦像

北魏・元弼誌

○釋褐

北魏・高思雍造像

○造釋迦文像

北魏・王僧男誌

○能記釋嬪嬙

北魏・元纂誌

○釋褐爲司徒祭酒

北魏・薛慧命誌

○門師釋僧澤書

東魏・志朗造像

○釋迦

東魏・馬都愛造像

○釋迦如來

東魏・六十人等造像

○釋迦像

西魏・介媚光造像

○釋氏化盡，邁餘千載

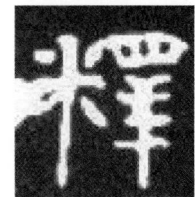

北齊・道明誌

○釋褐奉朝請

北齊・崔棠夫妻造像

○釋加像

北齊・庫狄業誌

○心無釋禮

北周・李明顯造像

○釋迦石像

北周・僧妙等造像

○釋迦石像

北周・崔宣靖誌

戰晚・咸陽四斗方壺

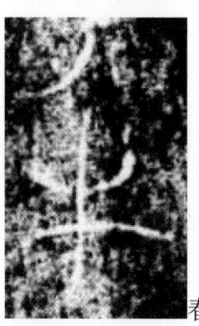

戰晚・邵宮和

春晚・秦公簋

戰晚・高陵君鼎

漢銘・廢丘鼎

漢銘・安成家鼎

半部

【半】

《說文》：半，物中分也。从八从牛。牛爲物大，可以分也。凡半之屬皆从半。

漢銘・陽周食鼎

漢銘・重廿八斤鼎

漢銘・重十六斤鼎

漢銘・南陵鍾

漢銘・熒陽宮小口鐙

漢銘・大半籥小量

睡・秦律十八種 180

○米半斗

睡・效律 5

○半升

關・日書 208

嶽・占夢書 5

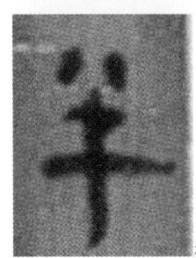

嶽・數 22

里·第八層 925
里·第八層背 1524 
馬壹 218_125 
馬貳 70_44/44 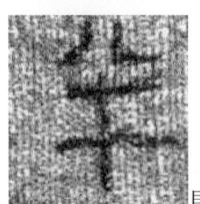

○草相半

馬貳 130_43
張·傳食律 233 

張·奏讞書 163
張·算數書 164 
銀壹 774 
銀貳 1141 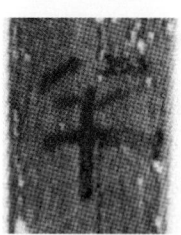
敦煌簡 0563A 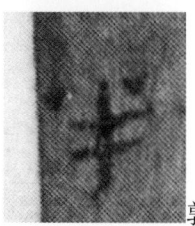
金關 T09:380B

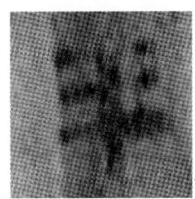

東牌樓 003 背

秦代印風

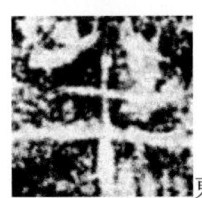

○勿半非有

東漢・陽三老石堂畫像石題記

北魏・元懷誌

北魏・檀賓誌

【胖】

《説文》：胖，半體肉也。一曰廣肉。从半从肉，半亦聲。

【叛】

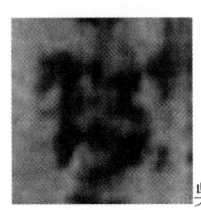

《説文》：叛，半也。从半反聲。

吳簡嘉禾・八零九八

○五日叛走

北魏・元壽安誌

北魏・嚴震誌

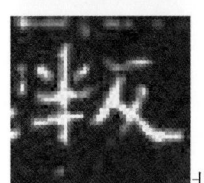

北齊・堯峻誌

牛部

【牛】

《説文》：牛，大牲也。牛，件也；件，事理也。象角頭三、封㞑之形。凡牛之屬皆从牛。

漢銘・牛馬鈴

漢銘・宜牛羊鈴

漢銘・大富貴鈴

漢銘・宜牛犢鈴

漢銘・造作□書鈴

睡・秦律十八種 126

睡・效律 57

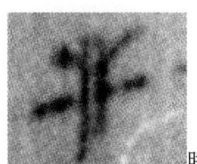

○馬牛

睡・日甲《玄戈》58

睡・日甲 87

關・病方 347

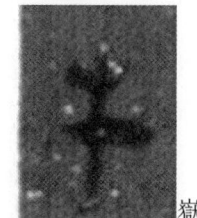

獄・為吏 21

里・第八層 490

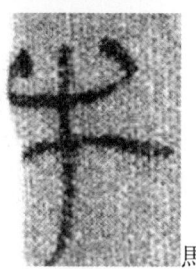

馬壹 257_8 下\14

馬壹 4_11 下

馬貳 262_51/71

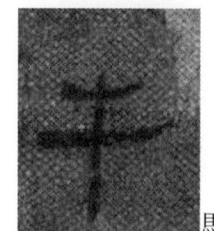

馬貳 111_53/53

張·田律256

○馬牛

張·奏讞書105

○獨捕牛買（賣）

銀壹946

○養牛馬

銀貳1907

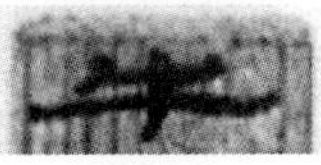

敦煌簡1166

金關T01:170

○牛車一兩

金關T23:897A

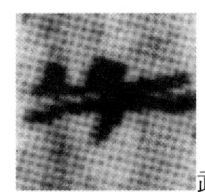

武·甲《少牢》33

東牌樓078 正

秦代印風

秦代印風

歷代印匋封泥

○九牛霍

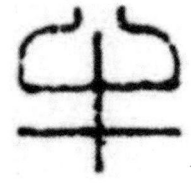

廿世紀璽印三-SY

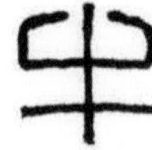

漢印文字徵

漢印文字徵

漢印文字徵

漢印文字徵
○牛印勝之

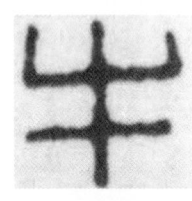

漢晉南北朝印風

漢晉南北朝印風
○牛高君印

漢晉南北朝印風
○牛勝之印

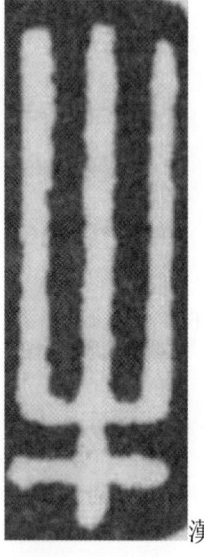

漢晉南北朝印風
○牛甯印

漢晉南北朝印風
○牛禹

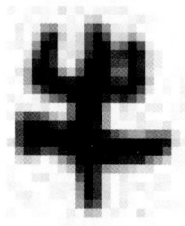

秦駰玉版

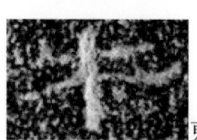

東漢・簿書殘碑

北魏・寇憑誌

北魏·尉遲氏造像

【牡】

《說文》：牡，畜父也。从牛土聲。

睡·日甲 11

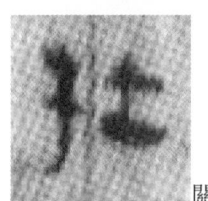

關·病方 368

○牝牡

里·第八層 2491

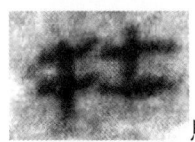

○牡彘一

馬壹 144_17/191 上

馬貳 141_22

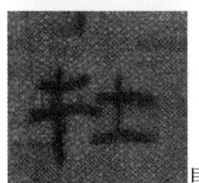

馬貳 114_92/92

張·脈書 12

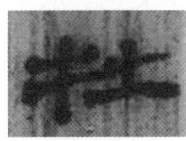

北貳·老子 49

敦煌簡 1124

○牡齒六歲

金關 T23：806

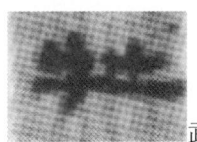

○牡齒

武·儀禮甲《服傳》48

○牡麻絰既葬除

北壹·倉頡篇 68

○牝牡雄雌

北魏·元乂誌

○委蠻而四牡調

北魏·高猛誌

○四牡徘徊

【犅】

《說文》：犅，特牛也。从牛岡聲。

【特】

《說文》：牪，朴特，牛父也。从牛寺聲。

漢銘·大司農權

漢銘·光和斛二

漢銘·光和斛一

金關 T01：045

武·甲《特牲》47

北壹·倉頡篇 31

〇鰥寡特孤

廿世紀璽印三-GP

〇特庫丞印

歷代印匋封泥

〇特庫丞印

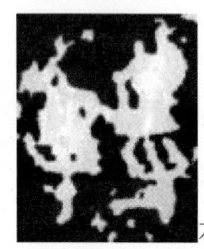

石鼓·車工

〇鈏敺其特

東晉·王丹虎誌

〇特進衛將軍

東晉·王閩之誌

〇特進衛將軍

東晉·宋和之誌

〇左僕射特進

北魏·李超誌

〇介然峻特

北魏·元珍誌

○奇峰特起

北齊·唐邕刻經記

【牝】

《說文》：牝，畜母也。从牛匕聲。《易》曰："畜牝牛，吉。"

睡·秦律雜抄 31

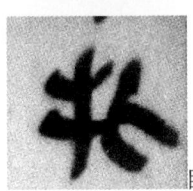

睡·日甲 12

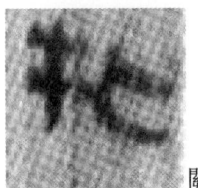

關·病方 368

里·第八層 1443

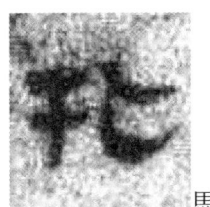

馬壹 37_35 下

馬貳 32_20 上

張·奏讞書 102

張·脈書 12

銀貳 1219

北貳·老子 65

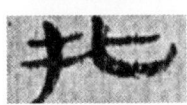

金關 T09:046

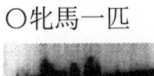

○牝馬一匹

北壹·倉頡篇 68

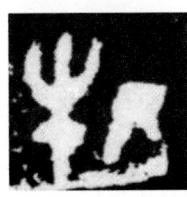

○牝牡雄雌

廿世紀璽印二-SP

○咸完里牝

北魏・元誕業誌

○牝雞將□

北魏・馮邕妻元氏誌

○書誡牝雞

北齊・司馬遵業誌

○牝雞遂晨

【犢】

《說文》：犢，牛子也。从牛，賣省聲。

漢銘・宜牛犢鈴

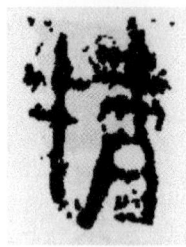

漢銘・造作□書鈴

漢銘・大吉利宜牛犢鈴

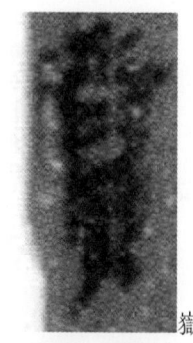

獄・數 125

馬壹 9_62 上

○三歲不犢（覿）凶

馬壹 3_15 上

張・金布律 422

○六斤犢半之以冬十

銀貳 1899

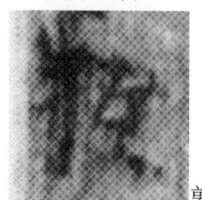

○不犢（殰）

敦煌簡 0279

○弓二犢丸各一

472

金關 T30:265
〇一弓犢丸一

武·甲《少牢》2
〇下犢（犢）左

秦代印風
〇趙犢

秦代印風
〇大犢

漢印文字徵
〇臣犢

漢印文字徵

〇枊犢

漢印文字徵
〇王犢

柿葉齋兩漢印萃
〇犢沈憲印

北魏·元瞻誌
〇公乃繫犢言歸

北齊·和紹隆誌

北齊·成犢生造像

【牛市】

《說文》：牛市，二歲牛。从牛市聲。

【犙】

《說文》：犙，三歲牛。从牛參聲。

張·金布律 421
○官者慘以上

【牭】

《說文》：牭，四歲牛。從牛從四，四亦聲。

【𤙺】

《說文》：𤙺，籀文牭從貳。

漢印文字徵
○□牭之印

【犗】

《說文》：犗，騬牛也。從牛害聲。

敦煌簡 0785
○出黑犗牛一

【牻】

《說文》：牻，白黑雜毛牛。從牛尨聲。

【㹁】

《說文》：㹁，牻牛也。從牛京聲。《春秋傳》曰："牻㹁。"

【犡】

《說文》：犡，牛白脊也。從牛厲聲。

【㸺】

《說文》：㸺，黃牛虎文。從牛余聲。讀若塗。

【犖】

《說文》：犖，駁牛也。從牛，勞省聲。

漢印文字徵
○犖禹之印

北魏·王悅及妻郭氏誌
○卓犖雄俊之風

北齊·狄湛誌
○生而卓犖

【㸿】

《說文》：㸿，牛白脊也。從牛孚聲。

【牨】

《說文》：牨，牛駁如星。從牛平聲。

【犥】

《說文》：犥，牛黃白色。从牛麃聲。

【犉】

《說文》：犉，黃牛黑脣也。从牛享聲。《詩》曰："九十其犉。"

漢印文字徵

○臣犉

漢晉南北朝印風

○霍犉

【㸰】

《說文》：㸰，白牛也。从牛隺聲。

【㹈】

《說文》：㹈，牛長脊也。从牛薑聲。

【牧】

《說文》：牧，牛徐行也。从牛㚔聲。讀若滔。

【犨】

《說文》：犨，牛息聲。从牛雔聲。一曰牛名。

戰晚·廿一年音或戈

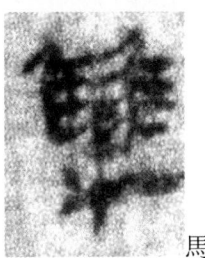

馬壹 109_143\312

○天下之美犨

馬壹 211_19

馬壹 109_148\317

張·秩律 457

○犨、酸棗

漢印文字徵
○犨縣徒丞印

東漢・陶洛殘碑陰
○故吏魯令南陽犨李。

【牟】

《說文》：牟，牛鳴也。从牛，象其聲气从口出。

戰晚・高奴禾石權
○隸臣牟

馬貳 212_3/104
○天地牟（侔）存

銀壹 899
○捶（垂）拱牟戎（農）

金關 T21:315
○舒里牟霸

金關 T23:855B
○牟放印

秦代印風
○胡牟

漢晉南北朝印風
○牟右尉印

廿世紀璽印三-GP
○牟丞之印

漢印文字徵
○牟荊之印

歷代印匋封泥

○東牟丞印

柿葉齋兩漢印萃

○中牟令印

漢印文字徵

○牟右尉印

漢印文字徵

○東牟丞印

漢印文字徵

○尹牟

漢印文字徵

○牟冬古

漢印文字徵

○牟忠之印

漢印文字徵

○牟君

漢印文字徵

○牟信私印

漢印文字徵

○牟奮之印

漢印文字徵
○牟寬

漢晉南北朝印風
○牟平之印

漢晉南北朝印風
○牟昌之印

漢晉南北朝印風
○牟廣之印

東漢・乙瑛碑
○曹掾馮牟

東漢・曹全碑陽
○威牟諸貢

北朝・十六佛名號
○釋迦牟尼佛

北魏・白房生造像
○迦牟尼佛

東魏・趙氏妻姜氏誌
○志牟共姜

【犙】

《說文》：犙，畜牷也。从牛產聲。

【牲】

《說文》：牲，牛完全。从牛生聲。

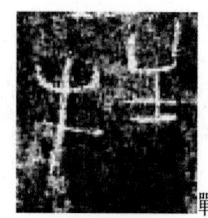

戰晚・六年漢中守戈

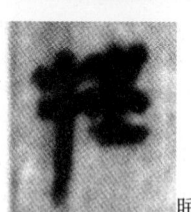

睡・秦律十八種151
○同牲（生）爲隸妾

武・甲《特牲》51
○臘如牲骨祝

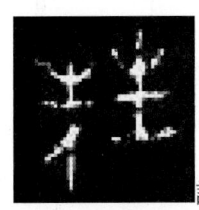

詛楚文·巫咸

○羲牲

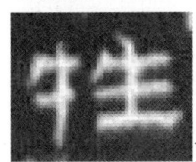

東漢·營陵置社碑

東漢·成陽靈臺碑

○犧牲

三國魏·三體石經春秋·隸書

○免牲猶三望秋

東魏·元玘誌

【牷】

《說文》：牷，牛純色。从牛全聲。

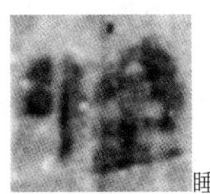

睡·日甲91

○生子不牷（全）

【牽】

《說文》：牽，引前也。从牛，象引牛之縻也。玄聲。

漢銘·張君郎君馬

漢銘·張君馬三

漢銘·張君馬一

睡·法律答問29

○牽羊去

睡·日甲《取妻》155

○牽以取織女

睡·日甲4

○牽女出女

關·日書 139
○牽牽

馬貳 262_47/68
○牽附（駙）馬

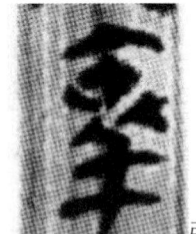

張·奏讞書 116
○毛獨牽牛來

張·奏讞書 102
○牽黑牝牛來

銀壹 639
○牽於緡人

金關 T23:955
○移相牽任

東漢·熹平石經殘石五
○牽羊

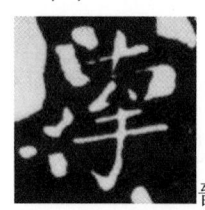

晉·洛神十三行
○詠牽牛獨處

【牿】

《說文》：牿，牛馬牢也。从牛告聲。《周書》曰："今惟牿牛馬。"

【牢】

《說文》：牢，閑，養牛馬圈也。从牛，冬省。取其四周帀也。

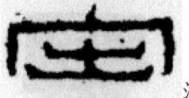

漢銘·永建五年朱提洗

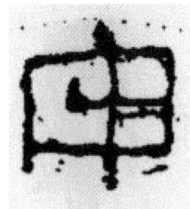

漢銘・光和七年洗

漢銘・建安四年洗

睡・法律答問 196

睡・封診式 51

睡・日甲《室忌》103

睡・日甲《秦除》16

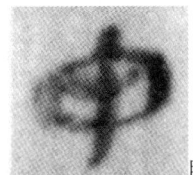

○築閈（閑）牢

睡・日甲《詰》65

里・第八層 2101

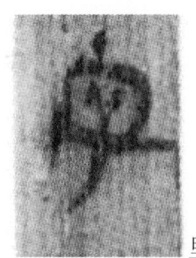

里・第八層 1401

馬壹 259_2 下\18 下

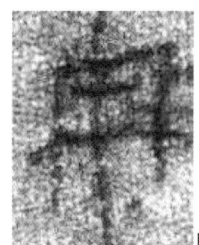

○前牢後井

馬貳 82_287/274

○取商牢漬醯

張・金布律 437

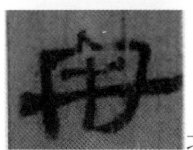

北貳・老子 172

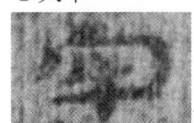

○大牢

敦煌簡 0225

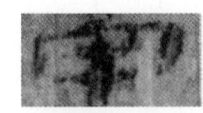

金關 T25:162

武·甲《少牢》27

武·甲《有司》79

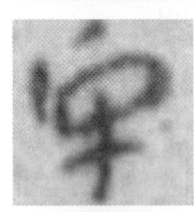

魏晉殘紙

廿世紀璽印三-GP

○太牢第一

廿世紀璽印三-GP

○大牢

廿世紀璽印三-GP

○真上牢

歷代印匋封泥

歷代印匋封泥

漢印文字徵

○門牢安宗

漢印文字徵

○牛牢賀印

東漢·成陽靈臺碑

○奉大牢祠

東漢·史晨前碑

○大牢

北魏·元仙誌

○祭以少

北魏·于仙姬誌

○太牢之祭

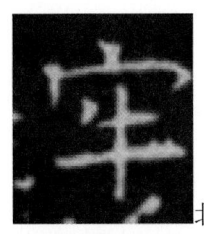

北魏·元顯誌

○牢籠萬物

北周·華岳廟碑

○睿智之所牢籠

【犓】

《說文》：犓，以芻莖養牛也。从牛、芻，芻亦聲。《春秋國語》曰："犓豢幾何。"

【㹌】

《說文》：㹌，牛柔謹也。从牛夒聲。

【牐】

《說文》：牐，《易》曰："牐牛乘馬。"从牛甸聲。

【犛（犁）】

《說文》：犛，耕也。从牛黎聲。

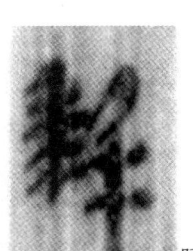

睡·秦律十八種 168

金關 T06:023A

廿世紀璽印三-SP

○右官奴犛

廿世紀璽印三-GY

○烏桓覔犛邑

漢印文字徵

○犛常居

漢印文字徵

○沈犛長印

漢印文字徵

○沈犛太守章

漢印文字徵
○犁座

漢印文字徵
○犁青辟

漢印文字徵
○犁買

漢印文字徵
○犁宮

漢印文字徵
○烏桓庾犁邑

漢印文字徵
○犁佞之印

秦文字編 190

東漢・張景造土牛碑
○犁耒

東漢・張遷碑陽
○犁種宿

東漢・成陽靈臺碑

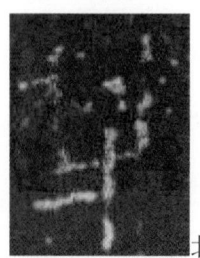

北齊・邢多等造像

【犇】

《說文》：犇，兩壁耕也。从牛非聲。一曰覆耕穜也。讀若匪。

【㸹】

《說文》：㸹，牛羊無子也。从牛鬲聲。讀若糗糧之糗。

【牴】

《說文》：牴，觸也。从牛氐聲。

睡·日甲《玄戈》51

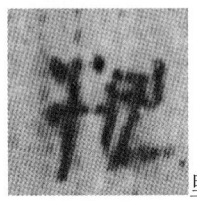

〇奎牴（氐）

里·第八層197

〇有泰（大）牴已備

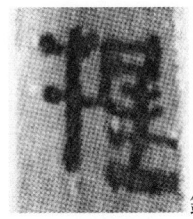

銀貳1567

〇道（導）之牴（抵）

北壹·倉頡篇48

〇建武牴觸軍役

漢印文字徵

〇張牴

漢印文字徵

〇臣牴

漢印文字徵

〇馮牴之印

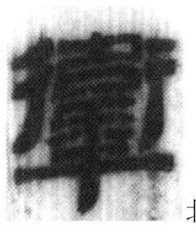

【犐】

《說文》：犐，牛蹄犐也。从牛衛聲。

北壹·倉頡篇67

〇犐嬐㛯䇾魁鉅圍艫

【牼】

《說文》：牼，牛很不從引也。从牛从臤，臤亦聲。一曰大兒。讀若賢。

廿世紀鉩印三-SP

○魏犚

漢印文字徵

○魏犚

【牼】

《說文》：牼，牛厀下骨也。从牛巠聲。《春秋傳》曰："宋司馬牼字牛。"

【𠿕】

《說文》：𠿕，牛舌病也。从牛今聲。

【犀】

《說文》：犀，南徼外牛。一角在鼻，一角在頂，似豕。从牛㞑聲。

睡・為吏 17

○犀角象齒

馬壹 82_49

○信如犀（尾）星

馬貳 291_369/278

○木文犀角象齒一笥

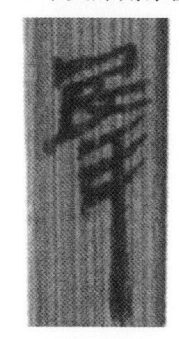

馬貳 247_292

○木文犀角象齒一笥

銀壹 364

○後故犀而善走前

金關 T24:715

○郡溫犀里左通

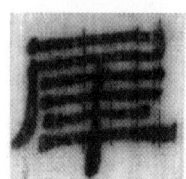

北壹・倉頡篇 56

○犀㺎豻狼

漢印文字徵
〇呂印犀首

漢晉南北朝印風
〇欒犀

東漢・張遷碑陰
〇故守令范伯犀。

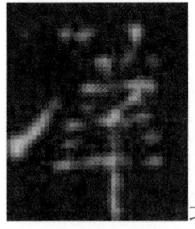

北魏・弔比干文
〇切寶犀以貫介

【牣】

《説文》：牣，牣，滿也。从牛刃聲。《詩》曰："於牣魚躍。"

【物】

《説文》：物，萬物也。牛爲大物；天地之數，起於牽牛，故从牛。勿聲。

睡・秦律十八種 174

睡・效律 1

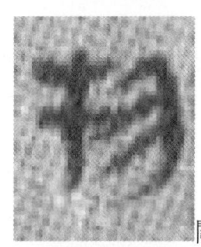

關・日書 230

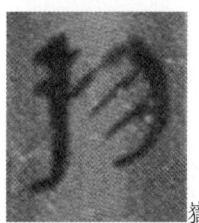

嶽・數 156

里・第八層 659

里・第八層 103

馬壹 96_27

馬壹 16_6 下\99 下

馬貳 294_407/407

張・田律 256

銀壹 840

銀貳 1071

北貳・老子 209

敦煌簡 0169

○多病物

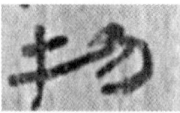

金關 T10:065

○月財物出入簿

金關 T30:028A

○所市物謹使

武・甲《泰射》45

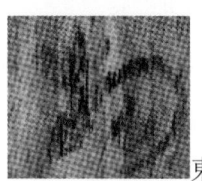

東牌樓 143 正

○老物

東漢・夏承碑

東漢・熹平石經殘石四

東漢・景君碑

北魏・緱光姬誌

北魏・元澄妃誌

北魏・韓顯宗誌

北齊・高建妻王氏誌

○察人識物

北齊・唐邕刻經記

北齊・唐邕刻經記

【犧】

《說文》：犧，宗廟之牲也。从牛羲聲。賈侍中說：此非古字。

漢印文字徵

○廩犧令印

東漢・營陵置社碑

○犧牲粢盛

東漢・成陽靈臺碑

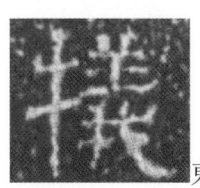

東漢・白石神君碑

○犧牲

北魏・李端誌

○顧犧雞之

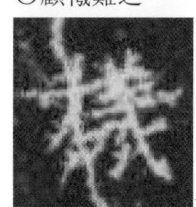

北齊・畢文造像

○睹之犧牛

【犍】

《說文》：犍，犗牛也。从牛建聲。亦郡名。

漢代官印選

○犍爲太守章

北魏・崔隆誌

○後以牧犍降

第二卷

【犝】

《說文》：犝，無角牛也。从牛童聲。古通用僮。

〖牲〗

馬貳 62_11、
○顑痛牲（觓）衄數

〖牪〗

廿世紀璽印二-SP
○咸牪

〖牥〗

張·奏讞書 113
○八九日謂毛牥（把）

張·奏讞書 100
○毋它人與謀牥（把）

〖犀〗

馬貳 284_287/285

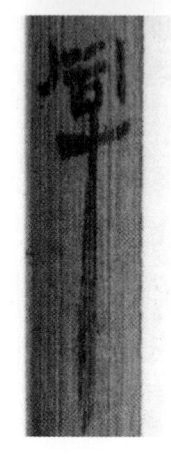

馬貳 248_304

〖犇〗

居·EPF22.25
○犇索二枚

居·EPF22.30
○縱為犇因賣蘖肯歸

〖牏〗

秦文字編 190

〖牸〗

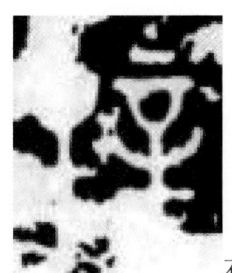

石鼓·車工

○𫍣=角弓

〖犚〗

廿世紀璽印二-SY

○隋犚

〖犝〗

漢印文字徵

○犝歐

〖犒〗

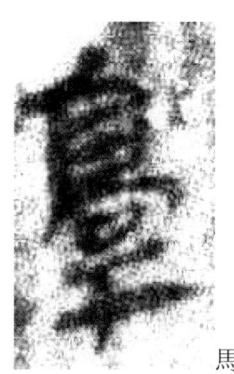

馬壹 97_57

○作於犒（毫）未（末）

〖犕〗

睡·為吏 17

○犕（密）而牧迈

犛部

【犛】

《說文》：犛，西南夷長髦牛也。从牛𠩺聲。凡犛之屬皆从犛。

戰晚・十九年大良造鞅鐓

漢銘・新嘉量一

漢銘・犛車宮鼎二

漢銘・犛車宮鼎一

北壹・倉頡篇 56

○犀犛貀狼

廿世紀璽印三-GP

○犛丞之印

歷代印匋封泥

○犛丞之印

漢印文字徵

○犛丞之印

【氂】

《説文》：氂，犛牛尾也。从犛省，从毛。

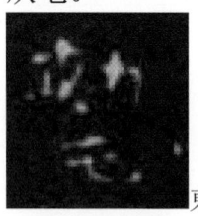

東魏・李憲誌

○乃盤水氂纓

【斄】

《説文》：斄，彊曲毛，可以箸起衣。从犛省，來聲。

【厹】

《説文》：厹，古文斄省。

漢銘・成山宮渠斗

秦文字編 191

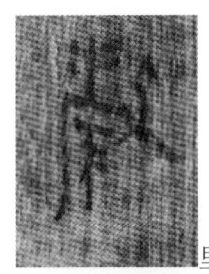

里·第八層背 1526

張·秩律 448

○邞、𥎊

廿世紀璽印三-GP

○𥎊亭

秦代印風

○張𥎊

廿世紀璽印三-GY

○𥎊田之史

漢印文字徵

○庲印毋方

漢印文字徵

○向滑𥎊

漢印文字徵

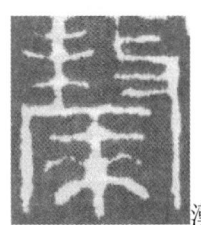

○𥎊弘之印

漢代官印選

○𥎊令之印

告部

【告】

《說文》：告，牛觸人，角箸橫木，所以告人也。从口从牛。《易》曰："僮牛之告。"凡告之屬皆从告。

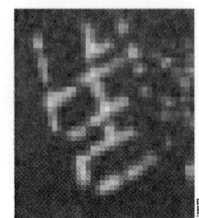

戰晚·七年相邦呂不韋戈

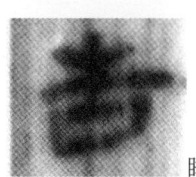

睡·語書 13
○受以告府

睡·秦律十八種 68
○弗告吏循之不謹

睡·法律答問 134
○甲告乙賊傷人

睡·為吏 22
○亥告

關·日書 249
○言有告聽

獄·癸瑣案 7
○弗詣告

里·第五層 9
○公命告□

里·第六層 4
○敦狐告船官

里·第八層 63
○謁告遷陵令

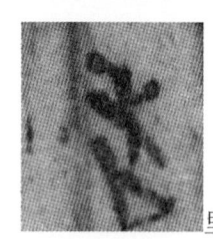

里·第八層背 657
○敢告尉官

馬壹 80_16
○周納告寡人

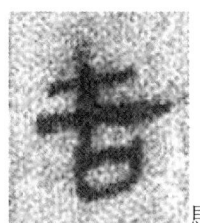

○自邑告命　馬壹 48_12 下

○諸欲告罪人　張·具律 101

○父母告子不孝　張·賊律 38

○殺之獄告出入　張·奏讞書 77

○事敢告酒泉　敦煌簡 1382A

○告慰　金關 T10:207

○君所告子卿　金關 T22:086

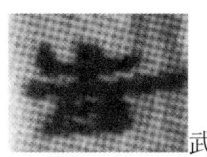

武·儀禮甲《士相見之禮》12

○食具告改居請退　武·甲《特牲》12

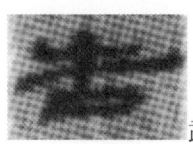

○宗人告有司　武·甲《少牢》3

○退占告　武·甲《少牢》29

○不飯告飽　武·王杖 2

○二尺告劾　東牌樓 032 正

○□少告母　東牌樓 030 正

○財復告荸

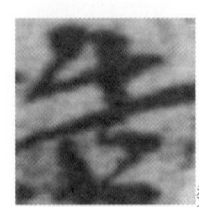

魏晉殘紙
○囗見告囗

漢印文字徵
○笵告私印

漢印文字徵
○告閱

漢晉南北朝印風
○告生如意

詛楚文・沈湫
○邵蕯布告于不顯

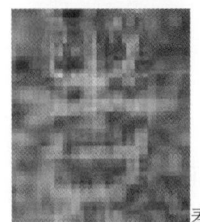

秦駰玉版

○吾敢告之

東漢・成陽靈臺碑
○天以譴告

東漢・張景造土牛碑
○慴告追鼓賊

東漢・夏承碑
○惟以告哀

東漢・楊著碑額
○悲將焉告

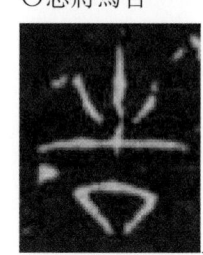

三國魏・三體石經尚書・古文
○告之曰

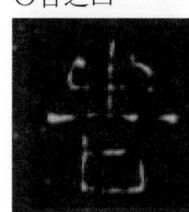

三國魏・三體石經尚書・篆文
○訓告

三國魏・三體石經尚書・隸書
○訓告

北魏・張正子父母鎮石

○敢告

北魏・元子直誌

○絲綸告倦

北魏・慈慶誌

○徒勖告存

【嚳】

《說文》：嚳，急告之甚也。从告，學省聲。

北魏・張寧誌

○帝嚳之元冑

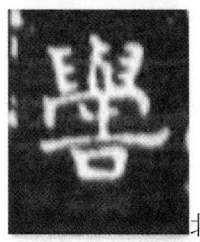

北齊・范粹誌

○既資帝嚳

口部

【口】

《說文》：口，人所以言食也。象形。凡口之屬皆从口。

漢銘・谷口宮鼎

漢銘・谷口鼎

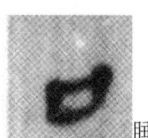

睡・秦律十八種188

睡・封診式70

睡・日甲《盜者》69

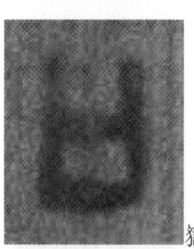

獄・占夢書18

○入人口

里・第五層18

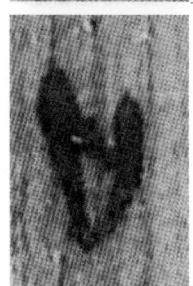

里・第八層92

○貳口

馬壹 16_9 下\102 下

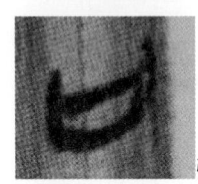

張‧引書 97

銀壹 686

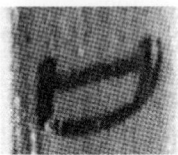

銀貳 1718

北貳‧老子 151

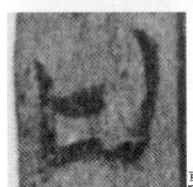

敦煌簡 0116

○九十口

金關 T23:589

○請實口告昭

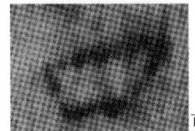

東牌樓 006

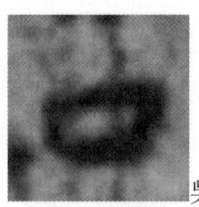

○刀一口

吳簡嘉禾‧九七四三

漢印文字徵

○歷口男典書丞

漢代官印選

○穀口令印章

漢晉南北朝印風

○曆口男典書丞

東漢‧相張壽殘碑

○戶口

北魏‧檀賓誌

北魏‧解伯都等造像

○都綰闕口遊

北齊·石佛寺迦葉經碑

○融銅灌口

北齊·魯思明造像

○遍滿人口

【嗷】

《說文》：嗷，吼也。从口敖聲。一曰嗷，呼也。

馬壹 99_94

○其所嗷（徼）兩者

銀貳 1690

○訖作嗷

北魏·元寧誌

○嗷嗷其雷

【囑】

《說文》：囑，喙也。从口蜀聲。

東漢·元嘉元年畫像石墓題記一

○囑魚

北魏·司馬顯姿誌

○心囑（囑）眾嬪

【喙】

《說文》：喙，口也。从口彖聲。

漢銘·苦宮行燭定

銀壹 415

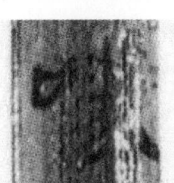

銀貳 2151

○頭喙若枕

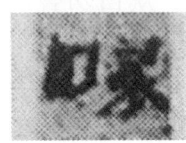

敦煌簡 2012

○烏喙

漢印文字徵

○張喙印

秦文字編 196

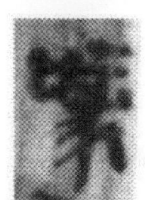

秦文字編 196

東漢・武氏石室祥瑞圖題字

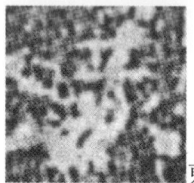

東漢・三公山碑

○跋行喙息

東魏・盧貴蘭誌

○范陽喙（涿）縣人

【吻】

《說文》：吻，口邊也。从口勿聲。

【脗】

《說文》：脗，吻或从肉从昏。

睡・封診式 66

北魏・賈瑾誌

【嚨】

《說文》：嚨，喉也。从口龍聲。

【喉】

《說文》：喉，咽也。从口侯聲。

馬貳 88_400/390

○在於喉若在它所

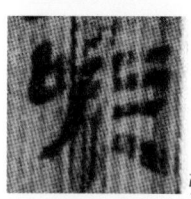

張・算數書 57

○羽二喉（猴）五

北魏・元徽誌

北魏・穆紹誌

北魏·元誨誌

北魏·王誦誌

北魏·元子直誌

東魏·元惊誌

北周·王通誌

【噲】

《說文》：噲，咽也。从口會聲。讀若快。一曰噦，噲也。

張·奏讞書 203
○女子噲

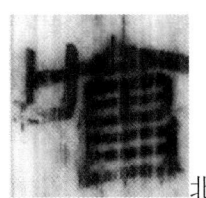

北壹·倉頡篇 35
○媔噲菁華

廿世紀璽印三-SY
○陳噲之印

漢印文字徵
○王噲

漢印文字徵
○噲樂成

漢印文字徵
○陳噲之印

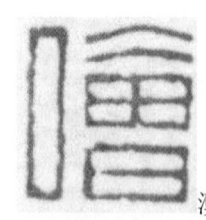

漢晉南北朝印風
○解噲印信

北齊·元賢誌
○武同樊噲

【吞】

《説文》：吞，咽也。从口天聲。

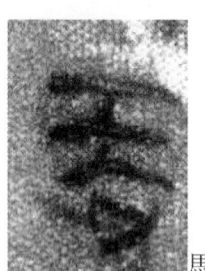

馬貳 82_272/259

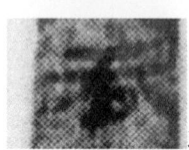

敦煌簡 2030

北魏·元顥誌

東魏·鄭君殘碑

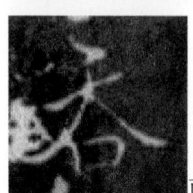

南朝宋·石颷銘

【咽】

《説文》：咽，嗌也。从口因聲。

馬貳 212_7/108

張·引書 54

東漢·景君碑
○織婦喑咽

北魏·元弼誌
○愁雲夜咽

北魏·元平誌

北魏·元寧誌

北魏·王基誌
○氣咽寒颷

【嗌】

《説文》：嗌，咽也。从口益聲。

【益】

《説文》：益，籀文嗌上象口，下象頸脈理也。

馬貳212_7/108

張·脈書41

【喗】

《説文》：喗，大口也。从口軍聲。

【哆】

《説文》：哆，張口也。从口多聲。

秦文字編196

【呱】

《説文》：呱，小兒嗁聲。从口瓜聲。《詩》曰："后稷呱矣。"

【啾】

《説文》：啾，小兒聲也。从口秋聲。

北魏·弔比干文

北魏·弔比干文

【喤】

《説文》：喤，小兒聲。从口皇聲。《詩》曰："其泣喤喤。"

【咺】

《説文》：咺，朝鮮謂兒泣不止曰咺。从口，宣省聲。

三國魏·三體石經春秋·隸書
○元咺出奔晉

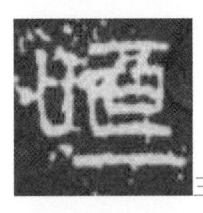

三國魏·三體石經春秋·篆文
○元咺出奔晉

三國魏·三體石經春秋·古文
○元咺出奔晉

北魏·李超誌
○妹弟摧咺

【咷】

《説文》：㗅，秦晉謂兒泣不止曰㗅。从口羌聲。

【咷】

《説文》：咷，楚謂兒泣不止曰噭咷。从口兆聲。

銀壹 458

○而不咷（窕）

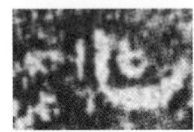

東漢・孔彪碑陽

○群臣號咷

東漢・夏承碑

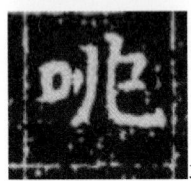

北魏・元彝誌

東魏・叔孫固誌

【喑】

《説文》：喑，宋齊謂兒泣不止曰喑。从口音聲。

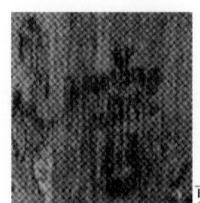

東牌樓 149 背

○喑栗俳時主

東漢・景君碑

【嶷】

《説文》：嶷，小兒有知也。从口疑聲。《詩》曰："克岐克嶷。"

【咳】

《説文》：咳，小兒笑也。从口亥聲。

【孩】

《説文》：孩，古文咳从子。

馬壹 146_62/235 上

○兒未咳纍（累）呵

銀貳 1674

○神咳（該）

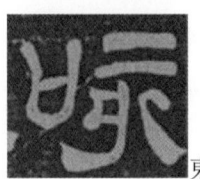

東漢・夏承碑

○咳孤憤泣

北魏·元純陀誌

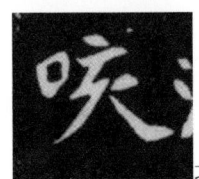

○爰以咳褥

北魏·薛慧命誌

○嬰咳哭我

東魏·司馬韶及妻侯氏誌

○有瘖咳兒

東魏·陸順華誌

○咳幼

北齊·高淯誌

○咳笑如神

東漢·東漢·婁壽碑陰

○童孩多奇

北魏·元文誌

○孩而日新月就

北周·尉遲將男誌

○養此孩孤

【嗛】

《說文》：嗛，口有所銜也。从口兼聲。

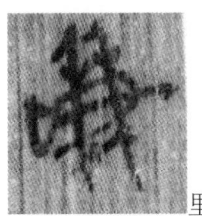

里·第八層682

馬壹9_48上

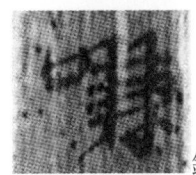

銀貳2113

漢印文字徵

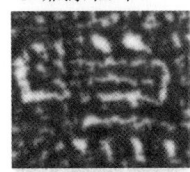

○嗛涼私印

東漢·許安國墓祠題記

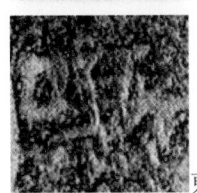

東漢·成都永元六年闕題記

【咀】

《說文》：咀，含味也。从口且聲。

馬貳92_481

○相雜咀之

北魏·弔比干文

○咀玉英而折蘭

【啜】

《說文》：啜，嘗也。从口叕聲。一曰喙也。

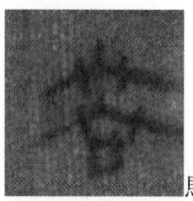

馬貳134_8/63

○每朝啜蘭（蘭）實三

馬貳78_194/181

○孰（熟）而啜之

北壹·倉頡篇35

○啜啗黎槁

北魏·元順誌

○志貶啜雜

【喋】

《說文》：喋，噍也。从口集聲。讀若集。

【嚌】

《說文》：嚌，嘗也。从口齊聲。《周書》曰："大保受同祭嚌。"

武·甲《特牲》32

○坐祭嚌之

武·甲《少牢》29

○振祭嚌之

武·甲《有司》73

○嚌之興加

【噍】

《說文》：噍，齧也。从口焦聲。

【嚼】

《說文》：嚼，噍或从爵。

北壹・倉頡篇8

○無噍類菹醢（醢）

北魏・殷伯姜誌

北魏・元崇業誌

北魏・弔比干文

○嚼炎州之八桂兮

【吮】

《說文》：吮，欶也。从口允聲。

【崒】

《說文》：崒，小歙也。从口率聲。讀若戌。

【嚵】

《說文》：嚵，小嚌也。从口毚聲。一曰喙也。

【噬】

《說文》：噬，啗也。喙也。从口筮聲。

東漢・熹平石經殘石五

○噬膚

北魏・元彧誌

○噬指口歸

北魏・元顥誌

○吞噬之憂

北魏・元融誌

○長蛇肆噬

【啗】

《說文》：啗，食也。从口臽聲。讀與含同。

馬壹177_60上

○月啗大白

馬壹85_129

○啗秦

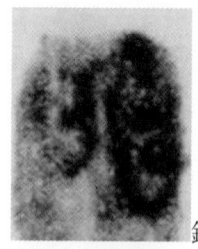

銀壹 703
〇啗以利餌

北壹·倉頡篇 35
〇啜啗

【譏】

《説文》：譏，小食也。从口幾聲。

【嚩】

《説文》：嚩，噍皃。从口專聲。

【含】

《説文》：含，嗛也。从口今聲。

馬壹 36_39 上
〇含章

馬貳 275_197/217

銀壹 903
〇不得含十

北貳·老子 48

漢晉南北朝印風
〇含洭宰之印

漢印文字徵
〇含洭宰之印

漢印文字徵
〇靳含印

東漢·夏承碑
〇含和履仁

東漢・朝侯小子殘碑

○含憂憔顇

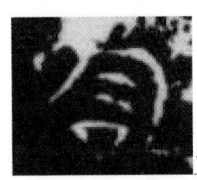

三國魏・三體石經尚書・古文

○不敢（敢）含怒

三國魏・三體石經尚書・隸書

○不敢含怒

北魏・元憎誌

北魏・薛法紹造像

○啥（含）生銜道慕之痛

北魏・元弘嬪侯氏誌

○既含章之美

北魏・元思誌

北魏・胡明相誌

○濛谷含煙

北魏・穆彥誌

北魏・張玄誌

北魏・元文誌

北魏・韓顯祖造像

○啥（含）氣之徒

北魏・元廣誌

北齊・劉碑造像

○啥（含）聲未吐

北齊・張思文造像

【哺】

《說文》：哺，哺咀也。从口甫聲。

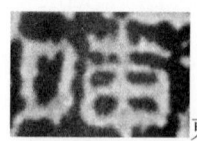

東漢・秦君神道石闕

○烏還哺母

北魏・元延明誌

○同孝孫之吐哺

【味】

《說文》：味，滋味也。从口未聲。

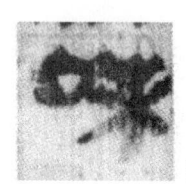

睡・日甲《詰》33

○有美味

馬壹 97_53

○事味無未

馬貳 218_33/44

○曰定味三曰治節四

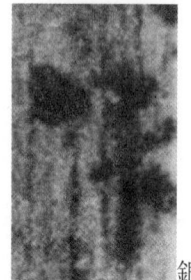

銀壹 704

○以味虞（娛）

北貳・老子 71

○無事味無味

東漢・許安國墓祠題記

○嗞味嗛設

北魏・元珍誌

○諧百味於滋鼎

北魏・給事君妻韓氏誌

○共味清塵

北魏・元願平妻王氏誌

○共味清塵

【嚛】

《說文》：嚛，食辛嚛也。从口樂聲。

【㗱】

《說文》：㗱，口滿食。从口窡聲。

【噫】

《説文》：饇，飽食息也。从口意聲。

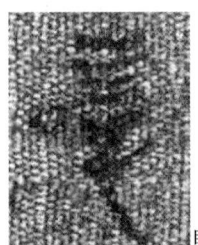

馬貳 64_21/55

【嘽】

《説文》：嘽，喘息也。一曰喜也。从口單聲。《詩》曰："嘽嘽駱馬。"

【唾】

《説文》：唾，口液也。从口𠂹聲。

【涶】

《説文》：涶，唾或从水。

馬壹 87_188

馬貳 212_7/108

○乾咽唾徐搣（撼）

馬貳 134_12/67

○祝唾之三

馬貳 70_55/55

○益復唾匕炙

馬貳 84_318/308

○三涶之

【咦】

《説文》：咦，南陽謂大呼曰咦。从口夷聲。

【呬】

《説文》：呬，東夷謂息爲呬。从口四聲。《詩》曰："犬夷呬矣。"

【喘】

《説文》：喘，疾息也。从口耑聲。

北魏・元過仁誌

【呼】

《説文》：呼，外息也。从口乎聲。

敦煌簡 2171

金關 T24:148

東牌樓 125
〇人坐呼

漢晉南北朝印風
〇漢匈奴呼盧訾屍逐

漢印文字徵
〇呼吉私印

漢印文字徵
〇呼吉

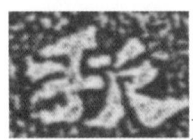

東漢・鮮於璜碑陰
〇欷呼哀哉

東漢・夏承碑

東漢・景君碑

西晉・成晃碑

西晉・石定誌

北魏・元纂誌

北魏・元演誌

北魏・元寧誌

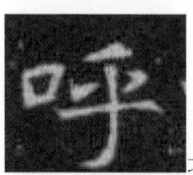

北魏・元頊誌

北魏・元寶月誌

北魏·寇憑誌

東魏·司馬韶及妻侯氏誌

〇嗚呼哀哉

西魏·辛莧誌

〇嗚呼悲夫

北齊·石佛寺迦葉經碑

北周·須蜜多誌

北周·寇胤哲誌

【吸】

《說文》：吸，內息也。从口及聲。

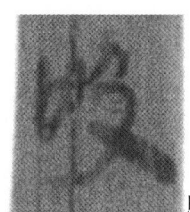

馬貳 206_35

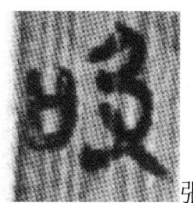

張·引書 104

〇虖（呼）吸天坨（地）

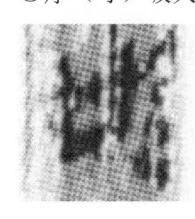

銀貳 1789

〇不得吸不盡□

漢印文字徵

〇齊吸私印

漢印文字徵

〇桓吸

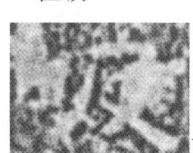

東漢·三公山碑

東晉·黃庭經

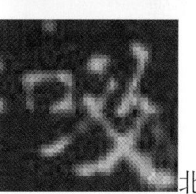

北魏·弔比干文

【噓】

《説文》：嘘，吹也。从口虛聲。

東漢·岐子根畫像石墓題記

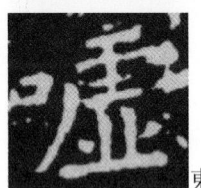

東晉·黃庭經

【吹】

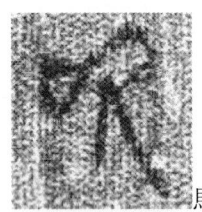

《説文》：吹，嘘也。从口从欠。

馬貳 64_10/44

張·脈書 24

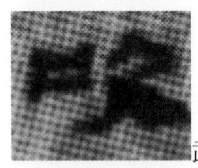

武·儀禮甲《士相見之禮》12

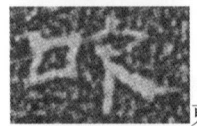

東漢·史晨後碑

東漢·元嘉元年畫像石墓題記

北魏·元維誌

北魏·元馗誌

北魏·元壽安誌

【喟】

《説文》：喟，大息也。从口胃聲。

【嘳】

《説文》：嘳，喟或从貴。

漢印文字徵

○興喟

北魏·趙廣者誌

○喟然涕迸

【噂】

《說文》：嚀，口气也。从口䓪聲。
《詩》曰："大車啍啍。"

【嚱】

《說文》：嚱，悟解气也。从口壹聲。
《詩》曰："願言則嚱。"

【嚍】

《說文》：嚍，野人言之。从口質聲。

【唫】

《說文》：唫，口急也。从口金聲。

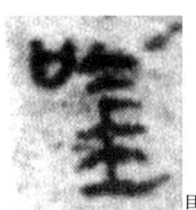

馬壹 89_233

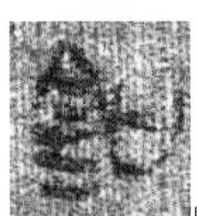

馬貳 70_45/45

○而口唫（噤）筋攣難以倍

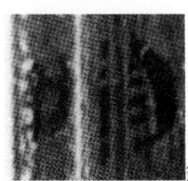

銀貳 1655

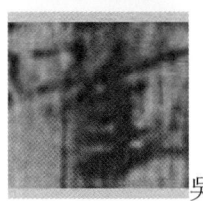

吳簡嘉禾・五・六六五

【噤】

《說文》：噤，口閉也。从口禁聲。

【名】

《說文》：名，自命也。从口从夕。夕者，冥也。冥不相見，故以口自名。

戰晚・高奴簋

春晚・秦公鎛

漢銘・杜鼎一

漢銘・雝平陽宮鼎

漢銘・美陽高泉宮鼎蓋

漢銘・䡩車宮鼎二

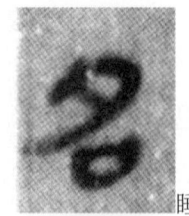

睡·秦律十八種 25

睡·日甲《盜者》74

關·病方 350

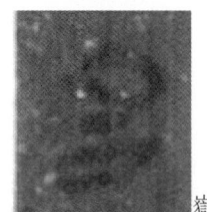

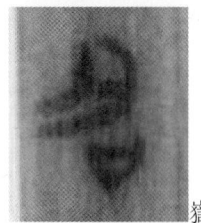

獄·占夢書 29

獄·學為偽書案 226

里·第八層 198

馬壹 127_54 下

馬壹 95_16

馬貳 206_44

張·亡律 166

張·奏讞書 29

張·蓋盧 55

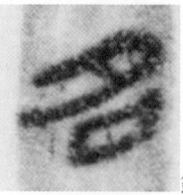

銀壹 42

銀貳 1048

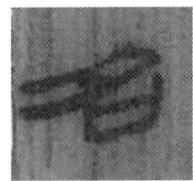

北貳・老子 21

敦煌簡 1448

敦煌簡 0061

金關 T07:049

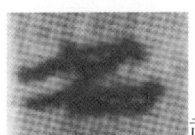

武・儀禮・甲本《服傳》17

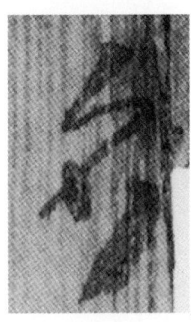

東牌樓 043 正

○解人名

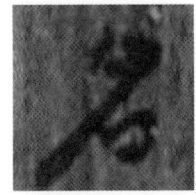

吳簡嘉禾・四・一

○吏姓名

秦代印風

廿世紀璽印三-SY

○審俬名印

漢印文字徵

漢印文字徵

廿世紀璽印四-SY

○李伉名印

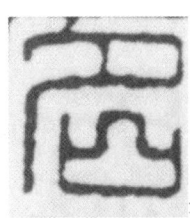

漢晉南北朝印風

○王雲名印

漢晉南北朝印風

○服名藥就神仙

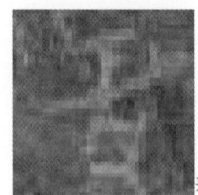

秦駰玉版

懷后磬

東漢・曹全碑陽

東漢・姚孝經墓磚

○地有名者以卷

東漢・肥致碑

東漢・楊著碑額

○位淹名顯

東漢・倉頡廟碑側

東漢・譙敏碑

北魏・丘哲誌

○行質名華

北魏・韓顯宗誌

北魏・元弼誌

北魏・元鸞誌

北魏・元願平妻王氏誌

北魏・元寧誌

○名班史籍

北魏・穆彥誌

○人謝名飛

北魏・元宥誌

東魏·嵩陽寺碑

○形名應世

北齊·□弘誌

○世載名德

北齊·張起誌

北齊·韓裔誌

北齊·鼓山佛經刻石

【吾】

《説文》：吾，我，自稱也。从口五聲。

戰晚·吾宜戈

漢銘·吾欲□泉範

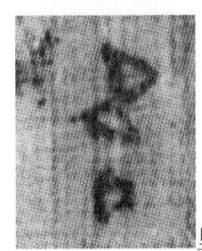

里·第八層 1742

里·第八層背 136

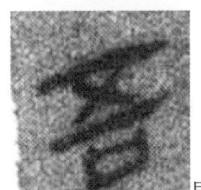

馬壹 40_7 下

馬壹 39_8 下

馬貳 216_9/20

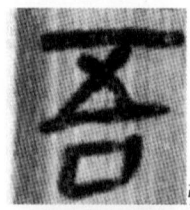

張·蓋盧37

銀壹545

金關T21:058

○今吾年穀番孰

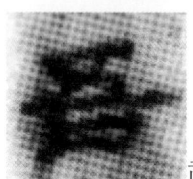

武·儀禮甲《士相見之禮》1

武·甲《特牲》6

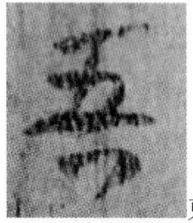

東牌樓055正

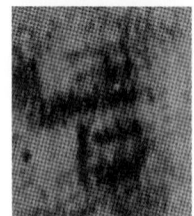

東牌樓075背

○李□吾遣廷掾史

歷代印匋封泥

漢晉南北朝印風

漢印文字徵

○劉弟吾

漢印文字徵

○相里潘吾

漢印文字徵

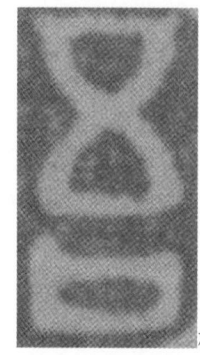

柿葉齋兩漢印萃

漢印文字徵

○周印兔吾

漢代官印選

○執金吾章

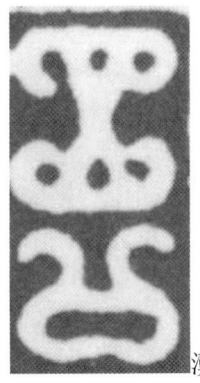

漢晉南北朝印風

○吾延

漢晉南北朝印風

○夷吾

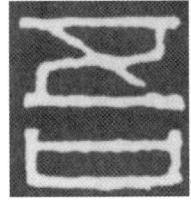

漢晉南北朝印風

漢晉南北朝印風

○相里潘吾

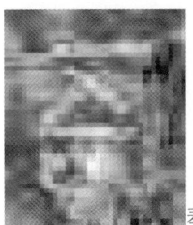

秦駰玉版

○吾竆（窮）而無

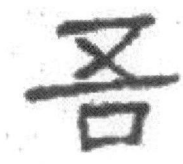

東漢・成陽靈臺碑

東漢・尹宙碑

北魏・馮邕妻元氏誌

北魏・元茂誌

北魏・薛伯徽誌

北齊・斛律氏誌

【哲】

《説文》：哲，知也。从口折聲。

【悊】

《説文》：悊，哲或从心。

【嚞】

《説文》：嚞，古文哲从三吉。

歷代印匋封泥
○七哲

西漢
○謂君爲䛆（哲）

東漢・楊著碑陽

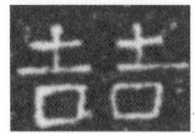

東漢・張遷碑陽
○前喆（哲）遺芳

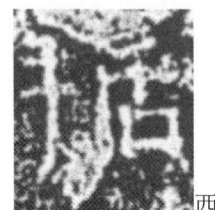

西漢
○豈夫仁哲

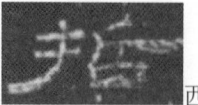

西漢

北魏・元禮之誌

北魏・趙謐誌

北魏・元悅誌
○猗與哲人

北魏・山暉誌

北魏・元廣誌

北魏・劉阿素誌

北魏・諮議參軍元弼誌

北魏・于纂誌

○哲人其委

北魏・元新成妃李氏誌

○宋龍驤將軍哲縣侯

北魏・青州元湛誌

北魏・綏靜誌

○殲□良喆（哲）

北魏・張宜誌

○殲此良哲

北魏・石婉誌

○資性聰哲。

北魏・張玄誌

東魏・元湛妃王令媛誌

北齊・僧靜明等造像碑

○邑子垣明哲

北齊・僧靜明等造像碑

○邑子席子哲

北齊・高淯誌

○秉喆（哲）宣猷

北齊・元賢誌

○猗與俊哲

北齊・吐谷渾靜媚誌

○既賢既哲

南朝宋・爨龍顏碑

○天姿瑛哲

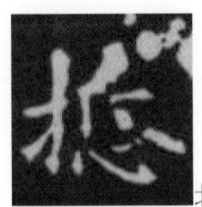

北魏·李端誌

○唯人有惥（哲）

北齊·賀拔昌誌

○天挺秀惥（哲）

北周·李綸誌

○終悲惥（哲）人

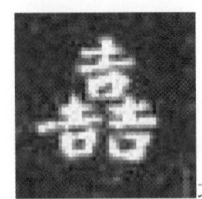

北魏·元懌誌

○既明且嚞（哲）

【君】

《說文》：君，尊也。从尹。發號，故从口。

【𠺞】

《說文》：𠺞，古文象君坐形。

戰晚·二年上郡守冰戈

戰中·杜虎符

戰晚·高陵君鼎

漢銘·囗君釜一

漢銘·南中君銷

漢銘·王后中宮鼎

漢銘·囗君子兮器

睡·為吏44

睡·日甲《生子》144

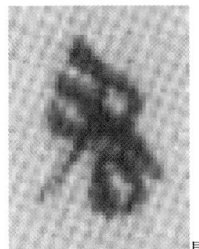

關·病方326

嶽·為吏83

嶽·占夢書40

嶽·學為偽書案210

里·第八層178

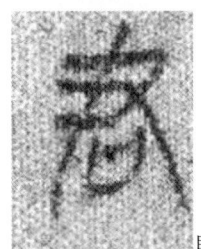

馬壹257_6下\12

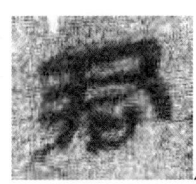

馬壹3_2上

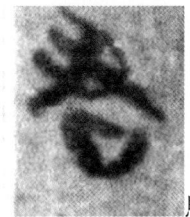

馬壹111_15\366

張·奏讞書89

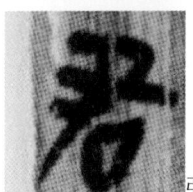

張·蓋盧50

銀壹579

銀貳2093

銀貳1926

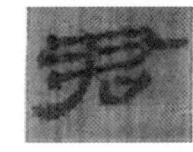

北貳·老子204

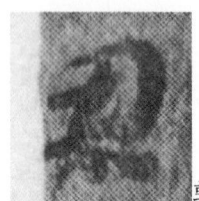

敦煌簡 0780B

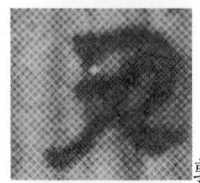

敦煌簡 0641

敦煌簡 0159
○使君

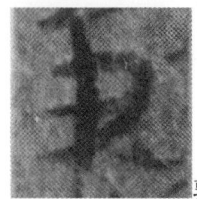

敦煌簡 0709
○王放君教記

敦煌簡 1897
○位君之常有

敦煌簡 0240
○原順君伯

敦煌簡 0399

敦煌簡 1002B
○趙君憂念

敦煌簡 1930
○興尹君所遣

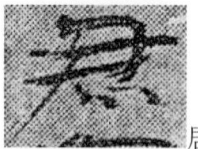

居·EPF22.206
○戌妻君寧取

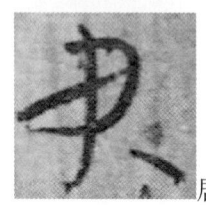

居·EPF22.193
○蔡君起居

金關 T01:012
○君子

金關 T06:176

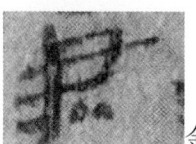

金關 T15:001A
○願少君爲

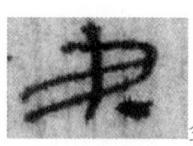

金關 T27:094
○安君毋恙

武·儀禮甲《士相見之禮》10

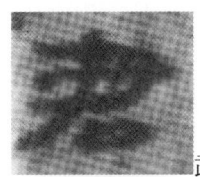

武·儀禮甲《服傳》25

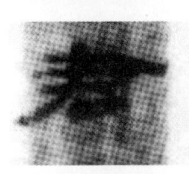

武·甲《燕禮》52

東牌樓 048 正

○奉君

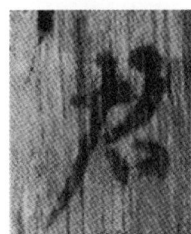

東牌樓 050 正

廿世紀璽印三-SY

秦代印風

秦代印風

廿世紀璽印三-SY

廿世紀璽印三-SY

廿世紀璽印三-GY

廿世紀璽印三-SY

漢印文字徵
○陳長君印

漢印文字徵

漢晉南北朝印風

廿世紀璽印三-SP
○黃直室大君度

漢印文字徵

漢晉南北朝印風

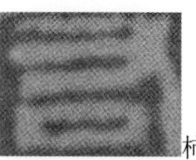

柿葉齋兩漢印萃

柿葉齋兩漢印萃

漢印文字徵
○張少君

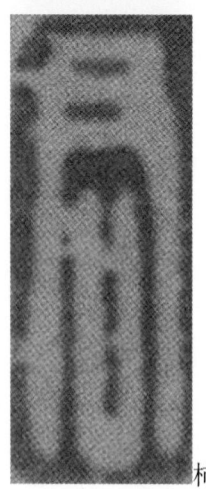

柿葉齋兩漢印萃

漢印文字徵

○君孺信印

廿世紀璽印四-GY

漢晉南北朝印風

漢晉南北朝印風

○李君私印

漢晉南北朝印風

○田傑君

漢晉南北朝印風

○魏季君

漢晉南北朝印風

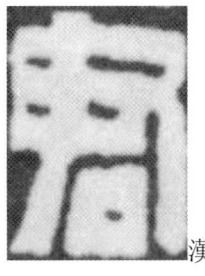

漢晉南北朝印風

漢晉南北朝印風

漢晉南北朝印風

漢晉南北朝印風

○君子賓印

漢晉南北朝印風

漢晉南北朝印風

漢晉南北朝印風

○王偉君印

漢晉南北朝印風
○李君興印

石鼓・霝雨

詛楚文・沈湫

懷后磬

東漢・夏承碑

東漢・王威畫像石墓題記

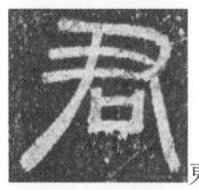

東漢・趙菿殘碑額

東漢・從事馮君碑

東漢・尚博殘碑

東漢・孔宙碑陽

東漢・楊統碑額

東漢・楊統碑陽

東漢・夏承碑

東漢・圉令趙君碑

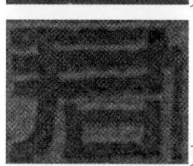

東漢・徐無令畫像石墓題記

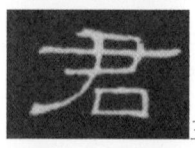

三國魏・三體石經春秋・隸書

三國魏・三體石經尚書・篆文

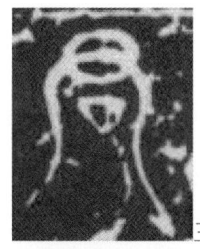

三國魏・三體石經尚書・古文

○君我聞在昔

西晉・王君神道闕

西晉・張朗誌

西晉・成晃碑額

北魏・寇治誌蓋

○魏故尚書寇使君墓誌

北魏・穆纂誌蓋

北魏・爾朱襲誌蓋

○魏故儀同爾朱君墓誌

北魏・元舉誌

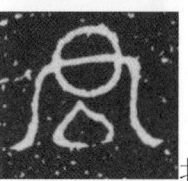

北魏・寇侃誌

○君苞五運之純精

北魏・寇憑誌

北魏・鄴乾誌

北魏・張整誌

北魏・趙廣者誌

○趙君墓誌

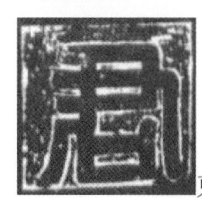

東魏・元玕誌蓋

○魏故元使君之墓銘。

東魏・李玄誌蓋

西魏・吳輝誌蓋
○魏故李氏吳郡君之銘

北齊・斛律昭男誌蓋

北齊・西門豹祠堂碑額
○西門君之頌

北齊・尉孃孃誌蓋

北齊・封子繪誌蓋

北齊・乞伏保達誌蓋

北齊・賀拔昌誌
○君夙誕龍萌

北齊・劉洪徽誌蓋

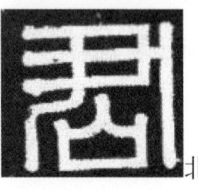

北齊・高阿難誌蓋
○大齊太尉公平梁王劉君墓誌

北周・拓跋虎誌蓋

北周・王德衡誌蓋

北周・寇嶠妻誌蓋

北周・寇胤哲誌蓋

北周・安伽誌蓋
○保安君

【命】

《說文》：命，使也。从口从令。

西晚·不其簋

春晚·秦王鐘

春早·秦子簋蓋

戰晚·上皋落戈

春晚·秦公鎛

春早·秦公鎛

春晚·秦公鎛

春晚·秦公簋

漢銘·長命富貴厭勝牌

漢銘·新銅丈

漢銘・新嘉量二

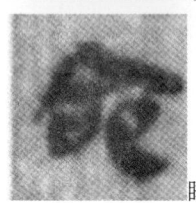

睡・秦律雜抄 4

○聽命書法

關・病方 365

○司命在庭

關・日書 251

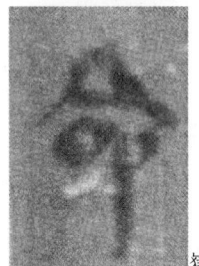

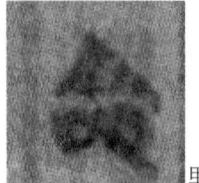

獄・數 130

里・第八層 439

馬壹 12_73 下

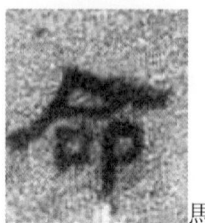

馬壹 128_68 上

張・捕律 153

銀貳 1776

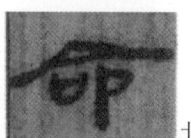

北貳・老子 124

敦煌簡 0135

○食爲命兵

金關 T07:013A

○命毋已復

金關 T01:093

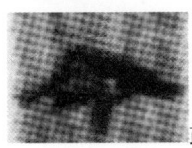

武·儀禮甲《士相見之禮》5

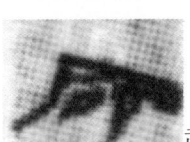

武·甲《特牲》45

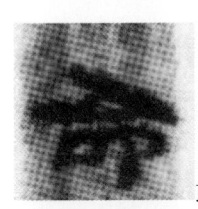

武·甲《少牢》42

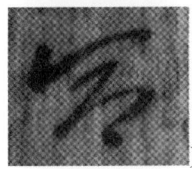

東牌樓 048 背
○祿歸命下流

東牌樓 035 背

吳簡嘉禾·五·一三七

廿世紀璽印三-GY
○五威司命領軍

漢晉南北朝印風
○納言右命士中

漢晉南北朝印風
○延命子家印

秦公大墓石磬

東漢·皇女殘碑

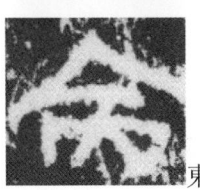

東漢·岐子根畫像石墓題記
○禀命不長

東漢·熹平殘石
○君有命

東漢・尚博殘碑

三國魏・三體石經春秋・隸書
○來錫公命

三國魏・三體石經春秋・篆文
○來錫公命晉侯伐衛

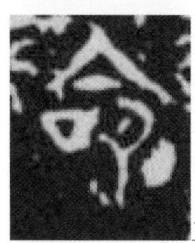

三國魏・三體石經尚書・古文
○寧于止帝命

三國魏・孔羡碑

西晉・趙氾表
○顯命龍驤

西晉・成晃碑

北魏・元思誌
○日月齊命

北魏・元敷誌

北魏・元引誌

北魏・郭顯誌
○父葰命

北魏・穆亮誌

東魏・元季聰誌蓋
○魏故司徒千乘李公命婦高密長公主銘

東魏・呂覬誌
○特加禮命

【咨】

《説文》：𧧛，謀事曰咨。从口次聲。

廿世紀璽印三-SY

○臣嬰咨

漢印文字徵

○李咨

東漢・皇女殘碑

北魏・堯遵誌

東魏・盧貴蘭誌

【召】

《説文》：召，評也。从口刀聲。

漢銘・永平十八年鐓

漢銘・永平十八年鐓

睡・封診式92

睡・日甲《土忌》137

睡・日甲《詰》25

獄・質日3434

里・第八層1312

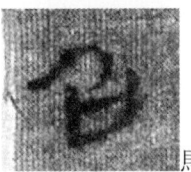

馬壹75_25

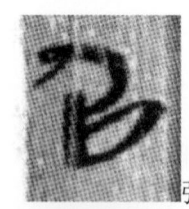

張·奏讞書 153

銀壹 394

北貳·老子 100

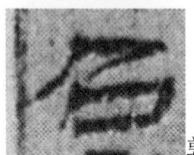

敦煌簡 1559

金關 T08:006

○召南

武·甲《燕禮》31

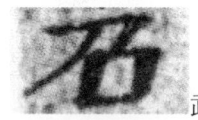

武·王杖 2

東牌樓 012

秦代印風

○召亭之印

漢晉南北朝印風

○召亭之印

廿世紀璽印四-SY

○召恩私印

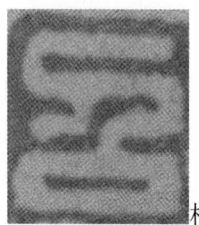

柿葉齋兩漢印萃

○王召尉印

歷代印匋封泥

○召陵令印

漢印文字徵

○召德之印

漢印文字徵

○召長子印

漢印文字徵

○万幾召

漢印文字徵

○召□私印

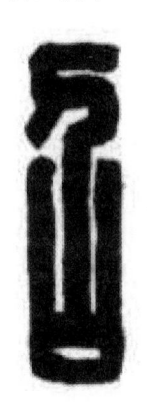

漢印文字徵

○召子孫

漢印文字徵

○召異之印

漢印文字徵

漢印文字徵

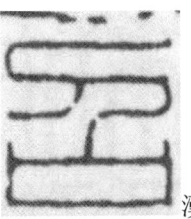

漢晉南北朝印風

○召恩私印

漢晉南北朝印風

○召萬年印

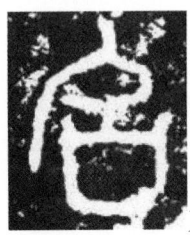

東漢・李昭碑

○召見

東漢・司徒袁安碑

西晉・石尠誌

○召爲河南尹

北魏・塔基石函銘刻

○應召理玄

北魏・崔敬邕誌

北魏・張宜誌

南朝梁・宋念造像

○現在眷召

【問】

《說文》：問，訊也。从口門聲。

睡・秦律十八種 133

睡・法律答問 122

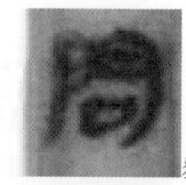

獄・數 12

獄・譊妘案 140

里・第八層 659

馬壹 82_60

馬壹 13_93 上

馬貳 203_8

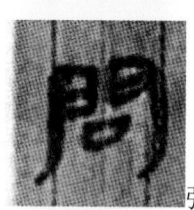

張・興律 396

張・奏讞書 144

張·算數書 36

銀壹 270

銀貳 1205

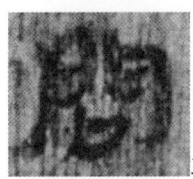

敦煌簡 0225

金關 T31:149

東牌樓 070 背

北壹·倉頡篇 52

吳簡嘉禾·四·五七

漢印文字徵

○張不問

東漢·封龍山頌

○令問其辭曰

東漢·乙瑛碑

北魏·元熙誌

○問禮所憑

北魏·元仙誌

北魏·元睿誌

【唯】

《說文》：唯，諾也。从口隹聲。

西晚·不其簋

睡·效律 30

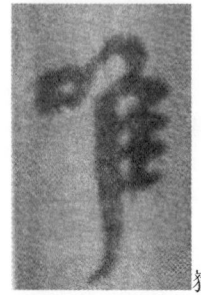

嶽·數 179

里·第八層 1552

馬壹 85_139

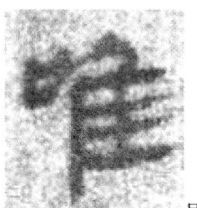

馬壹 11_72 上

張·具律 106

銀壹 337

銀貳 2140

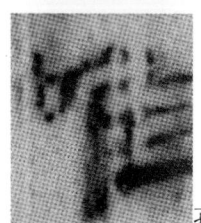

孔·日書殘 2

北貳·老子 159

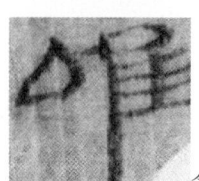

金關 T28:125

〇計唯

金關 T31:102A

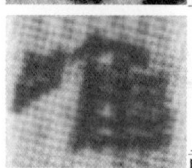

武·儀禮甲《服傳》27

武·甲《特牲》47

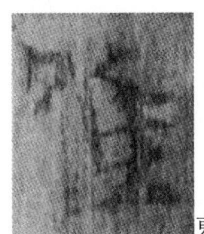

東牌樓 029 背

○異語唯爲作便

廿世紀璽印三-GY

柿葉齋兩漢印萃

漢印文字徵

漢印文字徵

漢印文字徵

漢印文字徵

漢印文字徵

漢晉南北朝印風

○長幸唯印

詛楚文・亞駝

○唯是秦邦

懷后磬

東漢・從事馮君碑

北魏・元潽嬪耿氏誌

北魏・張正子父母鎮石

○唯大代

北魏·元弼誌

北魏·元定誌

北魏·解伯都等造像

○唯那

北魏·鄯乾誌

北魏·王昌誌

○唯君誕載

北魏·元保洛誌

○唯大魏

【唱】

《說文》：唱，導也。从口昌聲。

三國魏·張君殘碑

北魏·元悌誌

【和】

《說文》：和，相應也。从口禾聲。

戰晚·邵宮和

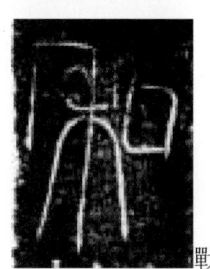

戰晚·邵宮和

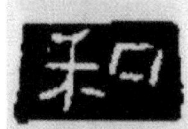

漢銘·綏和鴈足鐙

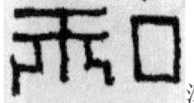

漢銘·和平二年堂狼造作

漢銘·永和元年洗

漢銘·章和二年堂狼造作洗

漢銘・章和二年洗

漢銘・元和三年洗

漢銘・光和斛二

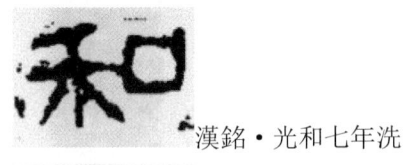

漢銘・光和七年洗

漢銘・永和二年洗

漢銘・元和四年洗

睡・法律答問 94

睡・為吏 13

關・病方 377

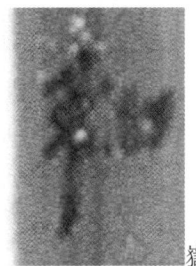

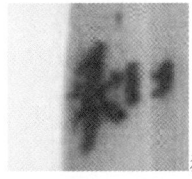

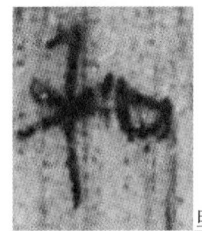

獄・數 69

獄・得之案 175

里・第八層 1900

馬壹 37_45 下

馬壹 80_5

馬貳 69_25/25

馬貳 141_8

張·賊律 18

張·引書 107

銀壹 557

銀貳 1050

北貳·老子 16

敦煌簡 1962B

敦煌簡 0066

○善不和

金關 T24:911

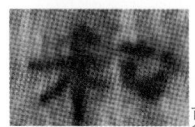

東牌樓 005

秦代印風

○和眾

秦代印風

○張和

秦代印風

○和眾

秦代印風

○宜民和眾

漢晉南北朝印風

歷代印匋封泥

歷代印匋封泥

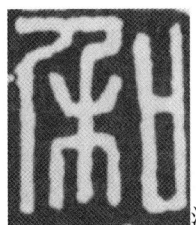

漢晉南北朝印風

漢印文字徵

○六師軍壘壁前和門丞

柿葉齋兩漢印萃

○弓和之印

漢晉南北朝印風

漢晉南北朝印風

漢晉南北朝印風

東漢·桐柏淮源廟碑

東漢·夏承碑

東漢·李固殘碑

東漢·司徒袁安碑

西晉·成晃碑

西晉·成晃碑

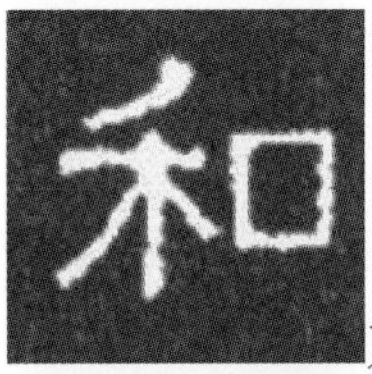

東晉·劉媚子誌

東晉·王建之誌

○泰和六年閏月丙寅朔十

北魏·解伯都等造像

○聲求響和

北魏·元伾誌

○體氣尚和

北魏·趙超宗誌

○字令和

北魏·劉氏誌

○彼此唱和之情

北魏·劉氏誌

○琴瑟調和

北魏·元引誌

北魏·伏君妻昝雙仁誌

北魏·甯懋誌

○太和十七年

北魏·高珪誌

東魏·楊顯叔造像

○聲求嚮和

西魏·和照誌蓋

○和照銘

北齊·和紹隆誌蓋

○和公墓誌

【咥】

《說文》：咥，大笑也。从口至聲。《詩》曰："咥其笑矣。"

【啞】

《說文》：啞，笑也。从口亞聲。《易》曰："笑言啞啞。"

【噱】

《說文》：噱，大笑也。从口豦聲。

【唏】

《說文》：唏，笑也。从口，稀省聲。一曰哀痛不泣曰唏。

【听】

《說文》：听，笑皃。从口斤聲。

【呭】

《說文》：呭，多言也。从口世聲。《詩》曰："無然呭呭。"

【嗅】

《說文》：嗅，聲嗅嗅也。从口臬聲。

【咄】

《說文》：咄，相謂也。从口出聲。

咄 北魏・元舉誌

咄 北齊・斛律氏誌

【唉】

《說文》：唉，譍也。从口矣聲。讀若埃。

【哉】

《說文》：哉，言之閒也。从口𢦏聲。

哉 漢銘・好哉泉範

哉 馬貳 120_218/214

○善哉

北貳・老子 47

○然哉

敦煌簡 2142

○不冒哉牧監之部

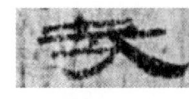

金關 T06:092

○美哉

漢晉南北朝印風

○翁哉

東漢・肥致碑

○赫赫休哉

東漢・夏承碑
○嗚呼痛哉

東漢・建寧三年殘碑
○烏呼哀哉

東漢・景君碑
○烏呼哀哉

東漢・譙敏碑
○嗚嘑哀哉

北魏・元晫誌
○蒸哉太尉

北魏・元理誌
○痛哉

北魏・元寧誌
○嗚呼哀哉

北魏・元纂誌
○嗚呼哀哉

北魏・元周安誌
○大哉乾像

北魏・元信誌
○惜哉何暨

北魏・元璨誌
○迴鑣勝母如已哉

東魏・司馬韶及妻侯氏誌
○嗚呼哀哉

北齊・暴誕誌
○綿哉華胄

【噂】

《說文》：噂，聚語也。从口尊聲。

《詩》曰："噂沓背憎。"

【聑】

《說文》：聑，聶語也。从口从耳。《詩》曰："聑聑幡幡。"

【呷】

《說文》：呷，吸呷也。从口甲聲。

【嘒】

《說文》：嘒，小聲也。从口彗聲。《詩》曰："嘒彼小星。"

【嚖】

《說文》：嚖，或从慧。

北魏·司馬顯姿誌

○嘒然

【嘫】

《說文》：嘫，語聲也。从口然聲。

【唪】

《說文》：唪，大笑也。从口奉聲。讀若《詩》曰"瓜瓞菶菶"。

【嗔】

《說文》：嗔，盛气也。从口眞聲。《詩》曰："振旅嗔嗔。"

【嘤】

《說文》：嘤，疾也。从口輿聲。《詩》曰："匪車嘤兮。"

【嘑】

《說文》：嘑，唬也。从口虖聲。

關·病方 376

○嘑

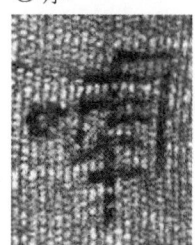

馬貳 79_223/210

○步嘑曰吁

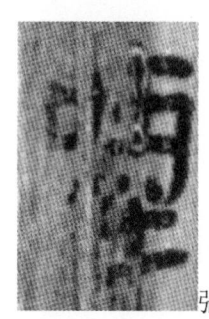

張·蓋盧 36

○則疾嘑從

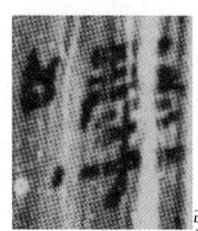

張·引書 74

○益精嘑之

武·甲《特牲》50

○凡祝嘑佐

詛楚文・巫咸

○凡祝嘑佐

東漢・譙敏碑

○嗚嘑哀哉

東漢・樊敏碑

○歔嘑哀哉

【喅】

《説文》：喅，音聲喅喅然。从口昱聲。

【嘯】

《説文》：嘯，吹聲也。从口肅聲。

【歗】

《説文》：歗，籀文嘯从欠。

晉・洛神十三行

北魏・昭玄法師誌

北齊・吳遷誌

【台】

《説文》：台，說也。从口㠯聲。

馬壹 267_2

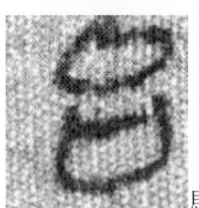

馬壹 242_1 上

○星以台（始）立無

馬壹 137_55 下/132 下

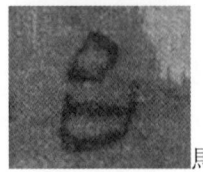

馬貳 119_206/205

張・蓋盧 36

張・引書 33

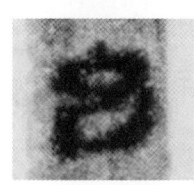

銀壹 487

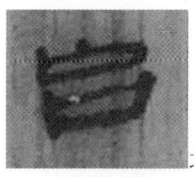

北貳・老子 173

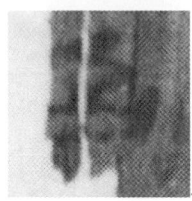

敦煌簡 0950

○張子文台

秦代印風

○□台

廿世紀璽印三-GP

○盱台丞印

柿葉齋兩漢印萃

○得台將

漢印文字徵

○台奴

漢印文字徵

○盱台丞印

漢印文字徵

○白台翁叔

漢印文字徵

○瞻台虞印

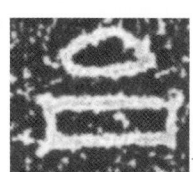

東漢・北海相景君碑陰

○故脩行都昌台丘塈

東漢・楊震碑

北魏・穆亮誌

北魏・元崇業誌

○横藻台庭

北魏・元廣誌

○惟台惟輔

北魏・元詳誌

北齊・徐顯秀誌

○下台增耀

【嗂】

《說文》：嗂，喜也。从口䍃聲。

北齊・石信誌

○衢路歌嗂

【启】

《說文》：启，開也。从戶从口。

【噂】

《說文》：噂，聲也。从口貪聲。《詩》曰："有噂其饎。"

【咸】

《說文》：咸，皆也。悉也。从口从戌。戌，悉也。

春早・秦公鎛

春早・秦公鐘

春晚・秦公鎛

睡・秦律十八種 93

睡・效律 38

關・病方 337

獄・為吏 47

里・第八層 1533

馬貳 10_32

張・奏讞書 114

銀貳 2015
○咸池立用兵之

敦煌簡 0314
○卒耿咸三月食

金關 T31:118

廿世紀璽印二-SP
○咸陽工崔

廿世紀璽印二-SY
○咸郿里射

廿世紀壐印二-SP

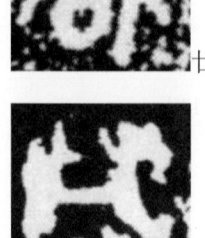

廿世紀壐印二-SP

○咸郊里牝

秦代印風

歷代印匋封泥

秦代印風

○咸郞里竭

秦代印風

○鹹陵園相

歷代印匋封泥

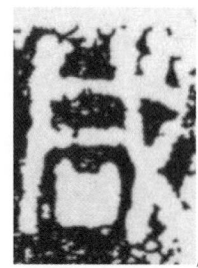

歷代印匋封泥

歷代印匋封泥

○咸□里亥

歷代印匋封泥

歷代印匋封泥

歷代印匋封泥

歷代印匋封泥

廿世紀璽印三-SP

〇丁咸之印

廿世紀璽印三-SY

廿世紀璽印三-SY

廿世紀璽印三-SY

〇齊咸私印

歷代印匋封泥

〇丁咸之印

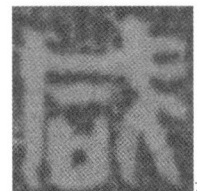

柿葉齋兩漢印萃

漢印文字徵

漢印文字徵

漢印文字徵

〇尹咸

漢印文字徵

漢印文字徵

漢晉南北朝印風
○滑咸

漢晉南北朝印風
○蕭咸

漢晉南北朝印風
○張咸

詛楚文・巫咸
○大神巫咸

秦公大墓石磬

泰山刻石

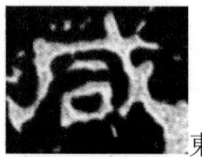

東漢・楊震碑

東漢・曹全碑陽

東漢・成陽靈臺碑

三國魏・三體石經尚書・古文
○帝巫咸乂王

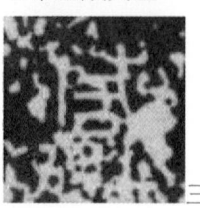

三國魏・三體石經尚書・篆文
○帝巫咸乂王

西晉·徐義誌

東晉·蘭亭序真本

北魏·楊乾誌

○咸蒙斯福

東魏·嵩陽寺碑

○咸鐘此福

北齊·傅醜傅聖頭造像

【呈】

《說文》：呈，平也。从口壬聲。

馬貳 35_26 下

敦煌簡 0830

○五石呈檄到

吳簡嘉禾·四·二四九

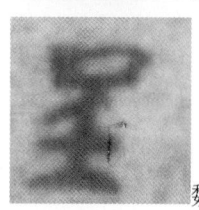

魏晉殘紙

漢印文字徵

○戚印呈意

廿世紀璽印四-SY

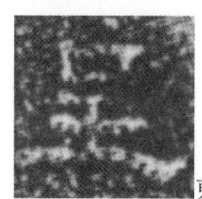

○秦元孫呈

東漢·趙寬碑

北魏·寇慰誌

【右】

《說文》：右，助也。从口从又。

戰晚·新鄭虎符

春早·秦公鐘

戰晚·二年宜陽戈二

漢銘·齊食官鈁二

漢銘·陽朔四年鍾

漢銘·右丞宮鼎

睡·日乙《入官》236

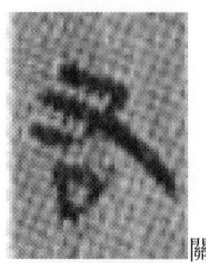

關·日書244

嶽·質日3410

里·第八層439

馬壹245_2下\10下

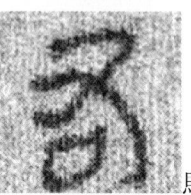

馬壹247_5下

馬壹12_70下

馬貳228_84

張·具律 88
張·蓋盧 13 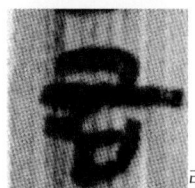
張·引書 70 
銀壹 348 
銀貳 1848 
北貳·老子 207 
敦煌簡 1784 
金關 T09:148 
武·甲《特牲》26 
武·甲《有司》42 
東牌樓 103 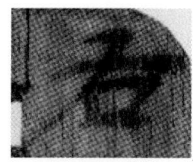
北壹·倉頡篇 10 

○觚臾左右

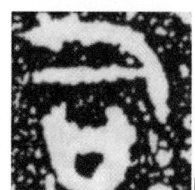

歷代印匋封泥

○右宮巨心

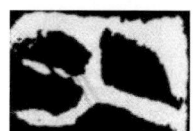

廿世紀璽印二-SP

○右禾

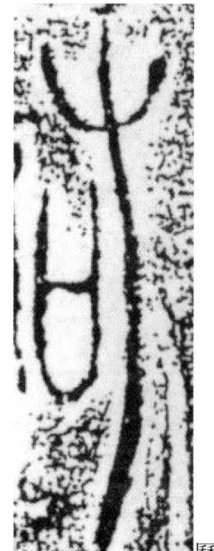

歷代印匋封泥

○右匋

歴代印匋封泥
○右敀

歴代印匋封泥
○右匋攻又

歴代印匋封泥
○右匋攻戝

廿世紀鉨印二-SP
○右闗

歴代印匋封泥
○右礜桃支

歴代印匋封泥
○右灶

歴代印匋封泥
○右

秦代印風
○樂陰右尉

歴代印匋封泥
○右□

秦代印風
○利陽右尉

秦代印風

○咸陽右鄉

秦代印風

○右廄將馬

漢晉南北朝印風

○靈右尉印

漢晉南北朝印風

○鰲厓右尉

漢晉南北朝印風

○漁陽右尉

廿世紀璽印三-GY

○弁之右尉

廿世紀璽印三-GY

○左鹽主官

廿世紀璽印三-SP

○右留

漢晉南北朝印風

○長壽單右廚護

漢晉南北朝印風

○新西國安千制外羌佰右小長

漢晉南北朝印風

○臨朐右尉

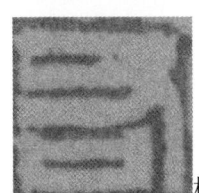

柿葉齋兩漢印萃

○右護軍印

漢代官印選
○右將軍光祿勳

漢印文字徵
○勳右尉印

歷代印匋封泥
○右市

歷代印匋封泥
○棫道右尉

漢代官印選
○右丞相章

歷代印匋封泥
○右空

漢代官印選
○右輔都尉

漢晉南北朝印風
○右積弩將軍章

漢晉南北朝印風
○臣右賢

漢晉南北朝印風
○臣右大

石鼓・田車

東漢・夏承碑

東漢・曹全碑陽

東漢・成陽靈臺碑

西晉・石定誌

北魏・張正子父母鎮石

東魏・元玕誌

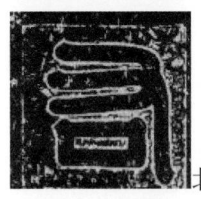

北齊・封子繪誌蓋
○齊故尚書右僕射冀州使君封公墓誌銘

北齊・婁叡誌蓋
○齊故假黃鉞右丞相東安婁王墓誌之銘

北齊・感孝頌

【啇（商）】

《說文》：啇，語時不啇也。从口帝聲。一曰啇，諟也。讀若鞮。

睡・日甲《啇》97
○三月啇（帝）爲

馬壹 112_31\382
○八啇

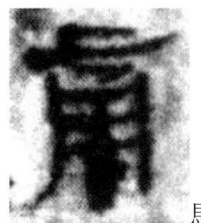

馬壹 83_90
○爲兩啇（帝）以功

銀貳 1577
○筭計啇（敵）所

【吉】

《說文》：吉，善也。从士、口。

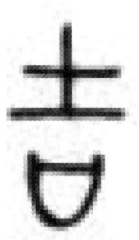

戰早・吉爲作元用劍

西晚・不其簋

漢銘・大吉洗
漢銘・大吉鍾九 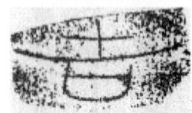
漢銘・大吉鍾六 
漢銘・大吉宜王洗 
漢銘・嚴是洗 
漢銘・大吉利行鐙
漢銘・大吉田器 
睡・日甲《生子》149 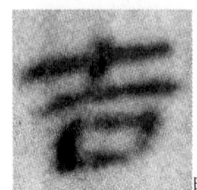
○子不吉

睡・日甲《衣》119
○丁酉吉
睡・日甲《盜者》76 
○章丑吉
睡・日甲《稷叢辰》28 
○二日吉
關・日書 208 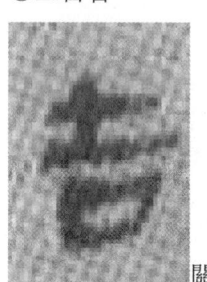
○不吉
獄・占夢書 19
○儻中吉夢蛇

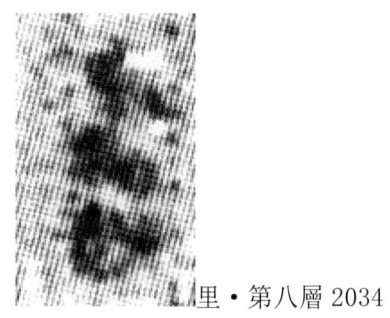

里・第八層 2034
○求羽吉□

馬壹 4_3 下
○僕妾吉

馬壹 245_2 下\3 下
○東南少（小）吉

馬壹 102_157
○吉事

張・奏讞書 67
○守丞吉

銀貳 1626
○入静吉

北貳・老子 206
○吉事

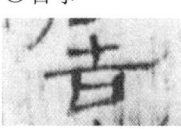

敦煌簡 2367A
○辰吉黍月

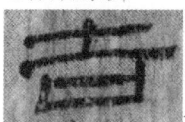

金關 T24:800
○而福吉常

東牌樓 160 背
○吉本

北壹・倉頡篇 2
○狼驚吉忌

秦代印風
○方將吉印

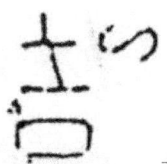

廿世紀璽印三-GP

○大吉番禺

歷代印匋封泥

○周吉之印

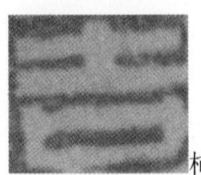

柿葉齋兩漢印萃

○彭吉之印

漢印文字徵

○到吉

漢印文字徵

○吉兒印

漢印文字徵

○呼吉私印

漢印文字徵

○呼吉

漢印文字徵

○單吉私印

漢晉南北朝印風

○膂吉

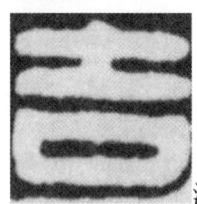

漢晉南北朝印風

○高吉私印

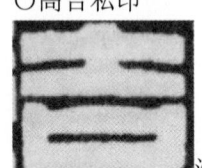

漢晉南北朝印風

○宋吉之印

秦公大墓石磬

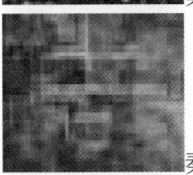

秦駰玉版

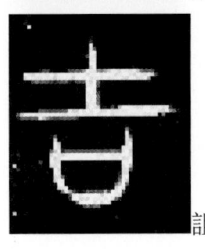

詛楚文·沈湫

○用吉玉、瑄璧

懷后磬

東漢·西岳華山廟碑陽

○摯斂吉祥

東漢·成陽靈臺碑

○令月吉日

東漢·北海太守爲盧氏婦刻石

○吉地既遷

北魏·張正子父母鎮石

○今得吉卜

北魏·胡明相誌

○吉凶有兆

北齊·暴誕誌

○永吉岡

【周】

《說文》：周，密也。从用、口。

【𠄯】

《說文》：𠄯，古文周字从古文及。

戰晚·七年上郡䛂戈

戰晚·七年相邦呂不韋戟

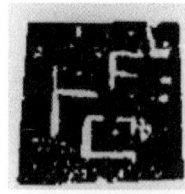

漢銘・陽周倉鼎

漢銘・建武泉範二

漢銘・上林銅鑒四

漢銘・建安二年洗

漢銘・上林銅鑒二

睡・日甲《詰》58

關・日書 262

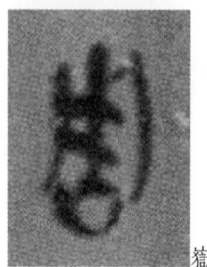

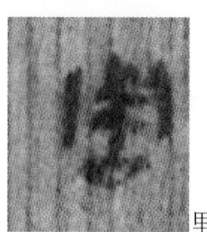

獄・占夢書 28

獄・數 213

里・第八層 1516

馬壹 80_16

馬壹 36_29 上

馬貳 212_2/103

張・秩律 452

張·算數書 148

銀壹 118

銀貳 2092

敦煌簡 1972C

金關 T10:294

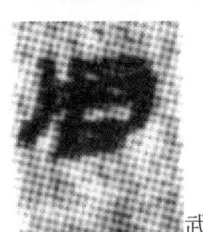

武·甲《泰射》59

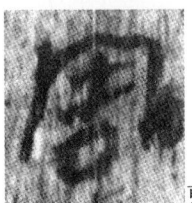

東牌樓 153 背

北壹·倉頡篇 49

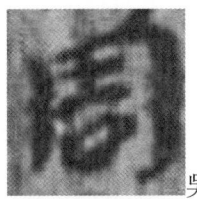

吳簡嘉禾·五·二六二

吳簡嘉禾·五·一八四

吳簡嘉禾·五·一一七五

廿世紀璽印二-SY

○周□

秦代印風

秦代印風

秦代印風

秦代印風
○杜殷周印

秦代印風

廿世紀璽印三-SY
○周遂

廿世紀璽印三-SY
○周匡私印

廿世紀璽印三-SY

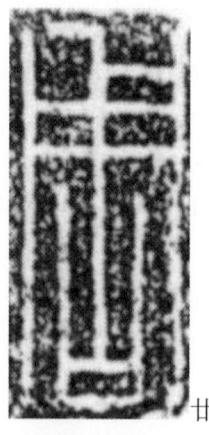

廿世紀璽印三-SY
○周應

漢晉南北朝印風

漢印文字徵
○周承公白事

柿葉齋兩漢印萃

柿葉齋兩漢印萃

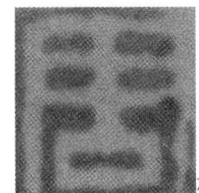

柿葉齋兩漢印萃

○周□私印

漢代官印選

柿葉齋兩漢印萃

漢印文字徵

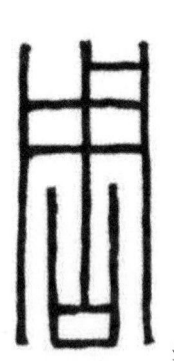

漢印文字徵

漢印文字徵

漢印文字徵

○臣段周

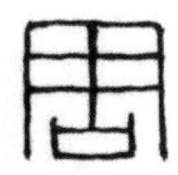

漢印文字徵

○周篤印信

廿世紀璽印四-SY

○周承公

漢晉南北朝印風

○臣段周

漢晉南北朝印風

漢晉南北朝印風

漢晉南北朝印風

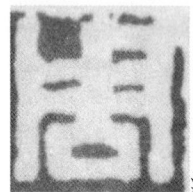

漢晉南北朝印風

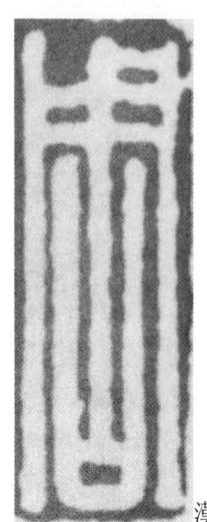

漢晉南北朝印風

漢晉南北朝印風

漢晉南北朝印風

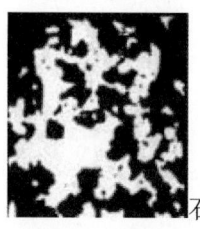

石鼓・吾水

秦駰玉版

東漢・史晨後碑

東漢・買田約束石券

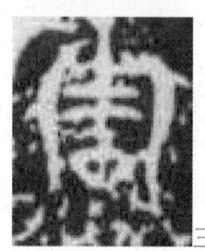

三國魏・三體石經春秋・古文
○王使宰周公來聘公

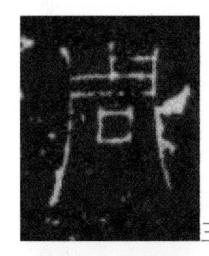

三國魏・三體石經尚書・篆文

西晉・郭槐柩記

北魏・元演誌

北魏・元懷誌

北魏・元子直誌

東魏・元顯誌

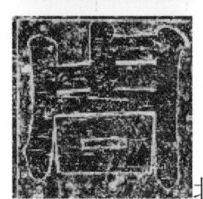

北周・須蜜多誌蓋

北周・宇文瓘誌蓋

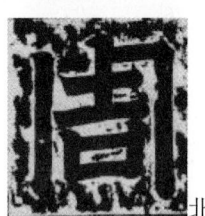

北周・盧蘭誌蓋

北周・宇文儉誌

【唐】

《說文》：唐，大言也。从口庚聲。

【啺】

《說文》：啺，古文唐从口、易。

漢銘・羽陽宮鼎

漢銘・唐氏洗

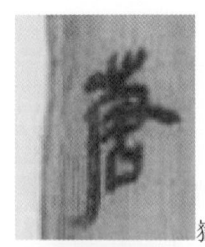

獄・識劫案 126

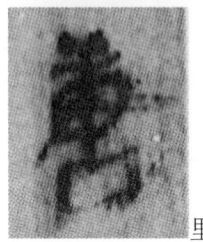

里・第八層 140

〇桑唐趙歸

馬貳 231_115

〇唐（糖）枝于

張・算數書 129

銀壹 242

〇城高唐爲

銀貳 2113

〇唐革（勒）與宋

敦煌簡 639C

〇唐美耿

金關 T10:409

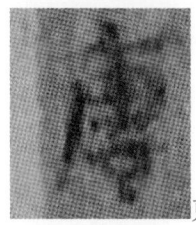

東牌樓 003 背

〇遇賊唐鐃

吳簡嘉禾・四・二五一

吳簡嘉禾・四・二八六

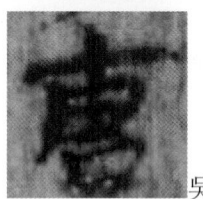

吳簡嘉禾・四・四四〇

秦代印風

〇李唐

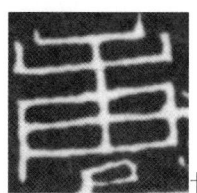

廿世紀璽印三-SY
○李唐

秦代印風
○唐

廿世紀璽印三-SY
○唐脩德

廿世紀璽印三-SP
○夫唐

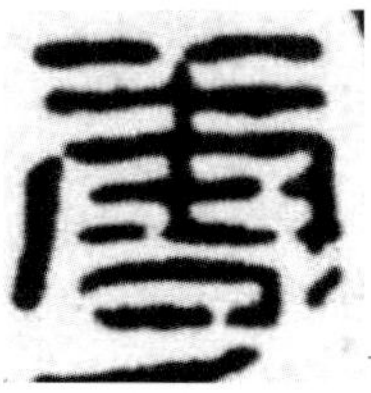

廿世紀璽印三-GP
○高唐丞印

廿世紀璽印三-SY
○唐子平

漢印文字徵
○高唐丞印

漢印文字徵
○唐外

歷代印匋封泥
○高唐丞印

柿葉齋兩漢印萃
○唐毋私印

漢晉南北朝印風

○作唐令印

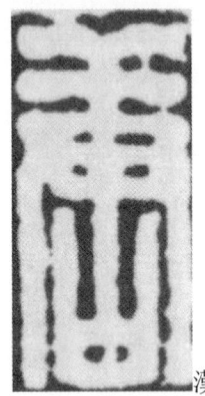

漢晉南北朝印風

○唐遊公

漢晉南北朝印風

○唐強私印

漢晉南北朝印風

○唐憲私印

東漢・從事馮君碑

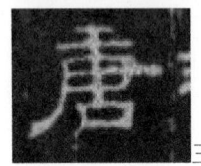

三國魏・上尊號碑

○是以唐之禪虞

北魏・李伯欽誌

北魏・□伯超誌

北魏・馮會誌

○漢馮唐者

北魏・王基誌

北魏・元寧誌

○其先唐堯之苗裔

北魏・元恭誌

○如衛如唐

北魏・塔基石函銘刻

北齊·高僧護誌

○播德於唐朝

【嗃】

《說文》：嗃，誰也。从口、嗃，又聲。嗃，古文疇。

西晉·臨辟雍碑

○嗃咨軌憲

【噚】

《說文》：噚，含深也。从口覃聲。

【噎】

《說文》：噎，飯窒也。从口壹聲。

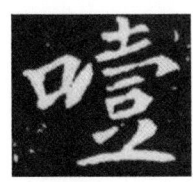

北魏·馮迎男誌

【嗢】

《說文》：嗢，咽也。从口㿛聲。

【哯】

《說文》：哯，不歐而吐也。从口見聲。

【吐】

《說文》：吐，寫也。从口土聲。

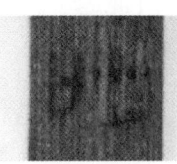

馬貳207_50

○必先吐陳乃翕

漢印文字徵

○吐患□利□邪

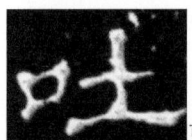

東漢·楊震碑

北魏·劉華仁誌

○臨霜吐馥

北魏·馮會誌

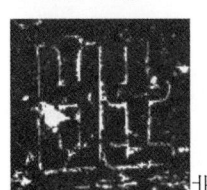

○河岳吐靈

北齊·吐谷渾靜媚誌蓋

○齊故堯公妻吐谷渾墓誌之銘

【噦】

《説文》：嚽，气牾也。从口歲聲。

【咈】

《説文》：咈，違也。从口弗聲。《周書》曰："咈其耈長。"

【嚘】

《説文》：嚘，語未定皃。从口憂聲。

【吃】

《説文》：吃，言蹇難也。从口气聲。

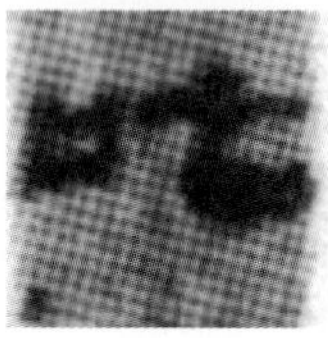

北魏·元寧誌
○拜樂吃（訖）升

【嗜】

《説文》：嗜，嗜欲，喜之也。从口耆聲。

北齊·宋靈媛誌

北齊·崔昂誌

【啖】

《説文》：啖，噍啖也。从口炎聲。一曰噉。

【哽】

《説文》：哽，語爲舌所介也。从口更聲。讀若井級綆。

北魏·元寧誌

北魏·馮迎男誌

【嚝】

《説文》：嚝，誇語也。从口翏聲。

【啁】

《説文》：啁，啁，嚝也。从口周聲。

北魏·殷伯姜誌
○啁噍佇歎

【哇】

《説文》：哇，諂聲也。从口圭聲。讀若醫。

【啻】

《説文》：啻，語相訶距也。从口歫辛。辛，惡聲也。讀若櫱。

【哎】

《説文》：嗚，譇𧩿，多言也。从口，𣪏省聲。

秦代印風

○享呹

【呧】

《説文》：呧，苛也。从口氐聲。

【呰】

《説文》：呰，苛也。从口此聲。

【嗻】

《説文》：嗻，遮也。从口庶聲。

【唊】

《説文》：唊，妄語也。从口夾聲。讀若莢。

【嗑】

《説文》：嗑，多言也。从口盍聲。讀若甲。

【嗙】

《説文》：嗙，謌聲。嗙喻也。从口旁聲。司馬相如說，淮南宋蔡舞嗙喻也。

【噧】

《説文》：噧，高气多言也。从口，蠆省聲。《春秋傳》曰："噧言。"

【咎】

《説文》：咎，高气也。从口九聲。臨淮有咎猶縣。

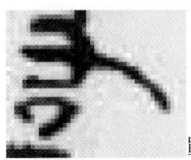

戰晚·二年咎貫府戈

馬壹 103_15\184

○尸（鳲）咎（鳩）在桑

廿世紀璽印三-GP

○咎獣丞印

【嘮】

《説文》：嘮，嘮呶，讙也。从口勞聲。

【呶】

《説文》：呶，讙聲也。从口奴聲。《詩》曰："載號載呶。"

【叱】

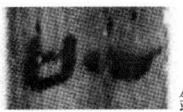

《説文》：叱，訶也。从口七聲。

銀貳 2117

○馬不叱啫（咤）

吳簡嘉禾·四·六八

北魏·元俨誌

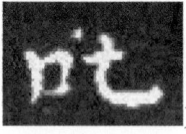

東魏·閭叱地連誌

【噴】

《說文》：噴，吒也。从口賁聲。一曰鼓鼻。

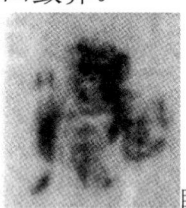

睡·日甲《詰》54
○以噴飲

馬貳 77_169/156
○取棓（杯）水噴鼓

馬貳 70_52/52
○噴者虞噴上

廿世紀璽印二-SY
○忌噴

【吒】

《說文》：吒，噴也。叱怒也。从口乇聲。

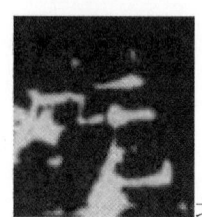

北齊·吳遷誌
○叱吒

【噱】

《說文》：噱，危也。从口喬聲。

【唪】

《說文》：唪，驚也。从口卒聲。

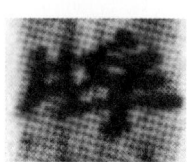

武·甲《少牢》35
○祭酒唪酒

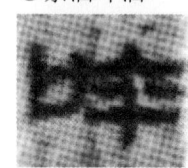

武·甲《有司》17
○唪酒興坐

漢印文字徵

○申唪

漢晉南北朝印風

○申唪

【唇】

《說文》：唇，驚也。从口辰聲。

【吁】

《說文》：吁，驚也。从口于聲。

馬貳 79_223/210

漢印文字徵

○吁帶之印

漢晉南北朝印風

○籲帶之印

東漢・譙敏碑

○吁（庑）嗟昊蒼

東漢・行事渡君碑

○成吁礼甫

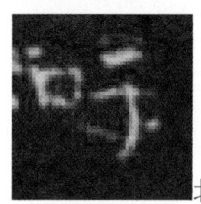

北齊・徐之才誌

○吁可畏乎

【嘵】

《說文》：嘵，懼也。从口堯聲。《詩》曰："唯予音之嘵嘵。"

秦代印風

○李嘵

【嘖】

《說文》：嘖，大呼也。从口責聲。

【讀】

《說文》：讀，嘖或从言。

東漢・王舍人碑

○念在探賾索隱

【嗸】

《說文》：嗸，眾口愁也。从口敖聲。《詩》曰："哀鳴嗸嗸。"

【唸】

《說文》：唸，吚也。从口念聲。《詩》曰："民之方唸吚。"

【吚】

《說文》：吚，唸吚，呻也。从口尸聲。

【嚴】

《說文》：嚴，呻也。从口嚴聲。

【呻】

《說文》：呻，吟也。从口申聲。

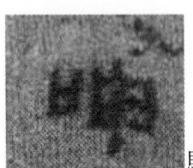

馬貳141_6
○耳（珥）呻（紳）朱（珠）

【吟】

《說文》：吟，呻也。从口今聲。

【訡】

《說文》：訡，或从言。

【䪩】

《說文》：䪩，吟或从音。

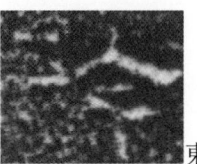

東漢·趙寬碑
○吟咏成章

北魏·元毓誌

北魏·李柰蘭誌

北齊·劉悅誌
○箛吟紫騮

【嗞】

《說文》：嗞，嗟也。从口茲聲。

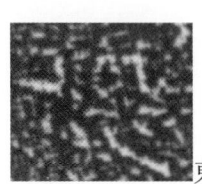

東漢·許安國墓祠題記
○甘珍嚙（嗞）味

【哤】

《說文》：哤，哤異之言。从口尨聲。一曰雜語。讀若尨。

【叫】

《說文》：叫，嘑也。从口丩聲。

東漢·楊著碑額

○卬叫穹倉

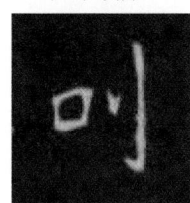

北魏·于景誌

○九皋創叫

【嘅】

《說文》：嘅，嘆也。从口旣聲。《詩》曰："嘅其嘆矣。"

秦文字編229

【唌】

《說文》：唌，語唌嘆也。从口延聲。

【嘆】

《說文》：嘆，吞歎也。从口，歎省聲。一曰太息也。

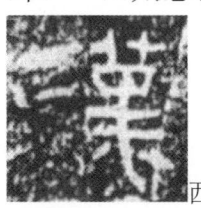

西漢

○世世嘆誦

東漢·景君碑

○嘆績億世

十六國北涼·沮渠安周造像

○嗟嘆不足

北魏·元尚之誌

○掩嘆松門

北齊·郭顯邕造經記

○諸天讚嘆

【喝】

《說文》：喝，潵也。从口曷聲。

馬貳212_9/110

○乃大喝（竭）

【哨】

《說文》：哨，不容也。从口肖聲。

【吪】

《說文》：吪，動也。从口化聲。《詩》曰："尚寐無吪。"

【嚌】

《說文》：嚌，嚂也。从口晉聲。

【吝】

《説文》：吝，恨惜也。从口文聲。
《易》曰："以往吝。"

【䠳】

《説文》：䠳，古文吝从彣。

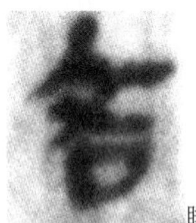

睡·日甲《行》130

○從左吝少（小）

敦煌簡 0503A

○十不吝持致

歷代印匋封泥

○萬芯吝

東漢·熹平石經殘石五

○巽吝

東漢·熹平石經殘石五

○寇至貞吝

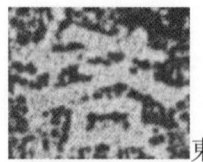

東漢·熹平石經殘石五

○嘻嘻終吝

北朝·千佛造像碑

○濟施不吝

北魏·元天穆誌

○無悔無吝

北魏·譚棻誌

○捐□吝十餘事

【各】

《説文》：各，異辭也。从口、夂。夂者，有行而止之，不相聽也。

春晚·秦公簋

漢銘·館陶家銅連鼎

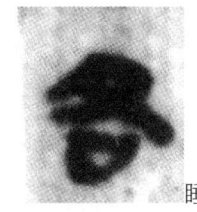

睡·秦律十八種 22

睡·效律 17

睡·秦律雜抄 20

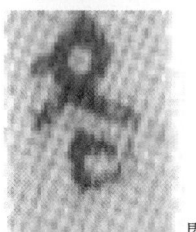

關·病方 369

嶽·數 123

嶽·癸瑣案 30

里·第八層 754

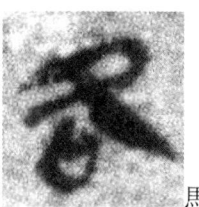

馬壹 109_138\307

馬貳 3_16

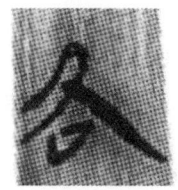

張·賊律 52

張·算數書 37

銀壹 716

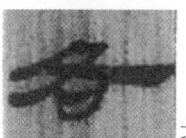

北貳·老子 163

敦煌簡 0032B

金關 T32:010

○各牟一匹

金關 T23:578

○部中各

金關 T14:030

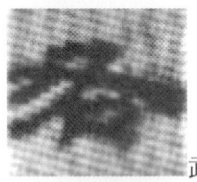

武·儀禮甲《服傳》12

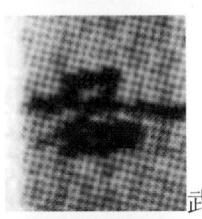

武·甲《泰射》58

東牌樓 012

漢印文字徵

柿葉齋兩漢印萃

漢印文字徵

漢晉南北朝印風

○魏屠各率善仟長

漢晉南北朝印風

廿世紀璽印四-GY

漢晉南北朝印風

漢晉南北朝印風

石鼓·田車

東漢·史晨後碑

東漢·曹全碑陽

東漢·譙敏碑

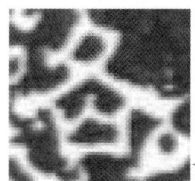

東魏・嵩陽寺碑

北周・寇嶠妻誌

【否】

《説文》：否，不也。从口从不。

銀壹 834

東漢・從事馮君碑

三國魏・張君殘碑

北魏・王悦及妻郭氏誌

北魏・檀賓誌

東魏・李挺誌

○獻可替否

【唁】

《説文》：唁，弔生也。从口言聲。

《詩》曰："歸唁衛侯。"

【哀】

《説文》：哀，閔也。从口衣聲。

睡・為吏 31

睡・日書甲種《詰》63

○有思哀也

睡・日甲《詰》29

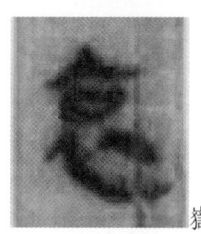

獄・譊、妘刑杀人等案 141

里·第八層 2125

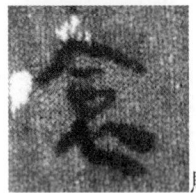

馬壹 77_83

○哀不辜

馬壹 113_52\403

○后曰哀才（哉）

馬壹 105_70\239

○哀夫喪正經脩（修

馬壹 12_70 下

馬壹 88_195

馬貳 216_1/12

張·奏讞書 187

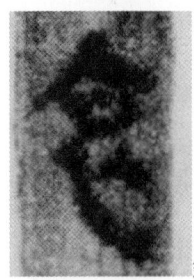

銀壹 702

北貳·老子 92

敦煌簡 0667

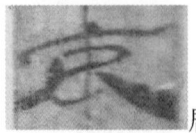

居·EPT52.340

○將軍哀憐

金關 T23:356

武・王杖4
○甚哀老小

東牌樓146
○羊角哀

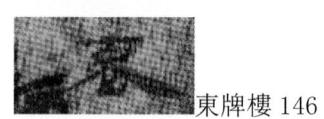

東牌樓146
○羊角哀左

廿世紀璽印三-GP
○齊哀寢印

漢印文字徵
○齊哀寢印

漢印文字徵
○王哀之印

歷代印匋封泥
○齊哀淳印

東漢・鮮於璜碑陰
○烏呼哀哉

東漢・譙敏碑
○士女哀懷

東漢・立朝等字殘碑
○慕百朋哀惟

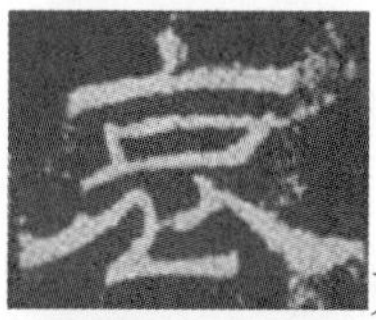

東漢・朝侯小子殘碑

東漢・楊統碑陽

東漢・元嘉元年畫像石墓題記
一
○枔哀子孫

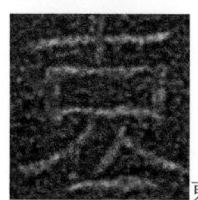

東漢・公乘田魴畫像石墓題記
○哀賢明而不遂兮

東漢・夏承碑

○惟以告哀

晉・洛神十三行

三國魏・五官掾功碑

○哀感莫

西晉・成晃碑

北魏・寇慰誌

○哀公之曾孫

北魏・張正子父母鎮石

○孤哀子張正子

北魏・元弼誌

○感哀去友

北魏・穆亮誌

○群公哀慟

北魏・元嵩誌

○哀慟邦里

北魏・王普賢誌

北魏・元潛嬪耿氏誌

○哀痛感於極陽

北魏・王誦妻元妃誌

○哀挽在庭

北魏・寇憑誌

○安西將軍秦州刺史馮翊哀公之曾孫

北魏・吐谷渾氏誌

○哀容去鏡

北魏·王翊誌

○空哀丘墓

北魏·元寧誌

○嗚呼哀哉

東魏·盧貴蘭誌

○楚挽晨哀。

北齊·道明誌

○哀哀哲人

【嘷】

《說文》：嘷，號也。從口虖聲。

【㱿】

《說文》：㱿，歐兒。從口㱿聲。《春秋傳》曰："君將㱿之。"

獄·魏盜案 169

○毋（無）害敦㱿（慤）

【咼】

《說文》：咼，口戾不正也。從口冎聲。

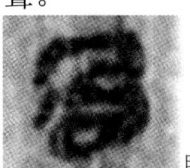

睡·日甲《詰》27

○不可咼（過）也

【叔】

《說文》：叔，嘆也。從口叔聲。

【嘆】

《說文》：嘆，叔嘆也。從口莫聲。

【㖃】

《說文》：㖃，塞口也。從口，㐄省聲。

【昏】

《說文》：昏，古文從甘。

【嗾】

《說文》：嗾，使犬聲。從口族聲。《春秋傳》曰："公嗾夫獒。"

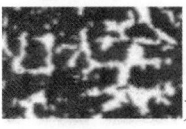

東漢·武氏左石室畫像題字

○伏甲嗾獒

【吠】

《說文》：吠，犬鳴也。從犬、口。

銀貳 1532
○所以吠也

敦煌簡 0423
○吠吠

漢印文字徵
○王吠

北魏·元瞻誌
○夜犬莫吠

北魏·元子直誌
○吠犬稀聲

東魏·房蘭和誌
○犬不夜吠

【咆】

《說文》：咆，嗥也。从口包聲。

【嗥】

《說文》：嗥，咆也。从口皋聲。

【獆】

《說文》：獆，譚長說：嗥从犬。

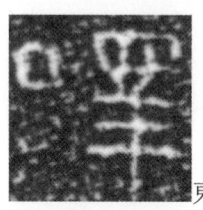

東漢·許安國墓祠題記
○師熊嗥戲

北魏·奚真誌
○宗親嗥愕

東魏·元寶建誌
○豺狼且嗥。

【喈】

《說文》：喈，鳥鳴聲。从口皆聲。一曰鳳皇鳴聲喈喈。

東漢·柳敏碑
○喈其鳴兮

北魏·元延明誌

北魏·程法珠誌

北魏·元濬嬪耿氏誌

【哮】

《説文》：哮，豕驚聲也。从口孝聲。

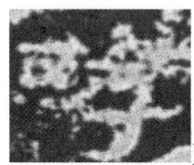

東漢·執金吾丞武榮碑

○陵惟哮虎

【喔】

《説文》：喔，雞聲也。从口屋聲。

【呝】

《説文》：呝，喔也。从口戹聲。

【咮】

《説文》：咮，鳥口也。从口朱聲。

【嚶】

《説文》：嚶，鳥鳴也。从口嬰聲。

北魏·元演誌

○翔鳥悲嚶

【啄】

《説文》：啄，鳥食也。从口豖聲。

北魏·四百人造像

○范陽郡啄（涿）縣

【唬】

《説文》：唬，嗁聲也。一曰虎聲。从口从虎。讀若暠。

春晚·秦公鎛

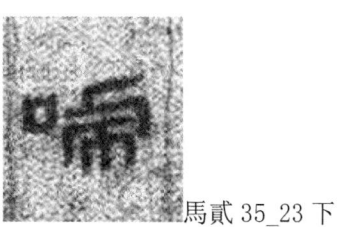

馬貳35_23下

○麋唬（蹄）者此

【呦】

《説文》：呦，鹿鳴聲也。从口幼聲。

【欹】

《說文》：歈，呦或从欠。

【嚧】

《說文》：嚧，麋鹿羣口相聚皃。从口虞聲。《詩》曰："麀鹿嚧嚧。"

【喁】

《說文》：喁，魚口上見。从口禺聲。

【局】

《說文》：局，促也。从口在尺下，復局之。一曰博，所以行棊。象形。

睡•為吏 1

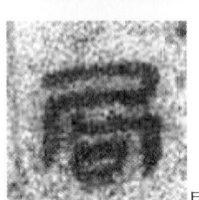

馬壹 46_61 下

馬貳 285_299/316

○博局一

漢印文字徵

○茲局

東漢•元嘉元年畫像石墓題記一

○局秩穩析

北魏•陸紹誌

北魏•吳高黎誌

○聖世兗州城局參督護

北魏•元璨誌

○君體局聰逸

北魏•李榘蘭誌

○器局沈穩

東魏•劉懿誌

北齊•赫連子悅誌

第二卷

【㕡】

《說文》：㕡，山間陷泥地。從口，從水敗皃。讀若沇州之沇。九州之渥地也，故以沇名焉。

【容】

《說文》：容，古文㕡。

【哦】

《說文》：哦，吟也。從口我聲。

【嗃】

《說文》：嗃，嗃嗃，嚴酷皃。從口高聲。

【售】

《說文》：售，賣去手也。從口，雔省聲。《詩》曰："賈用不售"。

【噞】

《說文》：噞，噞喁，魚口上見也。從口僉聲。

![噞] 馬壹5_21上

○噞（險）且枕（訧）

【唳】

《說文》：唳，鶴鳴也。從口戾聲。

【喫】

《說文》：喫，食也。從口契聲。

【喚】

《說文》：喚，評也。從口奐聲。古通用奐。

![喚] 東牌樓012

○召喚

【咍】

《說文》：咍，蚩笑也。從口從台。

【嘲】

《說文》：嘲，謔也。從口朝聲。《漢書》通用啁。

![嘲] 北魏·寇憑誌

【呀】

《說文》：呀，張口皃。從口牙聲。

【叩】

![叩] 敦煌簡0189

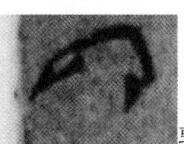

○叩頭死罪敢言

![叩] 金關T23:412

597

○以報叩頭

金關 T04：022

○叩頭

金關 T02：008A

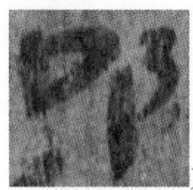

○叩頭

東牌樓 045

○書羌叩頭

東漢・乙瑛碑

○叩頭

北魏・元天穆誌

○于時塞虜叩關

北魏・唐耀誌

○叩隴鏘歌

北齊・爾朱元靜誌

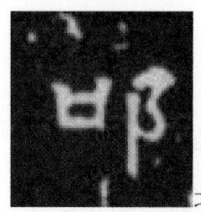

○叩訴無因

北周・華岳廟碑

○叩金繩而享百靈

〖囚〗

睡・為吏 13

○請絆數囚（究）

〖呠〗

馬壹 101_133

○情呠（呵）其請

〖昌〗

里・第五層背 5

○行士秅昌戈

〖㕣〗

秦文字編 232

〖吼〗

北魏・元悅修治古塔碑銘

○逢師子吼

〖呵〗

馬壹 149_65/239 下

馬壹 100_117

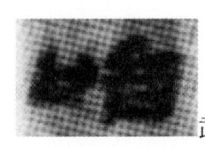

〖咕〗

武·儀禮甲《士相見之禮》13

○先飯咕（遍）嘗

〖呺〗

西晉·趙汜表

○攀悼呺絕

北魏·邸元明碑

○情□□呺

〖呾〗

漢印文字徵

○呾今私印

〖呴〗

馬貳 212_5/106

○作相呴相抱

金關 T06:185

○爲呴左

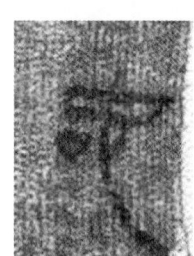

〖咃〗

馬貳 72_80/80

○令牛咃（舐）

〖唔〗

馬壹 110_171\340

○弗得唔（寤）眛

〖唄〗

東魏·嵩陽寺碑

○唄響八飛

【咪】

馬貳 206_38

【咤】

東魏·蕭正表誌

○嘯咤淮右

【唧】

北魏·元舉誌

○一見唧々

【啫】

銀貳 2117

○不叱啫不

【啥】

北齊·徐顯秀誌

○致啥（含）矢于魯邦

【喻】

漢印文字徵

○谷喻

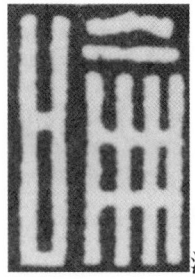

漢晉南北朝印風

○谷喻

【唉】

晉·黃庭內景經

○準乎登山唉液丹

【喋】

東漢·張遷碑陽

○嗇夫喋喋小吏

東漢·張遷碑陽

【啪】

馬壹 100_112

○五味使人之口唽（爽）

【喻】

漢印文字徵

○喻印貞之

漢印文字徵

○妾喻

北魏・元襲誌

北魏・元悌誌

北魏・元昭誌

北魏・元璨誌

北魏・馮迎男誌

○寢疾不喻（愈）

東魏・杜文雅造像

○解喻金剛

北齊・高湜誌

○不能喻

【颯】

漢晉南北朝印風

○郭颯印信

【啼】

東漢・許阿瞿畫像石題記

○啼泣東西

東漢・石祠堂石柱題記

〇抱持啼呼

北魏・穆纂誌

北周・須蜜多誌

【嗟】

馬貳 72_91/91

〇一嗟

東漢・譙敏碑

〇吁嗟昊蒼

東漢・東漢望都一號墓佚名墓銘

東漢・皇女殘碑

晉・洛神十三行

三國魏・曹真殘碑

〇嗟悼

西晉・石定誌

西晉・石尠誌

〇天子嗟悼

北魏・慈慶誌

〇空嗟落景

北魏・元理誌

〇吁嗟悲

北魏・元靈曜誌

〇朋徒嗟尚

北魏·元繼誌

○群后咨嗟

北魏·爾朱紹誌

○于嗟未央

北魏·韓震誌

○于嗟未央

北魏·元斌誌

○莫不嗟酸

北齊·暴誕誌

○嗟乎

北齊·赫連子悅誌

北齊·赫連子悅誌

○嗟矣後人

北齊·斛律氏誌

○咄嗟人世

〖瘖〗

馬貳 214_25/126

○瘖者鹽（銜）甘

〖喧〗

北齊·唐邕刻經記

〖嗚〗

東漢·夏承碑

北魏·宋靈妃誌

○嗚呼哀哉

北魏·元洛神誌

北魏・元彝誌

北魏・元平誌

○邦里嗚咽

北魏・馮邕妻元氏誌

北魏・張盧誌

○嗚呼痛哉

北齊・斛律氏誌

北齊・道明誌

○嗚呼哀哉

【嗤】

北魏・元繼誌

○嗤彼丘陵

【嘔】

西晉・臨辟雍碑

【嗽】

北齊・報德像碑

○嗽（敕）天成祉

【嚳】

秦文字編 233

【噉】

北齊・張子昂造像

○張噉鬼

北齊・劉雙仁誌

○獨噉白馬之名

【嗺】

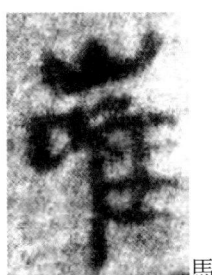

馬壹 105_57\226

○嗺経不在

【嘻】

東漢・熹平石經殘石五

東漢・熹平石經殘石五

【嘶】

北魏・王誦誌

北齊・盧脩娥誌

【嘿】

北魏・元懷誌

○老尚簡嘿(默)

北齊・赫連子悅誌

○淵嘿(默)雷聲

【噏】

東漢・岐子根畫像石墓題記

○嘘噏不反

東晉・黃庭經

○呼噏廬間以自償。

【舉】

武・甲《少牢》25

○舉(舉)尸牢

【嚋】

里・第八層 1554

○小奴嚋

秦代印風

○享嘼

【嚂】

銀貳 2116

○去嚂（衔）

【嚊】

漢印文字徵

○成嚊

【嚃】

西晚・不其簋

○執嚃戎

【嚌】

東漢・東漢・婁壽碑陽

○玄嚌有成

【嚬】

東魏・妻李豔華誌

○嚬（顰）笑歸美

北齊・感孝頌

○景慕縈嚬

【嚄】

北魏・鄭道忠誌

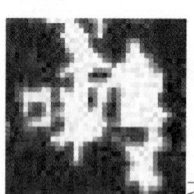

○朋嚄羽族

【嚩】

北齊・高叡修定國寺碑

○谷幽虛嚩

【嚈】

馬壹 104_48\217

〇不忘則噯

【囑】

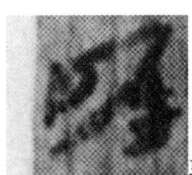

敦煌簡 0174

北魏·穆彥誌

北齊·雲榮誌

〇囑家國失

北齊·雲榮誌

凵部

【凵】

《說文》：凵，張口也。象形。凡凵之屬皆从凵。

吅部

【吅】

《說文》：吅，驚嘑也。从二口。凡吅之屬皆从吅。讀若讙。

【㲯】

《說文》：㲯，亂也。从爻、工、交、吅。一曰窒㲯。讀若穰。

【㲯】

《說文》：㲯，籀文㲯。

【嚴】

《說文》：嚴，教命急也。从吅厰聲。

【𠭲】

《說文》：𠭲，古文。

漢銘·嚴氏造吉洗

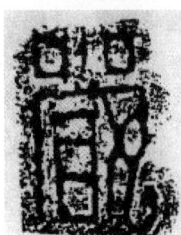

漢銘·嚴是洗

漢銘·建武卅二年弩鐖

漢銘・蜀郡嚴氏富昌洗

漢銘・嚴氏作洗四

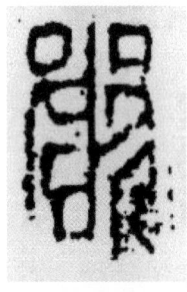

漢銘・嚴氏宜侯王洗

漢銘・蜀郡嚴氏洗一

漢銘・嚴氏造作洗

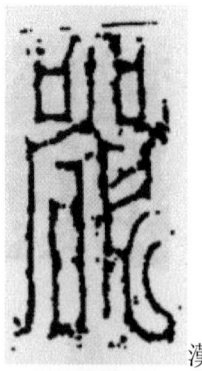

漢銘・嚴氏作洗三

漢銘・嚴氏作洗二

漢銘・嚴氏作洗一

漢銘・蜀郡嚴氏洗二

春晚・秦公鎛

春晚·秦公簋

睡·為吏 4
○有嚴不治

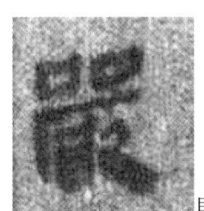

馬壹 43_34 上
○求尊嚴顯貴之名

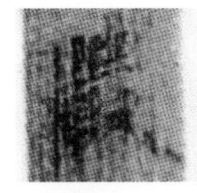

張·秩律 459
○嚴道

銀貳 1201

北貳·老子 160
○四鄰嚴（儼）虖

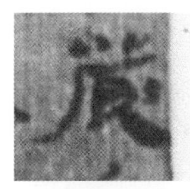

敦煌簡 1171A

敦煌簡 1042
○威嚴亭卒

敦煌簡 0200
○糧食嚴訶

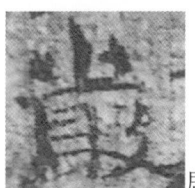

居·EPT48.132
○令史嚴敢言之

居·EPT20.19A
○□子嚴使君

居·EPT59.123
○李嚴數榜笞息

金關 T09:389
○亥丞嚴

金關 T06:052
○徐嚴

金關 T03:054A
○王嚴叩頭白

金關 T09:008
○到嚴教官

廿世紀璽印三-GP
○嚴道長印

歷代印匋封泥
○嚴道長印

漢印文字徵
○嚴道長印

漢印文字徵
○但嚴之印

漢印文字徵
○王印君嚴

漢印文字徵
○鄭嚴

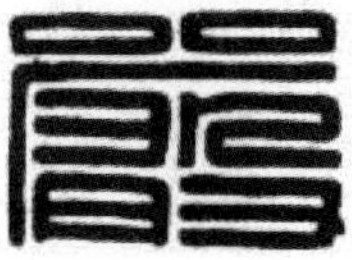

漢印文字徵
○嚴郢

漢印文字徵
○周印君嚴

柿葉齋兩漢印萃
○馮嚴私印

漢印文字徵
○石嚴之印

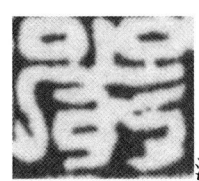

漢晉南北朝印風

○李嚴私印

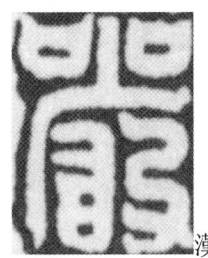

漢晉南北朝印風

○史君嚴

漢晉南北朝印風

○周君嚴印

東漢・西狹頌

○不嚴而治

東漢・王孝淵碑

○嚴己毅仁

東漢・乙瑛碑

東漢・王孝淵碑

○工人張伯嚴主。

東漢・三老諱字忌日刻石

○嚴及焉

北魏・元洛神誌

○中遇嚴霜

北魏・元爽誌

○嚴風動樹

北魏・王悅及妻郭氏誌

○嚴敬理殊

北魏・寇霄誌

○嚴如松栲

北魏・元信誌

○雅懷嚴淨

北魏·于纂誌
〇行信增嚴

北魏·尉氏誌
〇嚴同夏景

北魏·王誦妻元氏誌
〇挽紼嚴清

北魏·寇臻誌
〇奉嚴母以肅成

北魏·張玄誌
〇嚴威既被

東魏·廣陽元湛誌
〇等務伯之矜嚴

東魏·元悰誌
〇嚴而不害

東魏·道穎僧惠等造像
〇嚴儀自天

北齊·元賢誌
〇嚴霜暮夜

【咢】

《說文》：咢，譁訟也。从吅屰聲。

馬貳 35_42 下
〇咢（顎）天下莫

【單】

《說文》：單，大也。从吅、甲，吅亦聲。闕。

漢銘·單安侯家奩蓋

關·病方 313

獄·識劫案 115

里·第八層 92

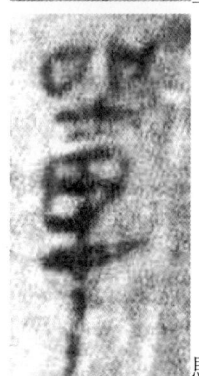

馬壹 92_288

馬壹 36_28 上

銀貳 1904

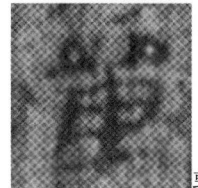

敦煌簡 0633

○布單襦一領

金關 T01:039

○南卒單遂

金關 T04:108A

○單卿坐前毋恙

東牌樓 032 正

秦代印風

○單志

漢晉南北朝印風

漢晉南北朝印風

○長壽單右廚護

廿世紀璽印三-SY

廿世紀璽印三-GY

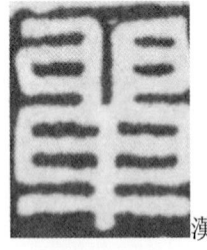

漢晉南北朝印風
○萬歲單尉

漢晉南北朝印風

○慈孝單左史

漢晉南北朝印風
○始樂單祭尊

漢晉南北朝印風
○萬歲單平印

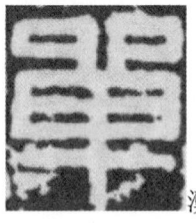

漢晉南北朝印風
○酒單祭尊

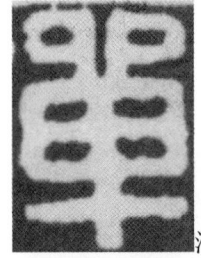

漢晉南北朝印風

漢代官印選

〇單父令印

漢印文字徵

〇單音

歷代印匋封泥

漢印文字徵

漢印文字徵

漢印文字徵

〇萬歲單三老

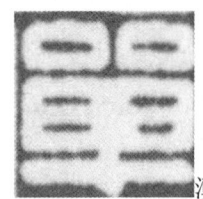

漢晉南北朝印風

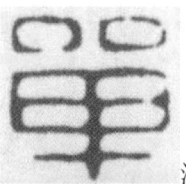

漢晉南北朝印風

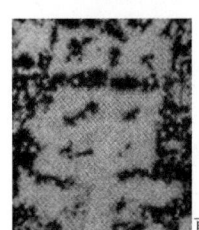

東漢·買田約束石券

〇單力

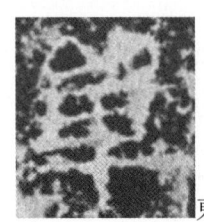

東漢·衛尉卿衡方碑

〇有單襄穆典謨之風

三國魏·毌丘儉殘碑

北魏·元珍誌

北魏·寇憑誌

○傷單弦之缺聽

北魏·元寧誌

○單辭兩分

東魏·廉富等造義井頌

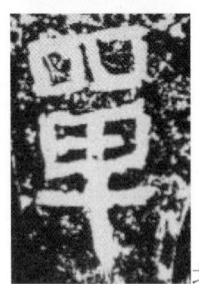

○皎出單清

北周·單英儒誌

【吅】

《說文》：吅，呼雞重言之。從吅州聲。讀若祝。

〖哭〗

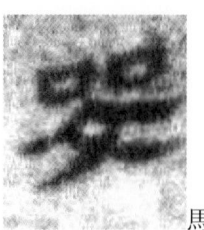

馬壹144_31/205上

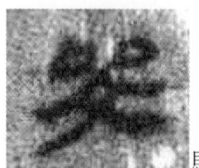

○哭（鄰）國相塱（望）

馬壹6_27下

○舍往哭

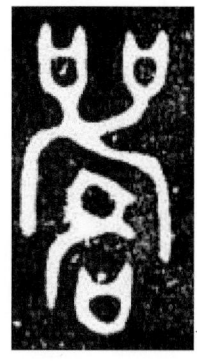

〖詈〗

西晚·不其簋

哭部

【哭】

《說文》：哭，哀聲也。從吅，獄省聲。凡哭之屬皆從哭。

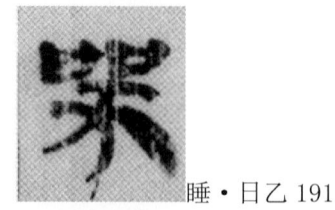

睡·日乙191

○可以哭穿肆（肂）

馬壹4_11下

張·奏讞書 183

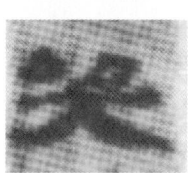

武·儀禮甲《服傳》39

○死則哭之

東漢·陽三老石堂畫像石題記

東漢·張文思造石闕題記

○哭父而禮

北魏·元茂誌

○妻兒洞哭

北魏·馮季華誌

○晨哭哀哀

北魏·劉華仁誌

○親悲號哭

東魏·李挺誌

北齊·婁黑女誌

【喪】

《說文》：喪，亡也。从哭从亡。會意。亡亦聲。

春早·秦政伯喪戈之一

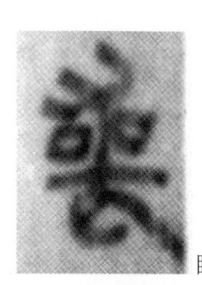

春早·有偪伯喪矛二

睡·日甲《土忌》136

馬壹 258_6 上\22 上

馬壹 36_38 上
○東北喪崩（朋）

張・奏讞書 186

銀壹 504

銀貳 1916

北貳・老子 206

金關 T09:103A
○失不喪檄

金關 T24:833
○喪其已久矣

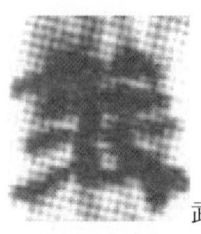

武・儀禮甲《服傳》37
○喪成人者

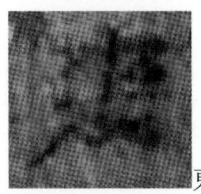

東牌樓 005
○喪埊皇宗

秦代印風
○喪尉

秦代印風
○南鄉喪吏

漢晉南北朝印風

漢印文字徵
○喪延季

漢印文字徵

○喪貴

漢印文字徵

漢印文字徵

○都尉喪鄉

漢印文字徵

○喪章

漢印文字徵

漢印文字徵

東漢・正直殘碑

東漢・曹全碑陽

○赴喪紀

東漢・景君碑

○如喪考妣

東漢・建寧三年殘碑

東漢・夏承碑

東漢・從事馮君碑

○世喪模範

西晉・趙氾表

西晉・荀岳誌

西晉・成晃碑

○未老彫喪

北魏・韓顯宗誌

○攝代喪事

北魏・元演誌

○盪魂喪精

北魏・元孟輝誌

○喪親

北魏・元引誌

○邦維喪寶

北魏・元謐誌

○家喪璵璠

北魏・慈慶誌

北魏・元茂誌

走部

【走】

《說文》：走，趨也。从夭、止。夭止者，屈也。凡走之屬皆从走。

獄・質日 3453

○走亡尸行

獄・綰等案 241

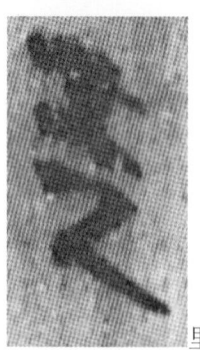

里・第八層 1266

○走妃留

里·第八層背 133

○四刻走賢以來

馬壹 91_282

○走秦必緩秦王

馬壹 89_219

○歸走淮北

馬壹 40_2 下

○既焉賁（奔）走其（亓）時

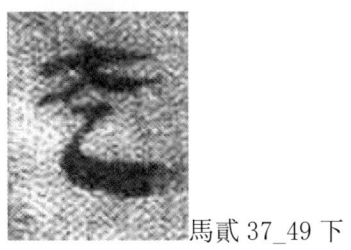

馬貳 37_49 下

○善走

馬貳 32_5 上

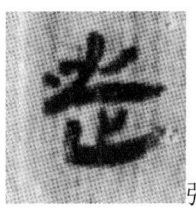

○廣善走

張·奏讞書 223

○以刀刺奪錢去走

銀壹 98

○奔走陳兵者

銀貳 1035

○萬民走其

敦煌簡 0988B

○卿亭走行

金關 T28:020

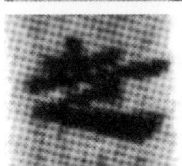

○某將走見賓對曰

武·儀禮甲《士相見之禮》2

北壹·倉頡篇 50

○趨走病狂

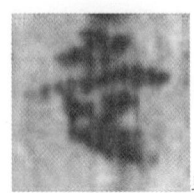

吳簡嘉禾・八零九八
○二月十五日叛走

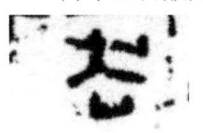

廿世紀璽印三-GP
○宦走丞印

廿世紀璽印三-GP
○走翟丞印

歷代印匋封泥
○走翟丞印

石鼓・馬薦

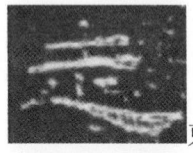

東漢・桐柏淮源廟碑

北魏・山徽誌

北魏・元略誌
○悲感飛走

北魏・元壽安誌
○百辟奔走於下

北魏・元子直誌
○並走無徵

北齊・韓裔誌
○遂託身奔走

北齊・朱曇思等造塔記
○飛禽走獸

【趨】

《說文》：趨，走也。从走芻聲。

馬壹87_188
○徐趨至而自謝曰

馬壹 178_66 下
○大星趨相犯也必戰

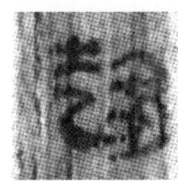

銀貳 1588
○以相趨

北貳・老子 182
○終朝趨（驟）雨

敦煌簡 2098
○趨走病狂

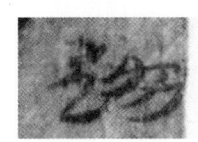

金關 T23:880A
○趨走之

武・王杖 2
○廷不趨犯罪耐以上

北壹・倉頡篇 50
○趨走病狂

廿世紀璽印三-GP
○罟趨丞印

歷代印匋封泥
○趨武男印章

漢印文字徵
○趨武男印章

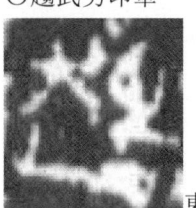

東漢・校官碑
○屈私趨公

東漢・耿勳碑
○勸課趨時

北魏・元爽誌
○及其晨趨文石

東魏・元惊誌

○擁篲趨士

東魏・李憲誌

○縫掖相趨

北齊・赫連子悅誌

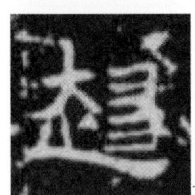

○武帳頻趨

北齊・劉悅誌

○宦騎朝趨

北周・王通誌

○趨庭學禮

【赴】

《説文》：赴，趨也。从走，仆省聲。

獄・暨過案 103

○令赴隧以成私殿

東漢・曹全碑陽

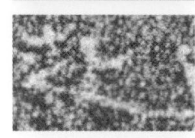

東漢・爲父通作封記刻石

北魏・元誨誌

北魏・翟普林造像

○超赴蟠會

東魏・陸順華誌

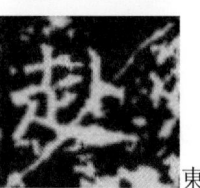

東魏・蔡儁斷碑

北齊・司馬遵業誌

○單鵠赴其冥感

北周・賀屯植誌

【趣】

《說文》：趣，疾也。从走取聲。

趣 睡·法律答問 199

○鬭相趣（聚）是

趣 銀貳 1740

○一日趣（奏）夷

趣 敦煌簡 1675

○書到趣實籍部中移

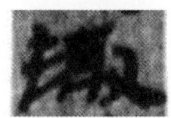

趣 敦煌簡 0615

○校趣具鞍馬會正月

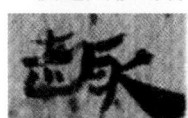

趣 金關 T23：658

○史爲趣郡收責不能

趣 北壹·倉頡篇 6

○載趣邊觀

趣 東漢·史晨前碑

○獲麟趣作

趣 北魏·元昭誌

趣 北魏·王基誌

趣 北魏·錡雙胡造像

○三界六趣

趣 北魏·解伯都等造像

○六趣

趣 東魏·楊顯叔造像

○六趣群生

趣 北齊·武成胡后造像

○施□畏於六趣

趣 北齊·韓山剛造像

○沉浮異趣

【超】

《說文》：超，跳也。从走召聲。

超 北貳·老子 190

敦煌簡 1460B
○辯治超等

東牌樓 117 正
○史覃超□□詣在所

柿葉齋兩漢印萃
○徐超印信

漢印文字徵

漢印文字徵
○劉超印信

漢印文字徵
○趙超

漢晉南北朝印風
○臣超

漢晉南北朝印風

漢晉南北朝印風

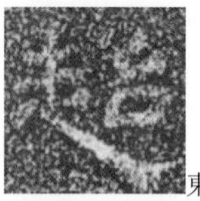

東漢・王舍人碑

東漢・司馬芳殘碑
○杜縣魏超

三國魏·曹真殘碑

〇李超

北魏·翟普林造像

〇超赴蟠會

北魏·塔基石函銘刻

北魏·袁超造像

〇袁超爲父母祈壽

北魏·寇憑誌

北魏·封君妻誌

〇超樊華於秦楚矣

北魏·元舉誌

〇畫妙超神

北魏·楊大眼造像

北齊·姜纂造像

北齊·張世寶造塔記

北齊·高顯國妃敬氏誌

北齊·房周陁誌

北齊·張海翼誌

北齊·徐顯秀誌

南朝齊·呂超誌

【趠】

《說文》：蹻，善緣木走之才。从走喬聲。讀若王子蹻。

秦文字編 234

秦文字編 234

漢印文字徵

○趫印合成

漢印文字徵

○鮮于趫

【赳】

《說文》：赳，輕勁有才力也。从走丩聲。讀若鐈。

【赺】

《說文》：赺，緣大木也。一曰行皃。从走支聲。

北壹・倉頡篇 41

○澺鵾（雛）鴬赺

【趮】

《說文》：趮，疾也。从走喿聲。

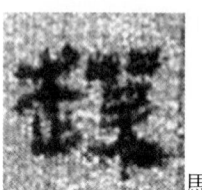

馬壹 174_34 下

○趮（躁）勝

馬壹 148_67/241 上

○趮（躁）則失君

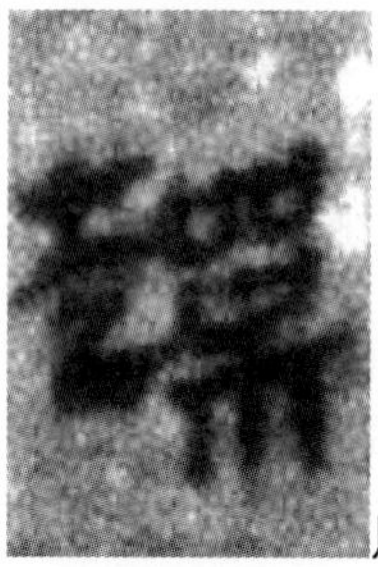

馬壹 143_8/182 下

○趮（躁）朕（勝）寒

馬壹 101_144

○失本趮（躁）則失

馬壹 101_143

○爲趮（躁）君是

張・蓋盧 37

○出有趮（躁）氣

北貳・老子 190

○靜爲趮（躁）君

北壹・倉頡篇 65

○堯舜禹湯頯印（卬）趮

【趯】

《説文》：趯，踊也。从走翟聲。

北壹・倉頡篇 68

○趯急邁徙

【⿺走厥】

《説文》：⿺走厥，蹠也。从走厥聲。

【越】

《説文》：越，度也。从走戉聲。

睡・秦律雜抄 25

○虎未越泛蘚從之虎

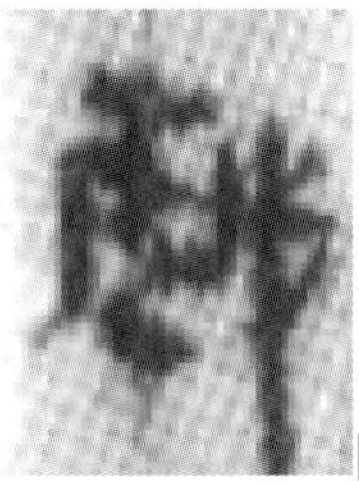
關・病方 363

○東行越木

嶽・尸等案 31

○綰丞越敢讞

馬壹 90_254

○若夫越趙魏

馬壹 88_206

○不亡越

馬貳 246_277
○竽一越閨銀

銀貳 1181
○楚越之竹

敦煌簡 0518
○豐蘭越塞

金關 T29:107
○蘭越肩水金關

北壹・倉頡篇 9
○兼百越貢織飭端脩瀘變大制裁男女蕃殖六畜逐字

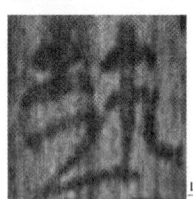

吳簡嘉禾・五・八五九
○吏陳越佃田

秦代印風
○王越

秦代印風
○越

秦代印風
○上官越人

廿世紀璽印三-GY
○越稻君印

漢印文字徵
○黃神越印

漢印文字徵

○張越

漢代官印選

○越騎校尉

柿葉齋兩漢印萃

○閩越王章

柿葉齋兩漢印萃

○越國公章

漢印文字徵

○越青邑君

漢晉南北朝印風

○越騎司馬

漢晉南北朝印風

○孫越印信

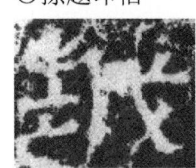

東漢・熹平石經殘石一

○□越殺□。

東漢・史晨後碑

○從越騎校尉拜

東漢・朝侯小子殘碑

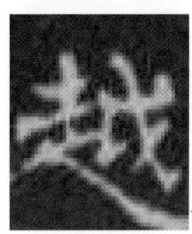

西晉・臨辟雍碑

東晉・霍□誌

東晉・霍□誌

○寧二州諸軍事建寧越巂興古三

北魏・趙超宗誌

○越城戍事

北魏・淨悟浮圖記

○眾檀越大會

北魏・淨悟浮圖記

○大檀越主任妙宗同造

北魏・元彬誌

北魏・馮會誌

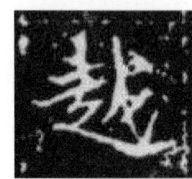

○地久難越

北魏・李超誌

○越六年

北魏・于纂誌

○德越南楚

北魏・元譚誌

○馬越灰磨

北魏・元禮之誌

○越廿有二旬

北魏・張正子父母鎮石

東魏・趙紹誌

東魏・淨智塔銘

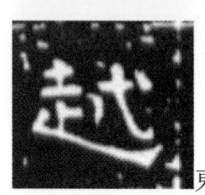

東魏・呂貹誌

○越以武定二年

東魏・劉幼妃誌

【趁】

《說文》：䞆，趨也。从走㐱聲。讀若塵。

【趈】

《說文》：趈，趁也。从走亶聲。

【趞】

《說文》：䞘，趞趞也。一曰行皃。从走昔聲。

戰晚・二十七年上守墻戈

○守趞造戈

戰晚·二十七年上守墒戈

○守趙造戈

秦代印風

○王趙

【趬】

《說文》：趬，行輕皃。一曰趬，舉足也。从走堯聲。

北壹·倉頡篇32

○趠文穽窊

【趛】

《說文》：趛，急走也。从走弦聲。

【赽】

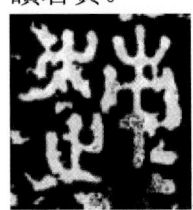

《說文》：赽，蒼卒也。从走宋聲。讀若資。

石鼓·車工

○麀鹿趚=

【趮】

《說文》：趮，輕行也。从走票聲。

【趣】

《說文》：趣，行皃。从走臤聲。讀若敔。

【趙】

《說文》：趙，行皃。从走酋聲。

【趚】

《說文》：趚，行皃。从走蜀聲。讀若燭。

【赾】

《說文》：赾，行皃。从走匠聲。讀若匠。

【趨】

《說文》：趨，走皃。从走叡聲。讀若繳。

【趫】

《說文》：趫，走意。从走薊聲。讀若髻結之結。

【趰】

《說文》：趰，走意。从走困聲。

【趖】

《說文》：趖，走意。从走坐聲。

【趣】

《說文》：趣，走意。从走憲聲。

【趬】

《說文》：趬，走意。从走臱聲。

【趚】

《說文》：趚，走也。从走㦰聲。讀若《詩》"威儀秩秩"。

【趙】

《說文》：趙，走也。从走有聲。讀若又。

秦代印風
○趙

【趮】

《說文》：趮，走輕也。从走鳥聲。讀若鄥。

【趯】

《說文》：趯，走顧兒。从走瞿聲。讀若劬。

【蹇】

《說文》：蹇，走兒。从走，蹇省聲。

秦文字編 235

馬壹 15_17 上\110 上
○王臣蹇=

馬壹 16_4 下\97 下
○王臣蹇=

馬壹 5_19 上
○王僕蹇=

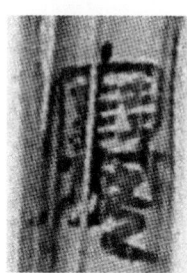

張·盜律 65
○彼（跛）蹇（蹇）若縛

【赼】

《說文》：赼，疑之，等赼而去也。从走才聲。

【越】

《說文》：越，淺渡也。从走此聲。

北魏·丘哲誌

○趀（趙）赳暫異

【赵】

《说文》：𧼨，獨行也。从走勻聲。讀若榮。

【趞】

《说文》：𧾷，安行也。从走與聲。

【起】

《说文》：𧺆，能立也。从走巳聲。

【起】

《说文》：𧾷，古文起从辵。

戰晚·四十年上郡守起戈

○上郡守起造漆工師

漢銘·聖主佐宮中行樂錢

睡·日甲《土忌》138

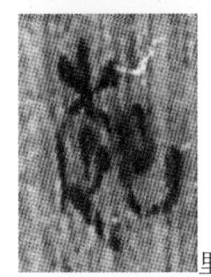

獄·質日2729

里·第八層944

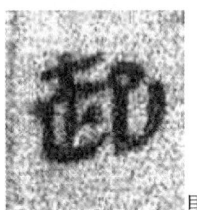

馬壹129_68下

馬壹175_58上

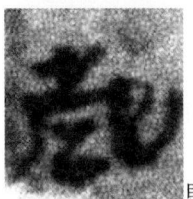

馬壹112_29\380

○道甍（萌）起大失天綸（倫）

張·奏讞書198

○頃乃起

張・蓋盧37

銀貳1144

北貳・老子55

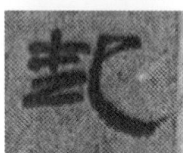

敦煌簡1448

○不復起謹視

金關T23：764

○日東起

金關T24：011

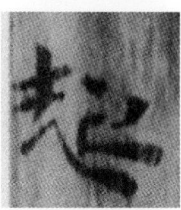

東牌樓035正

北壹・倉頡篇6

○重該悉起

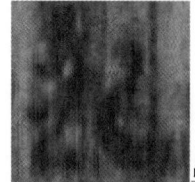

吳簡嘉禾・五・一〇九七

秦代印風

廿世紀璽印三-SY

漢印文字徵

○馬起

漢印文字徵

○趙起印

漢印文字徵

○陳起私印

漢印文字徵
○高起之印
漢晉南北朝印風 
○司校起印
漢晉南北朝印風 
漢晉南北朝印風 
○世起
東漢•銅山大廟鎮畫像石題記 
東漢•買田約束石券 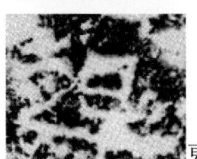
○造起僎

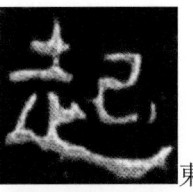

東漢•楊震碑
東漢•營陵置社碑 
東漢•張遷碑陽 
東漢•曹全碑陽 
○起兵幽冀
東漢•白石神君碑 
東漢•張景造土牛碑 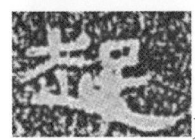
東漢•孟孝琚碑 
○於塋西起墳
東漢•禮器碑 
東漢•石祠堂石柱題記

北魏・山徽誌

北魏・元羽誌

北魏・元熙誌

北魏・寇慰誌

北魏・笥景誌

北魏・寇治誌

○起前將軍

東魏・高盛碑

東魏・元仲英誌

○初以名公之冑起家

東魏・叔孫固誌

○烽警塵起

北齊・法懃塔銘

北齊・高百年誌

北齊・劉悅誌

北齊・赫連子悅誌

北周・王榮及妻誌

【趩】

《說文》：趩，雷意也。从走里聲。讀若小兒孩。

【趥】

《說文》：趥，行也。从走臭聲。

【趁】

《說文》：趁，低頭疾行也。从走金聲。

【趌】

《說文》：趌，趌趌，怒走也。从走吉聲。

【趌】

《說文》：趌，趌趌也。从走曷聲。

【趯】

《說文》：趯，疾也。从走睘聲。讀若讙。

【趬】

《說文》：趬，直行也。从走气聲。

【趩】

《說文》：趩，趨進趩如也。从走翼聲。

【赽】

《說文》：赽，踶也。从走，決省聲。

【趩】

《說文》：趩，行聲也。一曰不行皃。从走異聲。讀若敕。

石鼓·車工
○其來趩=

【趆】

《說文》：趆，趨也。从走氐聲。

【趍】

《說文》：趍，趨趙，久也。从走多聲。

秦代印風
○趍

北壹·倉頡篇40
○蠻趍恚魃

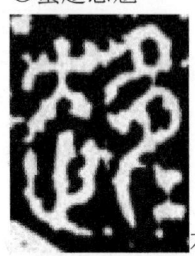

石鼓·鑾車

東漢·西狹頌
○屬縣趍

北魏・王誦誌

○趍(趨)庭闕範

東魏・廣陽元湛誌

○執戟趍(趨)事

北齊・袁月璣誌

○趍(趨)映

北齊・高淯誌

○趍(趨)拜驚俗

北周・叱羅協誌

○趍（趨）走□功

【趙】

《說文》：趙，趨趙也。从走肖聲。

漢銘・信都食官行鐙

漢銘・趙夫人鼎

漢銘・趙充國印鉤

漢銘・五鳳熨斗

漢銘・明光宮趙姬鍾

漢銘・趙鍾

漢銘・趙鋘鏤

漢銘・趙充國印鉤

里・第八層 140
○桑唐趙歸
馬壹 85_133 
○王伐趙戰勝
馬壹 178_73 下 
○燕趙
張・奏讞書 24 
敦煌簡 1002B 
敦煌簡 1972C 
金關 T23:147 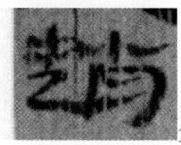
東牌樓 113 

吳簡嘉禾・四・一六一
吳簡嘉禾・四・三八二 
廿世紀璽印二-SY 
○趙表
廿世紀璽印二-SY 
○趙虛
秦代印風
○趙仁
秦代印風 
○趙武
秦代印風 
○趙得

秦代印風
○趙願

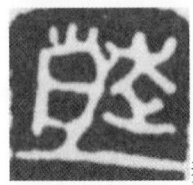

秦代印風
○趙禦

秦代印風
○趙樊

秦代印風
○趙隋

秦代印風
○趙犢

秦代印風
○趙穿

秦代印風
○趙癸印

廿世紀璽印三-SY
○趙衷

秦代印風
○趙壯

歷代印匋封泥
○趙讓

秦代印風
○趙利

秦代印風
○趙殷

廿世紀璽印三-SY
○趙長兄

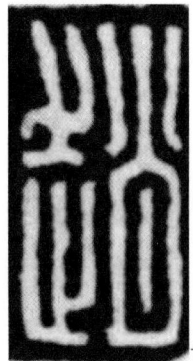

廿世紀璽印三-SY
○趙武

廿世紀璽印三-SY

○趙眛

歷代印匋封泥
○趙和

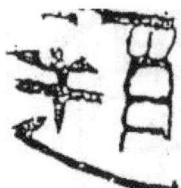

歷代印匋封泥
○九三趙承

歷代印匋封泥
○甯趙里附城

歷代印匋封泥
○趙興

廿世紀璽印三-SY
○趙慶私印

廿世紀璽印三-SY
○趙萬

漢印文字徵
○趙蓋

柿葉齋兩漢印萃
○趙□私印

柿葉齋兩漢印萃
○趙武私印

漢印文字徵
○趙太子丞

漢印文字徵
○趙受

漢印文字徵
○趙宣私印

漢印文字徵
○趙□之印

漢印文字徵
○歸趙侯印

漢印文字徵
○趙荻

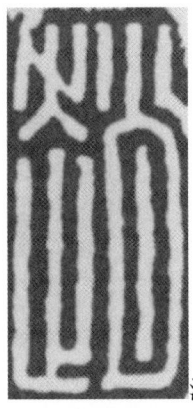

漢晉南北朝印風

○趙嬰隋

漢晉南北朝印風

○趙郡太守章

漢晉南北朝印風

○趙安

漢晉南北朝印風

○趙德

漢晉南北朝印風

○趙博私印

漢晉南北朝印風

○趙宣

漢晉南北朝印風

○趙成

漢晉南北朝印風

○趙級

漢晉南北朝印風

○趙蓋

漢晉南北朝印風

○趙遂之印

漢晉南北朝印風

○趙罷

漢晉南北朝印風

○趙遷印信

漢晉南北朝印風

○趙宜生

漢晉南北朝印風

○趙宣之印

漢晉南北朝印風

○趙子君

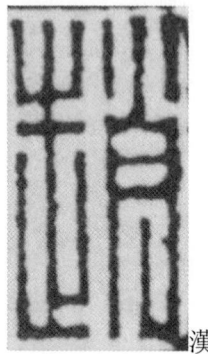

漢晉南北朝印風

○趙河疍

漢晉南北朝印風

○趙疊

漢晉南北朝印風

○趙音私印

漢晉南北朝印風

○趙博

廿世紀璽印四-SP

○趙和

廿世紀璽印四-SP

○二趙思

漢晉南北朝印風

○親趙侯印

漢晉南北朝印風

○歸趙侯印

西漢・群臣上醻碑

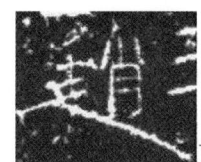

東漢・洛陽刑徒磚

○髡鉗趙巨

東漢・趙菿殘碑額

○趙君之碑

東漢・圉令趙君碑

○趙君之碑

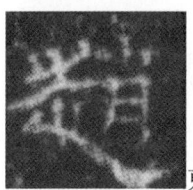

東漢・曹全碑陰

○趙炅文高

東漢・曹全碑陰

○趙福文祉

東漢・校官碑

○丞沛國銍趙勳

東漢・趙寬碑

東漢・尹宙碑

東漢・封龍山頌

東漢・禮器碑側

○趙宣字子雅

東漢・禮器碑陰

○趙國邯鄲

東漢・元嘉三年畫像石題記

東漢・石門頌

東漢・少室石闕銘

○廷掾趙穆

東漢・北海相景君碑陰

○故脩行淳于趙尚

東漢・少室石闕銘

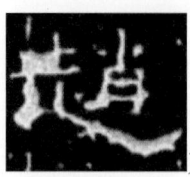

○趙始

東漢・楊震碑

東漢・武氏左石室畫像題字

○趙宣孟

東漢・趙寬碑額

○三老趙

晉・趙府君闕

○趙府君墓道。

三國魏・曹真殘碑

西晉・趙氾表

○晉故宣威將軍趙君墓中之表

西晉·石尠誌

北魏·元毓誌蓋

○魏故宣恭趙王墓誌銘

北魏·元弼誌

北魏·張整誌

○燕趙之世

北魏·郭定興誌

○聲播趙守

北魏·元譚妻司馬氏誌

北魏·公孫猗誌

○出補趙興太守

北魏·爾朱紹誌

○趙郡開國公爾朱公之墓誌銘。

北魏·韓顯祖造像

○邑子趙老歡

東魏·趙年殘磚誌

○曰趙年。

東魏·趙胡仁誌蓋

○趙郡君墓銘

東魏·六十人等造像

○法義趙

北齊·造阿閦像記

○趙郡王高睿

北齊·盧脩娥誌蓋

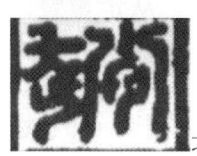

○趙州刺史

北齊·傅華誌蓋

○趙公墓誌銘

北周・李明顯造像

〇女阿他。外孫女趙□

北周・宇文儉誌

【赾】

《說文》：赾，行難也。从走斤聲。讀若菫。

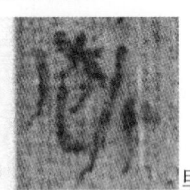

里・第八層背 1510

〇九佐赾以來

【趮】

《說文》：趮，走意也。从走复聲。讀若繡。

【趠】

《說文》：趠，遠也。从走卓聲。

【䞓】

《說文》：䞓，趠䞓也。从走侖聲。

【趯】

《說文》：趯，大步也。从走瞿聲。

【趨】

《說文》：趨，超特也。从走契聲。

【趨】

《說文》：趨，走也。从走幾聲。

【趩】

《說文》：趩，走也。从走弟聲。

【趫】

《說文》：趫，狂走也。从走喬聲。

【趨】

《說文》：趨，行遲也。从走曼聲。

【趉】

《說文》：趉，走也。从走出聲。讀若無尾之屈。

【趜】

《說文》：趜，窮也。从走匊聲。

【趑】

《說文》：趑，趑趄，行不進也。从走次聲。

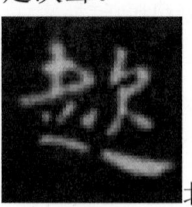

北魏・元延明誌

〇群師趑趄

【趄】

《說文》：趄，趑趄也。从走且聲。

北魏·元延明誌

○趀赾

北魏·丘哲誌

○趀赾

【趛】

《說文》：趛，塞行趛趛也。从走虔聲。讀若愆。

秦文字編 238

【趩】

《說文》：趩，行趩趩也。一曰行曲脊皃。从走䕫聲。

秦文字編 238

戰晚·高陵君鼎

○君丞趩

【趢】

《說文》：趢，趢趗也。从走录聲。

【趛】

《說文》：趛，行趛趛也。从走夋聲。

【趚】

《說文》：趚，側行也。从走束聲。

《詩》曰："謂地蓋厚，不敢不趚。"

【赶】

《說文》：赶，半步也。从走圭聲。讀若跬同。

秦文字編 238

秦文字編 238

秦代印風

○呂赶

【趍】

《說文》：趍，趍趬，輕薄也。从走虒聲。讀若池。

【趋】

《說文》：趋，僵也。从走音聲。讀若匐。

【趑】

《說文》：𧾷，距也。从走，席省聲。《漢令》曰："趌張百人。"

秦文字編 238

【趮】

《說文》：趮，動也。从走樂聲。讀若《春秋傳》曰"輔趮"。

石鼓·田車
○多庶趮=

【趡】

《說文》：趡，動也。从走隹聲。《春秋傳》曰："盟于趡。"趡，地名。

廿世紀璽印二-SY
○走趡

【趄】

《說文》：趄，趄田，易居也。从走亙聲。

春晚·秦公鎛
○赶(桓)赶(桓)

春晚·秦公簋
○赶(桓)赶(桓)

秦公大墓石磬
○龔（共）赶（桓）是嗣

【趝】

《說文》：趝，走頓也。从走眞聲。讀若顚。

【踊】

《說文》：踊，喪辟踊。从走甬聲。

【趩】

《說文》：趩，止行也。一曰窀上祭名。从走畢聲。

北壹·倉頡篇 47
○閱窀（窀）趩滕（䠠）

【趣】

《說文》：趣，進也。从走斬聲。

【趕】

《說文》：趕，趕娶，四夷之舞，各自有曲。从走是聲。

【趒】

《說文》：趒，雀行也。从走兆聲。

【赶】

《說文》：赶，舉尾走也。从走干聲。

〖赾〗

銀壹 971

○ 及至兩適（敵）之相赾（距）

〖趁〗

戰晚·四十年上郡守走受戈

○ 上郡守趁（造）

〖趀〗

金關 T24:738

○ 趀虜亭

〖趉〗

馬壹 38_14 上

○ 不趉（詭）其（亓）辭（辤）

〖趥〗

漢印文字徵

○ 趥印霖

〖趣〗

馬壹 123_27 下

○ 上下不趣（趍）者

北壹·倉頡篇 12

○ 葆堂據趣

廿世紀璽印三-GY

○ 趣張司馬

漢印文字徵

○ 趣張司馬

〖趨〗

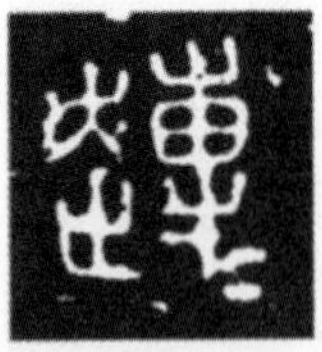

第二卷

【趚】

秦文字編 239

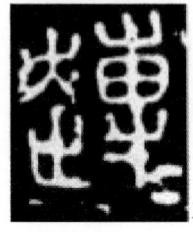

石鼓・汧殹

○𣥻=趚=

【趍】

秦文字編 239

石鼓・汧殹

○其遊趍=

【趄】

戰晚・六年漢中守戈

○中守趄造

【趫】

秦文字編 239

【趨】

石鼓・田車

○遨以䜣于趨

【𧾷】

石鼓・田車

○有旂其𧾷（奔）

【趌】

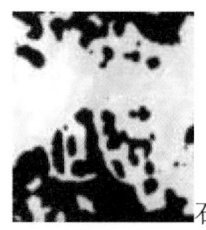

石鼓・車工

○趌=㕙=

止部

【止】

《說文》：止，下基也。象艸木出有址，故以止爲足。凡止之屬皆从止。

漢銘・聖主佐宮中行樂錢

654

睡・語書 3

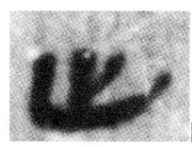

睡・秦律十八種 51

睡・秦律十八種 74

○日而止之別

睡・法律答問 154

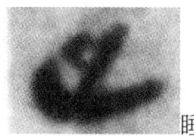

睡・日甲《行》130

○毋止直述（術）

睡・日甲《詰》61

睡・日甲《詰》56

關・病方 330

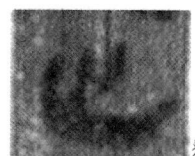

嶽・為吏 40

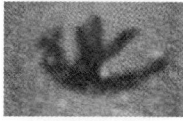

嶽・數 179

嶽・田與市和奸案 198

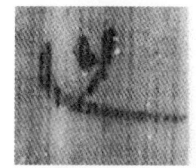

里・第八層 1416

馬壹 76_62

馬貳 128_7

張・告律 135

張・引書 2

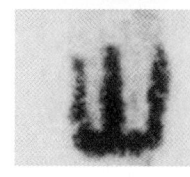

銀壹 21

○贛輶三月而止

銀壹 267

銀貳 1354

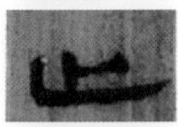

北貳・老子 210

敦煌簡 0521

金關 T24:739

武・甲《特牲》27

武・甲《有司》59

武・甲《泰射》49

○乏聲止授護（獲）

東牌樓 092

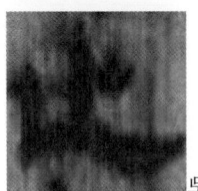

吳簡嘉禾・五・四二一

魏晉殘紙

漢印文字徵

○臣止

漢印文字徵

○馮止之印

漢印文字徵

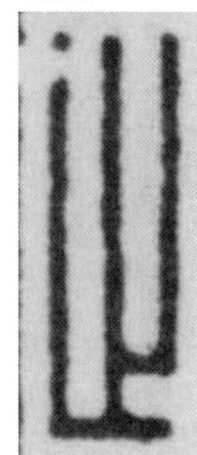

○戀止

漢晉南北朝印風

○宋止

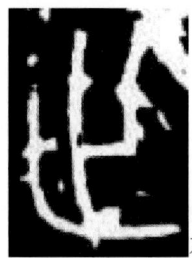

石鼓・田車

東漢・夏承碑

東漢・肥致碑

北魏・元融妃穆氏誌
○淑慎容止

北魏・鮮于仲兒誌
○英英容止

北魏・公孫猗誌
○萬里止相

北魏・元子永誌

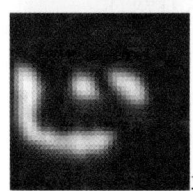

北齊・崔幼妃誌
○容止端華

【歱（踵）】

《說文》：歱，跟也。从止重聲。

睡・日書甲種《詰》61
○毋氣之徒而歱（動）

馬壹 88_194
○攀亓（其）歱（踵）爲之泣

馬貳 216_10/21
○歱（踵）以玉泉

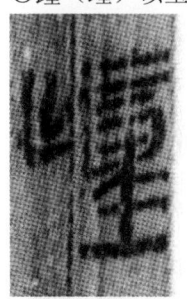

銀貳 1163
○還（旋）歱（踵）

【堂】

《說文》：堂，距也。从止尚聲。

【峙】

《说文》：峙，踞也。从止寺聲。

【歫】

《说文》：歫，止也。从止巨聲。一曰搶也。一曰超歫。

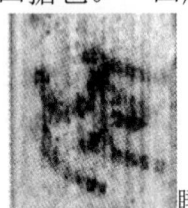

睡·封診式 80

○類足歫（距）之

馬壹 218_112

○歫雞鳴

秦代印風

○楊歫

【歬（前）】

《说文》：歬，不行而進謂之歬。从止在舟上。

漢銘·新衡杆

漢銘·桂宮行鐙

漢銘·新嘉量二

漢銘·上廣車飾

獄·綰等畏耎還走案 238

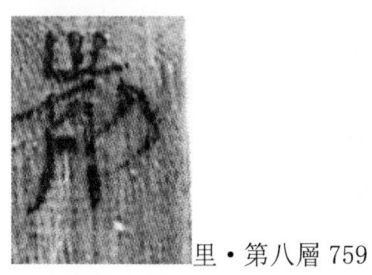

○敢獨歬（前）畏耎

里·第八層 759

○如歬（前）書律令

馬壹 141_6 下/173 下

○歬（前）知太（大）

馬壹 36_36 上

○類廣劊（前）而罠（圜）

馬壹 76_50

○目之劊（前）夫

馬貳 83_299/285

○劊（前）洗以溫水服

馬貳 37_55 下

○劊（前）後者夬（決）

張・盜律 70

張・脈書 10

張・引書 56

銀壹 167

銀貳 1006

○前可敗也

北貳・老子 4

○前識者

敦煌簡 1464B

○九斛耒（前）付卿爲人

金關 T04:108B

○詣前宣

武・甲《泰射》49

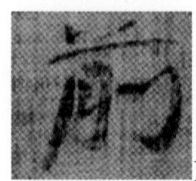

東牌樓 055 背

歷代印匋封泥

○司馬右劓士

廿世紀璽印三-GY

○樂浪劓尉丞

漢晉南北朝印風

○新前胡小長

漢印文字徵

○前鋒司馬

漢代官印選

○劓將軍印章

柿葉齋兩漢印萃

○劓將軍印章

漢印文字徵

○宜身至壽

漢印文字徵

○大師軍壘壁劓和門丞

漢印文字徵

○劓亮

漢晉南北朝印風

○前鋒司馬

漢晉南北朝印風
○劍軍司馬

東漢・元嘉元年畫像石墓題記一

東漢・乙瑛碑

東漢・桐柏淮源廟碑

東漢・夏承碑

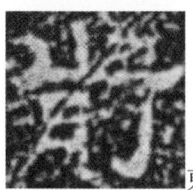

東漢・趙寬碑

○稽呈前人

東漢・成陽靈臺碑

東漢・石門頌

三國魏・王基斷碑

西晉・臨辟雍碑

北魏・寇憑誌

北魏・梁氏殘誌

北魏・寇臻誌

北齊・斛律氏誌

北周・王通誌

北周・寇嶠妻誌

【歷】

《說文》：歷，過也。从止厤聲。

漢銘·大司農權

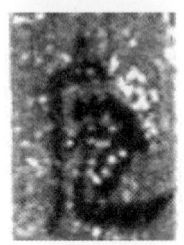

獄·為吏77
○棧歷（櫪）浚除

馬壹212_45
○避（霹）歷（靂）

銀貳2110
○實民歷居與六畜□

廿世紀璽印三-GP
○歷陽丞印

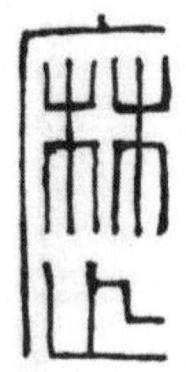

漢印文字徵
○臣歷

漢印文字徵
○歷□男典書丞

漢印文字徵
○平原劉歷

漢晉南北朝印風
○歷□男典書丞

東漢·成陽靈臺碑
○歷紀盈千

東漢・成陽靈臺碑
○堯歷三河

東漢・曹全碑陽
○歷郡右職

東漢・開母廟石闕銘
○是故寵祿傳于歷世

東漢・夏承碑
○是故寵祿傳于歷世

三國魏・張君殘碑
○歷主簿

三國魏・三體石經尚書・古文
○多歷年

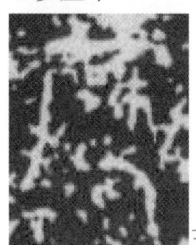

三國魏・三體石經尚書・篆文
○殷禮陟配天多歷年所天惟□

北魏・王僧男誌
○上以男歷奉二后

北魏・馮邕妻元氏誌
○泣血歷年

北魏・慈慶誌
○尼歷奉五朝

北魏・元悰誌
○水陷歷陽

北魏・辛穆誌
○頻煩歷試

北魏・高珪誌
○習詩禮及歷算

北魏・元詳誌

○仕歷散騎常侍

東魏・馮令華誌

○文宣王歷作王官

東魏・李挺誌

○歷半千而一遇者已

北齊・崔昂誌

○多歷歲序

北周・宇文儉誌

○歷位開府使持節大將軍

【俶】

《說文》：俶，至也。从止叔聲。

【壁】

《說文》：壁，人不能行也。从止辟聲。

【歸】

《說文》：歸，女嫁也。从止，从婦省，自聲。

【帰】

《說文》：帰，籀文省。

西晚・不其簋

睡・編年記 8

○新城歸

睡・秦律十八種 104

○公器歸之久必乃受

睡・為吏 33

○不可歸

睡·日甲《歸行》133
○日以歸死

睡·日甲 110
○遠行歸是

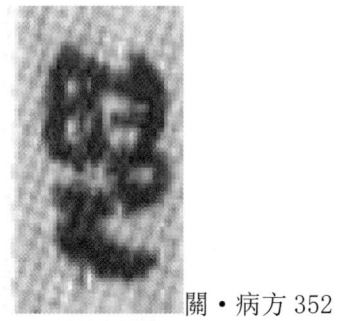

關·病方 352
○□歲歸其禱"即斬

獄·數 135
○歸三百一十八

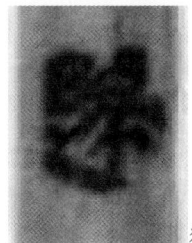

獄·同讞案 143
○歸義就

里·第八層 777
○擇免歸致書具此中

馬壹 92_303
○陵必歸休兵若不休

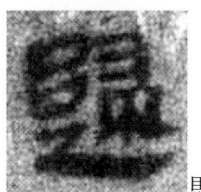

馬壹 7_37 上
○歸妹正（征）凶无

馬壹 81_42
○善將歸罪於臣天下

馬壹 211_23
○月而歸

馬壹 176_53 下
○將歸益主益尊大

馬壹 226_76
○月而歸

馬壹 242_6 上\14 上
○年復歸

馬壹 87_178
○北地歸於燕濟西破

馬貳 21_25 下
○不可歸在室不可行

張・亡律 160
○亡自歸主

張・蓋廬 39
○使毋歸適（敵）

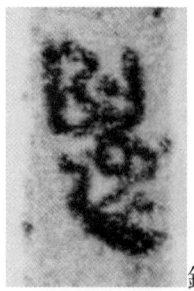

銀壹 176
○歸之

銀貳 1777
○歸老弱用兵

北貳・老子 173
○無所歸

金關 T23:298
○省今歸同隧部

武・儀禮甲《服傳》22
○外必歸宗

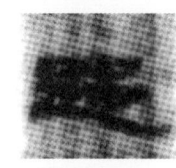

武・甲《有司》61
○司士歸尸

東牌樓 114
○莫當歸四分

東牌樓 015 背
○親常歸財不罪

北壹・倉頡篇 50
○恐懼懷歸

秦代印風
○馬歸

漢晉南北朝印風
○歸德尉印

廿世紀璽印三-GY
○歸德尉印

漢晉南北朝印風
○歸義長印

漢晉南北朝印風
○漢歸義羌長

漢晉南北朝印風
○漢匈奴歸義親漢長

廿世紀璽印三-GY
○漢歸義羌長

漢印文字徵
○歸德尉印

漢印文字徵
○漢歸義夷仟長

漢印文字徵
○歸皁

漢印文字徵
○楊旂歸書

漢印文字徵
○董歸印

漢印文字徵
○趙歸

柿葉齋兩漢印萃
○晉歸義胡王

漢印文字徵
○韓歸

漢印文字徵
○歸義長印

漢印文字徵
○漢歸義賓邑侯

廿世紀璽印四-GY
○晉歸義羌王

廿世紀璽印四-GY
○晉烏丸歸義侯

廿世紀璽印四-GY

○親晉歸義胡王

漢晉南北朝印風

○晉歸義胡王

漢晉南北朝印風

○晉歸義氐王

漢晉南北朝印風

○晉歸義胡侯

漢晉南北朝印風

○晉烏丸歸義侯

漢晉南北朝印風

○晉歸義氐王

漢晉南北朝印風

○鞏歸之印

東漢・桓孚食堂畫像石題記

○俱歸皇泉

東漢・公乘田魴畫像石墓題記

○歌歸來而自還

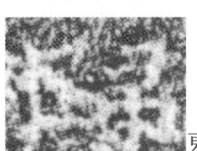

東漢・爲父通作封記刻石

○永歸長夜

東漢・夏承碑

東漢・熹平石經殘石四

東漢·石門頌
○安危所歸

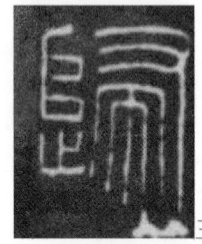

三國魏·三體石經春秋·篆文
○齊侯使國歸父來聘夏

三國魏·三體石經春秋·隸書

三國魏·三體石經春秋·古文
○衛侯歸之于京師

西晉·石尟誌

東晉·霍□誌
○來歸墓

北魏·盧子真夫人誌

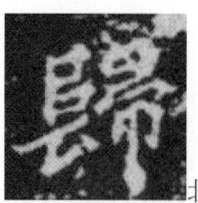

北魏·楊大眼造像
○振旅歸闕。

北魏·石婉誌
○又歸心至聖

北魏·吳子璨妻秦氏誌
○于歸吳君

北魏·劉氏誌
○百輛于歸

北魏·□伯超誌
○咸歸上理

北魏·馮會誌
○令聞亦歸

北魏·元譚妻司馬氏誌
○夭夭攸歸

北魏·源延伯誌
○東歸還復舊京

北魏·寇霄誌
○歸靈紫寶

北魏·王悅及妻郭氏誌
○延二年歸闕

北魏·元理誌
○衆靈歸以精魄

北齊·韓山剛造像
○鋤石歸況

馬貳 208_63
○曰合疌（睫）毋聽

銀貳 1561
○以強巠（勁）疌（捷）以剛

敦煌簡 0067
○疌子

北壹·倉頡篇 5
○便疌巧㒷

秦代印風
○姚疌

【疌】

《說文》：疌，疾也。从止从又。又，手也。屮聲。

漢晉南北朝印風

○姚辻

【辻】

《說文》：辻，機下足所履者。从止从又，入聲。

【屮】

《說文》：屮，蹈也。从反止。讀若撻。

【澀】

《說文》：澀，不滑也。从四止。

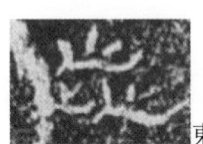

東漢·石門頌

○躗（塗）路歰（澀）難

〖歧〗

北魏·元固誌

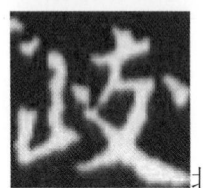

北魏·李慶容誌

〖𨑒〗

里·第五層5

○𨑒夌（陵）公

〖㞷〗

北壹·倉頡篇12

○葆㞷據趣

漢印文字徵

○㞷弘之印

〖𧿒〗

漢印文字徵

○劉𧿒

〖崒〗

東漢·開母廟石闕銘

○崒於其庭

〖𧾷〗

廿世紀璽印二-GP

〇幘祭

廿世紀璽印二-GP

〇幘祭

癶部

【癶】

《說文》：癶，足剌癶也。从止、少。凡癶之屬皆从癶。讀若撥。

【登】

《說文》：登，上車也。从癶、豆。象登車形。

【𤼷】

《說文》：𤼷，籀文登从収。

漢銘・熒陽宮小口鐙

漢銘・駘蕩宮高鐙

漢銘・高尺銅燈

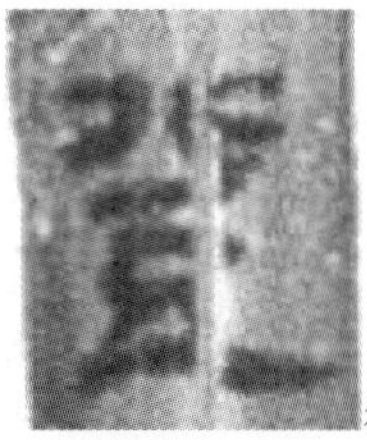
嶽・占夢書 7

里・第八層 429

馬壹 12_75 下

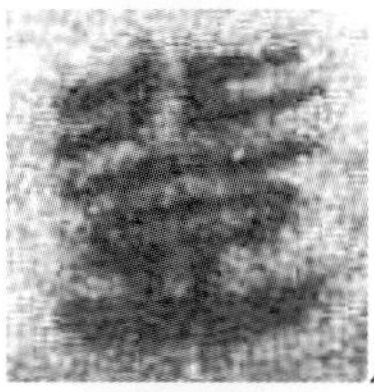
馬壹 3_10 上

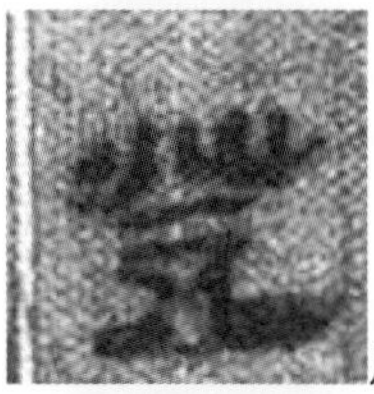
馬貳 37_54 下

銀壹 348

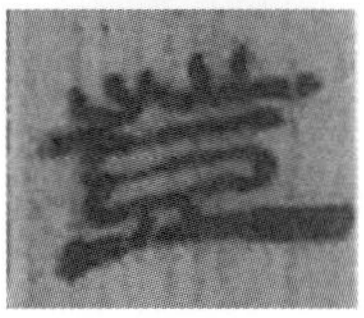
北貳・老子 172

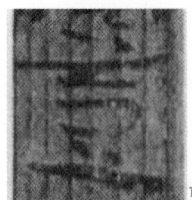

敦煌簡 1205

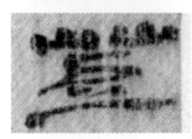

金關 T24:327

金關 T01:133

○登從史

北壹・倉頡篇 47

○趣滕（縢）先登慶

吳簡嘉禾・四・一二三

廿世紀璽印二-SP

○登

歷代印匋封泥

○登

秦代印風

○魏登

秦代印風

○下池登

漢印文字徵

○時已登印

漢印文字徵

○任登

歷代印匋封泥

○公上登

柿葉齋兩漢印萃

○張登之印

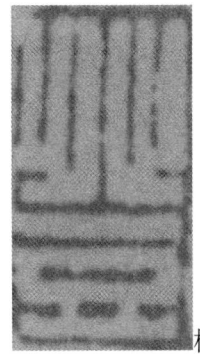

柿葉齋兩漢印萃

○呂登

廿世紀璽印三-SY

○敕登之印

漢印文字徵

○李登

漢晉南北朝印風

漢晉南北朝印風

泰山刻石

東漢・曹全碑陽

東漢・從事馮君碑

東漢・北海相景君碑陰

東漢・石門頌

東漢・鮮於璜碑陰

東漢・白石神君碑

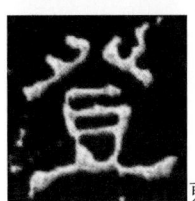

東漢・楊震碑

北魏·王普賢誌

北魏·常岳等造像

北魏·楊昱誌

北魏·王翊誌

北魏·元禮之誌

北魏·謝伯達造像

○智登十地

北魏·趙充華誌

北魏·寇臻誌

北魏·穆亮誌

北魏·郭顯誌

北齊·宋敬業造塔

北周·豆盧恩碑

【癹】

《說文》：癹，以足蹋夷艸。从癶从殳。《春秋傳》曰："癹夷蘊崇之。"

步部

【步】

《說文》：步，行也。从止少相背。凡步之屬皆从步。

漢銘·步高宮高鐙

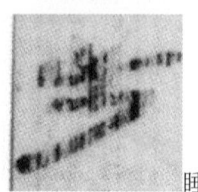

睡·法律答問101
○援百步中

睡·封診式 79

睡·為吏 6

○騎而步

睡·日甲《詰》30

睡·日乙 106

關·病方 332

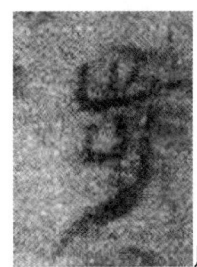

獄·數 5

馬貳 119_196/195

張·算數書 169

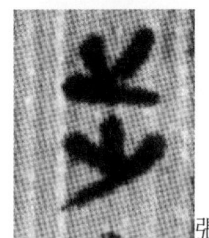

張·算數書 177

張·引書 101

銀壹 812

○下百步

銀壹 158

銀貳 2115

敦煌簡 0271

○二人步昌

敦煌簡 1272

○步廣候官

金關 T04:098B

○何一步蘭入天

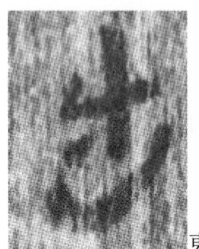

東牌樓 036 背

北壹・倉頡篇 7

○行步駕服

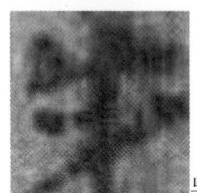

吳簡嘉禾・五・三三五

○五十步

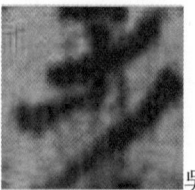

吳簡嘉禾・五・六四○

○百廿步

吳簡嘉禾・五・五七一

○七十步

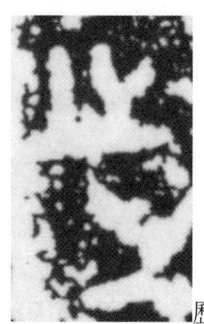

歷代印匋封泥

○魚里分步

歷代印匋封泥

○步嬰

秦代印風

○步強

廿世紀璽印三-SY
〇趙步安印

漢晉南北朝印風
〇敦德步廣曲侯

漢印文字徵
〇步桀

漢代官印選
〇步兵將軍印章

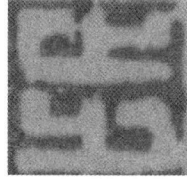

柿葉齋兩漢印萃
〇步兵校尉

漢印文字徵
〇步昌祭酒

漢印文字徵
〇董步安

漢印文字徵
〇步子山

漢印文字徵
〇趙步印

漢印文字徵
〇趙步可

漢印文字徵

○牛步可之印

漢晉南北朝印風

○虎步司馬

漢晉南北朝印風

○賈步登印

漢晉南北朝印風

○李步昌

東漢・楊著碑額

北魏・一弗造像

○步輿

東魏・廣陽元湛誌

東魏・王僧誌

○步兵校尉

北齊・元洪敬誌

○率馬步二萬

北齊・張景林造像

【歲】

《説文》：歲，木星也。越歷二十八宿，宣徧陰陽，十二月一次。从步戌聲。律歷書名五星爲五步。

漢銘・新銅丈

漢銘・新衡杆

漢銘・新嘉量二

漢銘・新嘉量二

漢銘・初平五年洗

漢銘・萬歲宮高鐙

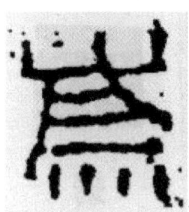

漢銘・光和七年洗

睡・秦律十八種 81
○敢諭（逾）歲諭（逾）

睡・效律 30
○終歲

睡・秦律雜抄 13
○戍二歲

睡・法律答問 127
○亡卒歲得

睡・封診式 92
○卅餘歲時

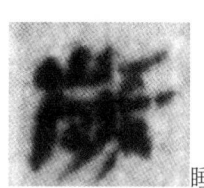

睡・日甲《歲》64
○獻馬歲在東方以北

睡・日甲 3
○出三歲棄若亡

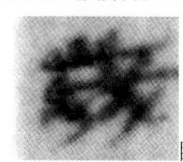

睡・日甲《毀弃》118
○十二歲更

睡・日甲《詰》59

睡・日乙 42
○三歲

關·病方 352
○歲歸其禱

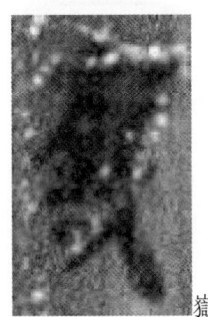

獄·占夢書 8
○雨□歲大襄（穰）

獄·芮盜案 67
○十餘歲

里·第八層 627
○卒歲

馬壹 16_18 下\111 下
○歲始於東北

馬壹 182_120 下
○十歲

馬壹 177_63 上

馬壹 242_5 上\13 上
○是歲有子

馬貳 112_67/67
○犬卒歲以上

張·具律 115
○盈十歲

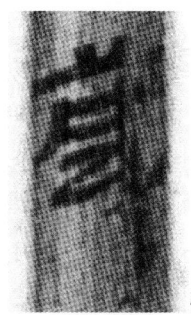

張・奏讞書 13
○年卅歲

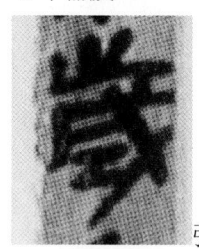

張・蓋盧 3
○時則歲年孰

銀壹 901
○二歲

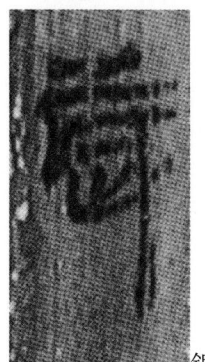

銀貳 1919
○出三歲

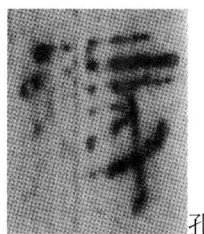

孔・日書殘 27
○中歲至雲下者歲

敦煌簡 2184
○萬歲顯武

金關 T21:209
○齒八歲

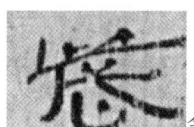

金關 T10:110A
○十四歲

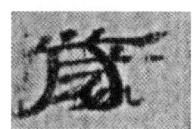

金關 T04:151
○齒十八歲

武・儀禮甲《服傳》24
○宮廟歲時使之祀焉

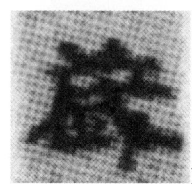

武・甲《特牲》6
○某薦歲事

東牌樓 049 正

○詣會歲下□□□務

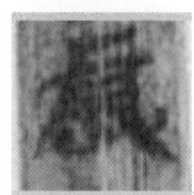

吳簡嘉禾・一六

○年六歲

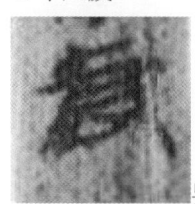

吳簡嘉禾・一二

○年三歲

魏晉殘紙

○一歲

廿世紀璽印二-SY

○楊歲

秦代印風

○晉歲

秦代印風

○萬歲

漢晉南北朝印風

○萬歲單尉

漢晉南北朝印風

○單尉爲百衆刻千歲印

廿世紀璽印三-SY

○徐萬歲

漢晉南北朝印風

○萬歲單平印

廿世紀璽印三-SY

○王萬歲印

漢晉南北朝印風

○父老毋死萬歲

○魏萬歲　廿世紀璽印三-SY

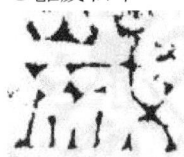

○雕歲私印　漢印文字徵

○長樂萬歲工　歷代印匋封泥

○萬歲　歷代印匋封泥

○萬歲單三老　漢印文字徵

○任萬歲　漢印文字徵

○陳萬歲　漢印文字徵

○朱印萬歲　漢印文字徵

○張樂歲　漢印文字徵

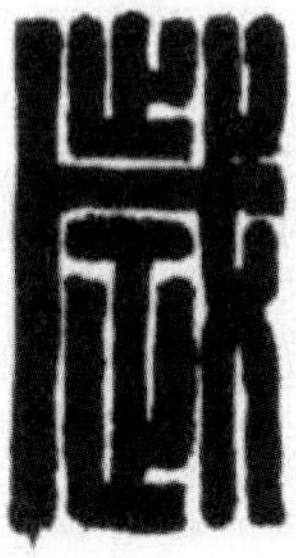

○尹歲　漢印文字徵

○祁萬歲印　漢晉南北朝印風

○任萬歲印　漢晉南北朝印風

漢晉南北朝印風
○魏萬歲

漢晉南北朝印風
○朱萬歲印

東漢·白石神君碑
○年穀歲熟

東漢·徐無令畫像石墓題記
○萬歲吉宅

東漢·石堂畫像石題記

此部

【此】

《説文》：𣥂，止也。从止从匕。匕，相比次也。凡此之屬皆从此。

秦代·美陽銅權

秦代·二世元年詔版一

漢銘·陳彤鍾

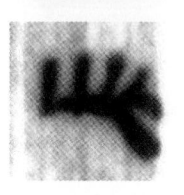

睡·語書 12

睡·法律答問 126

睡·為吏 38

睡·日甲《玄戈》53

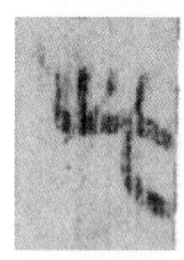

睡·日甲《門》146

關·日書 244

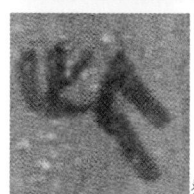

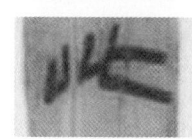

獄・為吏 85	馬貳 33_4 下
獄・數 133	張・捕律 153
獄・暨過案 95	張・奏讞書 215
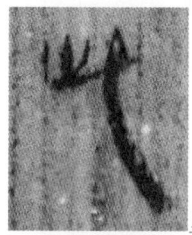 里・第八層 1893	張・蓋廬 22
 馬壹 82_55	張・算數書 159
 馬壹 39_11 下	張・脈書 46
 馬壹 89_213	張・引書 6
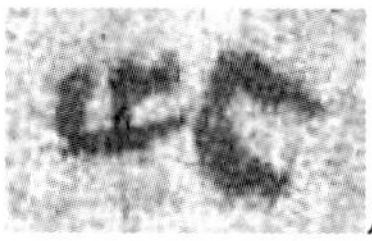 馬壹 15_12 上\105 上	銀壹 270
 馬貳 8_12 中\16	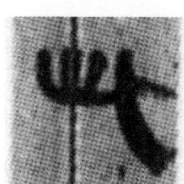 銀貳 1574

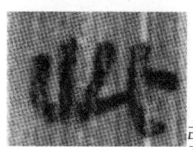

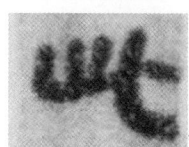

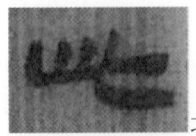

北貳・老子 47

敦煌簡 0058

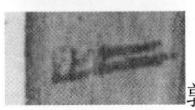

敦煌簡 0978A

○能行此載者

金關 T30：136

武・甲《特牲》4

東牌樓 146

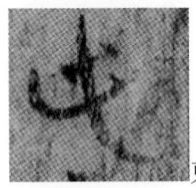

東牌樓 055 正

秦駰玉版

東漢・馮緄碑

東漢・大吉山摩崖刻石

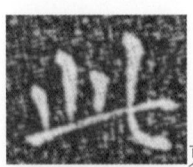

○造此冢地

東漢・石堂畫像石題記

東漢・石祠堂石柱題記

○此上人馬皆食大倉

東漢・夏承碑

東漢・洛陽刑徒磚

○日物故死在此

西晉・魯銓表

○十月二日葬此

東晉・蘭亭序真本

北魏・元新成妃李氏誌

北魏・李媛華誌

北魏・薛伯徽誌

○而不見此女

北齊·唐邕刻經記

北周·王榮及妻誌

【㘖】

《說文》：㘖，窳也。闕。

【䣠】

《說文》：䣠，識也。从此束聲。一曰藏也。

【些】

《說文》：些，語辭也。見《楚辭》。从此从二。其義未詳。

正部

【正】

《說文》：正，是也。从止，一以止。凡正之屬皆从正。

【㱏】

《說文》：㱏，古文正从一、足。足者亦止也。

【正】

《說文》：正，古文正从二。二，古上字。

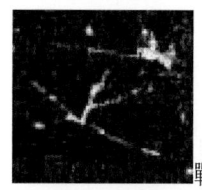

戰晚·卅六年私官鼎

漢銘·中私府鍾

漢銘·陽泉熏鑪

漢銘·新九斤權

漢銘·新嘉量二

漢銘·新承水盤

漢銘·尹續有盤

睡・編年記 14

睡・秦律十八種 194

睡・為吏 44

睡・日甲《星》87

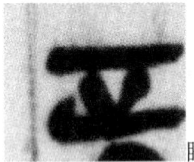

睡・日甲 12

睡・日甲《除》7

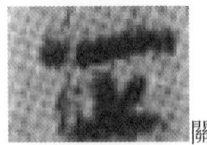

關・日書 143

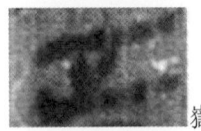

獄・質日 3430

獄・為吏 81

里・第八層 214

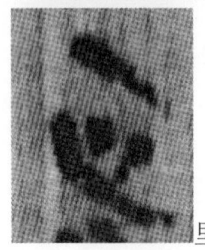

里・第八層背 157

〇正月戊寅

馬壹 5_18 上

馬貳 144_1

張・戶律 329

銀壹 696

銀壹 110

銀貳 2078

北貳・老子 115

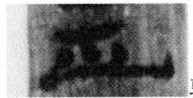

敦煌簡 0615

金關 T10:120A

○四年正月

金關 T23:350

武・甲《特牲》52

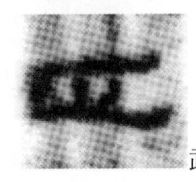

武・甲《有司》12

○正脊（脊）

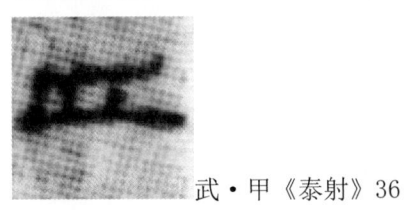

武・甲《泰射》36

○樂正

東牌樓 002

吳簡嘉禾・二六七一

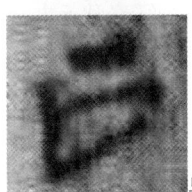

吳簡嘉禾・五・一〇〇三

○六年正月

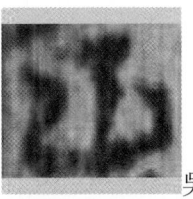

吳簡嘉禾・五・六四二

秦代印風

○正行治士

歷代印匋封泥

秦代印風

秦代印風

○正行

秦代印風

○正行治士

廿世紀璽印三-GY

廿世紀璽印三-GP

○正鄉

漢晉南北朝印風

漢印文字徵

漢代官印選

歷代印匋封泥

漢代官印選

漢印文字徵

○正鄉

漢晉南北朝印風

○莊正陽印

秦駰玉版

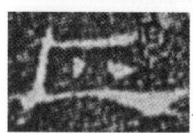

東漢·史晨後碑

○蕩邪反正

東漢·馮緄碑

東漢·司徒袁安碑

○五年正月

三國魏·三體石經春秋·古文

○元年春王正月公即

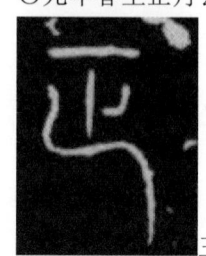

三國魏·三體石經春秋·篆文

○元年春王正月公即

三國魏·三體石經春秋·隸書

○卅年春王正月夏狄

西晉·臨辟雍碑

北魏·辛穆誌

○正光之末

北魏·張正子父母鎮石

○正子世有此土

北魏·元子直誌

北魏·丘哲誌

○正月廿一日

北魏·元寶月誌

北魏·寇臻誌

○以正始三年

東魏·長孫囧碑額

東魏·馮令華誌

○正始三年

北周·寇胤哲誌蓋

北周·寇嶠妻誌

【乏】

《說文》：𠣞，《春秋傳》曰："反正為乏。"

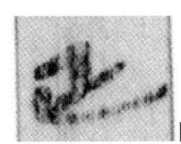

睡·法律答問 164

○及乏繇

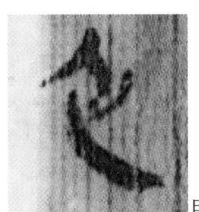

里·第八層 1716

○闌亡乏戶

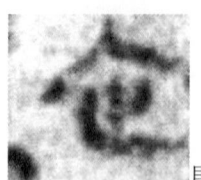

第二卷

馬壹 219_135
○雨歲乏毋（無）實

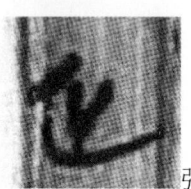

張·興律 405
○守燧乏之及見寇失

張·奏讞書 146
○盜僧（憎）乏不鬭論之

敦煌簡 0780B
○承教續乏

金關 T22:087
○廩不乏興

金關 T21:059
○失寇乏□敢告之謹

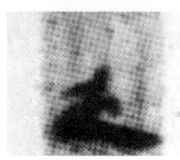

武·甲《泰射》49
○至乏聲止授護

三國魏·受禪表
○萬國不可以乏主

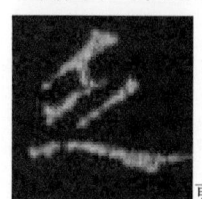

東魏·李顯族造像
○以息渴乏

是部

【是】

《說文》：是，直也。从日、正。凡是之屬皆从是。

【昰】

《說文》：昰，籀文是从古文正。

春晚·秦公鎛

春晚·秦公簋

694

漢銘・柴是鼎

漢銘・義陽是鍾

漢銘・祝阿侯鍾

漢銘・范是鍾

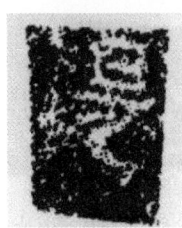

漢銘・李是鍾

漢銘・劉是洗

漢銘・董是洗一

漢銘・董是造作洗

漢銘・蜀郡董是洗

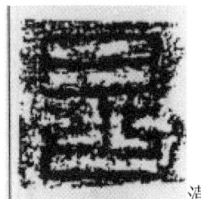

漢銘・嚴是洗

漢銘・嚴氏宜侯王洗

睡・語書1

睡・秦律十八種24

睡・秦律十八種5

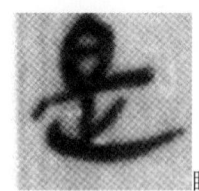

睡·效律 30

睡·法律答問 188

睡·日甲《土忌》132

睡·日甲《詰》57

睡·日甲《詰》32

睡·日乙《入官》236

關·日書 143

獄·為吏 40

獄·芮盜案 82

里·第八層 1540

○酉倉是史感

馬壹 112_20\371

馬壹 86_158

馬壹 37_20 下

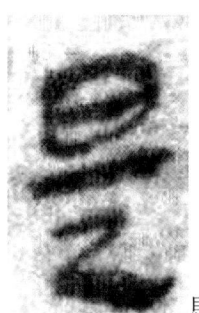

馬壹 101_146
○是以
馬貳 210_88 
張·奏讞書 163 
張·奏讞書 42 
張·脈書 29 
銀壹 248 
○是故

銀壹 239
銀貳 1680 
銀貳 1707 
北貳·老子 72 
敦煌簡 2398A 
金關 T09：120 
武·甲《少牢》2 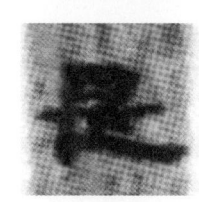
魏晉殘紙 
○如是

魏晉殘紙

漢印文字徵
○萬是唯印

漢印文字徵
○是嚴私印

歷代印匋封泥
○章是印

漢晉南北朝印風
○巨趙是印

石鼓・而師
○滔是貳

詛楚文・沈湫
○唯是秦邦之贏衆

秦公大墓石磬
○是嗣高陽

東漢・夏承碑

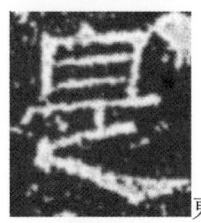

東漢・北海相景君碑陽

東漢・成陽靈臺碑
○於是

東漢・楊震碑

西晉・臨辟雍碑

○是以髦士駿奔

北魏·元乂誌

北齊·石佛寺迦葉經碑

北齊·無量義經二

【韙】

《説文》：韙，是也。从是韋聲。《春秋傳》曰："犯五不韙。"

【愇】

《説文》：愇，籀文韙从心。

北魏·劉玉誌

○策謀愇（韙）內

北魏·奚真誌

○愇（韙）謀幄議

北齊·庫狄業誌

○爰寨愇（韙）作牧

【尟】

《説文》：尟，是少也。尟俱存也。从是、少。賈侍中說。

辵部

【辵】

《説文》：辵，乍行乍止也。从彳从止。凡辵之屬皆从辵。讀若《春秋公羊傳》曰"辵階而走"。

里·第八層 687

○隋延辵

【迹（跡）】

《説文》：迹，步處也。从辵亦聲。

【蹟】

《説文》：蹟，或从足、責。

【速】

《説文》：速，籀文迹从朿。

睡・封診式 71

○然索迹不鬱

睡・封診式 80

○之迹皆不可爲廣

獄・癸瑣案 5

○迹行到沙羨界中

張・奏讞書 77

○從（蹤）迹

北貳・老子 192

敦煌簡 2274

○壬申日不迹

居・EPT58.105

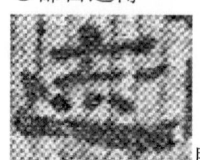

○部日迹簿

居・EPT53.38

○事初迹盡晦廿九日

居・EPT27.30

○逆踵迹馬

金關 T23:286B

○卒日迹梼

金關 T22:058

○王成迹盡界毋越塞

金關 T21:367

○戊申迹毋越塞出入

馬壹 149_67/241 下

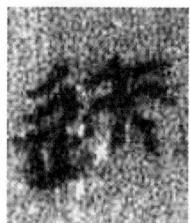

馬壹 120_4 上

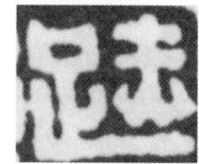

○无所逃迹

漢晉南北朝印風

○跡者單尉

漢印文字徵

○跡者單尉

詛楚文·亞駝

○復其凶迹

泰山刻石

○從臣思速

三國魏·三體石經春秋·古文

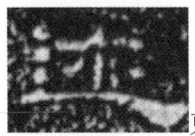

○楚師敗速（續）

東漢·趙寬碑

○追迹前勳

東漢·孔彪碑陽

東漢·營陵置社碑

○禽獸遯跡

東漢·西狹頌

三國魏·西鄉侯兄張君殘碑

西晉·臨辟雍碑

○兼六代之美跡

十六國北涼·沮渠安周造像

北魏·王基誌

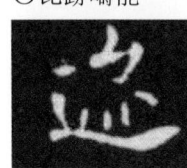

○比跡疇能

北魏·封魔奴誌

○以直書遺迹

北魏·寇演誌

○憬跡攸心

北魏·□伯超誌
○肇跡有□
北魏·奚真誌 
○每著能跡
北魏·崔隆誌 
○小醜斂迹
北魏·孫秋生造像 
○身神騰九空，迹登十地
北魏·趙謐誌 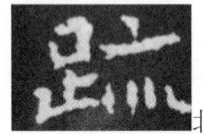
○跡馥蘭風
北魏·塔基石函銘刻 
○妙迹攸緬
北魏·惠詮等造像 
○真跡
北魏·李慶容誌 

○敢揚休迹
北魏·元斌誌 
○王跡嬋聯
北魏·檀賓誌 
北魏·杜法真誌 
○隱跡
北魏·尹祥誌 
北魏·寇治誌 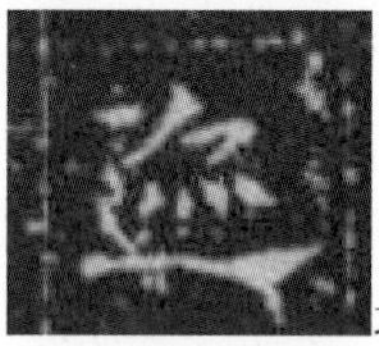
○方迹秦區
北魏·寇慰誌 
○自履跡肇生
北魏·劉玉誌 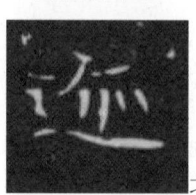
○屢有勳迹

北魏・元緒誌

○英蹤偉跡

北魏・元尚之誌

○耻跡子春

北魏・高樹解伯都等造像

○迹登十地

北魏・于纂誌

○芳迹永宣

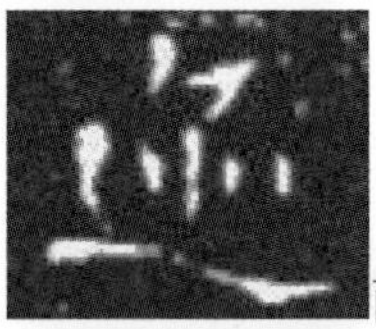
西魏・朱龍妻任氏誌

北齊・庫狄業誌

○跡王言之

北齊・傅華誌

北齊・李難勝誌

北齊・宋買等造像

○圓應遍知之跡

北齊・劉碑造像

○如來聖跡

北齊・唐邕刻經記

北周・李元海造像

北周・張子開造像

○標跡於前蹤

【𨘏】

《説文》：𨘏，無違也。从辵䍧聲。讀若害。

【𨓆】

《説文》：𨓆，先道也。从辵率聲。

【邁】

《說文》：邁，遠行也。从辵，蠆省聲。

【𨗁】

《說文》：𨗁，邁或不省。

春晚·秦公簋

金關 T31:102A

○日斯邁而月斯銀

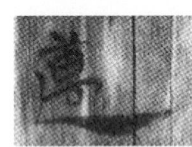

東牌樓 035 正

○亭易邁忽爾令縲磨

北壹·倉頡篇 68

○趕急邁徙

吳簡嘉禾·五·八一四

魏晉殘紙

漢印文字徵

○孫邁猷印

東漢·建寧元年殘碑

東漢·孔彪碑陽

西晉·石尠誌

西晉·石尠誌

北魏·元誘誌

北魏·寇猛誌

北魏·吐谷渾璣誌

北魏·元仙誌

北魏·元毓誌

北魏·元懷誌

東魏·元鷙妃公孫甗生誌

北齊·暴誕誌

【巡】

《說文》：巡，延行皃。从辵川聲。

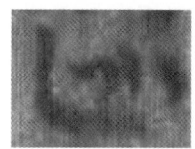

吳簡嘉禾·五·六二
○黃巡佃田

漢印文字徵
○鄭巡印信

東漢·西岳華山廟碑陽

西晉·臨辟雍碑

北魏·元顥誌

○輿輦北巡

北魏·元昭誌

○巡省州鎮

北魏·元颺誌

北魏·塔基石函銘刻

北魏·皇帝東巡碑額

○皇帝東巡之碑

【邀】

《說文》：邀，恭謹行也。从辵殷聲。讀若九。

【徒】

《說文》：徒，步行也。从辵土聲。

睡·秦律十八種 117

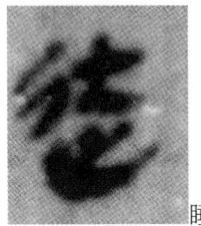

○苑囿徒以斬（塹）

睡·秦律雜抄 17

○盾徒絡組廿給省

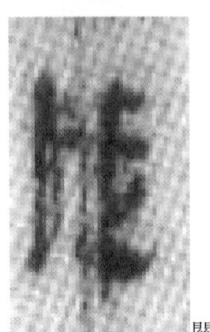

關·病方 351

○使其徒來代之

嶽·猩敞案 53

○與僕徒時（蒔）

里·第八層 757

○四人徒少及毋徒薄

馬壹 98_85

○生之徒也

馬壹 211_12

馬壹 5_17 上

馬貳 37_50 下

張·秩律 472

○主申徒公主

張·奏讞書56

銀貳1179

銀貳1566

○則利徒此擊

北貳·老子108

○死之徒也

敦煌簡1985

○月卒徒及守狗當廩

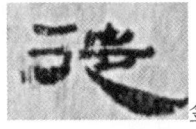

金關T05:068A

○罷軍徒補鱳得臨谷

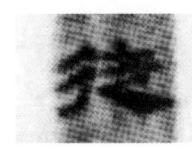

武·甲《泰射》35

○人正徒相大師僕師

東牌樓075背

○白將徒黃獻會十一

歷代印匋封泥

○日司徒

廿世紀璽印二-GP

○日司徒

秦代印風

秦代印風

○公孫徒得

廿世紀璽印三-SY

廿世紀璽印三-GY

廿世紀璽印三-GY

廿世紀璽印三-SP

漢晉南北朝印風

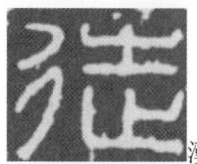

漢晉南北朝印風

漢晉南北朝印風

漢印文字徵

漢印文字徵
〇竇徒丞印

漢代官印選

漢晉南北朝印風

石鼓・鑾車

東漢・司徒袁安碑

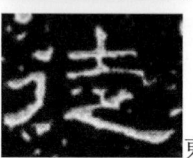

東漢・楊震碑
〇司徒太尉

東漢・尚博殘碑
〇朋徒自遠

東漢・乙瑛碑
〇司徒臣雄

東魏·封延之誌蓋
○司徒

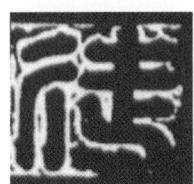

東魏·元季聰誌蓋
○司徒

北周·李綸誌蓋
○周故河陽公徒何墓誌

【邐】

《説文》：邐，行邐迆也。从辵麗聲。

【延】

《説文》：延，正、行也。从辵正聲。

【征】

《説文》：征，延（當作延）或从彳。

馬壹46_63下
○征國越王

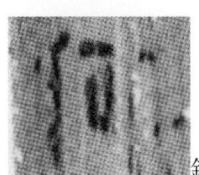

銀貳1538
○或與之征（征）

東牌樓048背
○征討

漢印文字徵
○高征

廿世紀璽印三-GP

柿葉齋兩漢印萃

漢印文字徵

漢印文字徵

漢晉南北朝印風

東漢・曹全碑陽

東漢・曹全碑陽

三國魏・張君殘碑

北魏・元彬誌

○征西大將軍

北魏・穆亮誌

○再統征軒

北魏・元思誌

○侍中征北大將軍

北魏・寇憑誌

○征虜府司馬

東魏・崔令姿誌蓋

○征北將軍

【隨】

《說文》：隨，从也。从辵，㒸省聲。

睡・語書 10

○緰（偷）隨（惰）

馬壹 76_65

○不懼（思）隨（遹—墮）

張・津關令 494

張・奏讞書 172

○隨（墮）髮長二

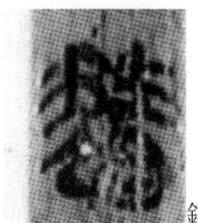

銀貳 1572

○以隨（惰）其

北貳・老子 199

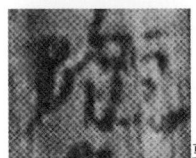

敦煌簡 0620

○斗率隨烏孫歸十三

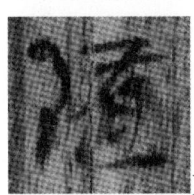

東牌樓 118 正

○相與隨嫁

魏晉殘紙

○自隨無他

秦代印風

○司馬隨

廿世紀璽印三-SY

○王隨

廿世紀璽印三-SY

○隨賢

漢印文字徵

○隨□淪印

漢印文字徵

○隨賀印

漢印文字徵

○王隨

漢印文字徵
○司馬隨

漢印文字徵
○隨彭

漢晉南北朝印風
○隨壽光印

東漢・尹宙碑

北魏・元暐誌
○隨父太尉鎮鄴

北魏・寇憑誌
○秀彥隨逝

北魏・尉氏誌
○珠曜隨川

北魏・元誘誌
○德隨風靡

北魏・劉賢誌
○隨會歸晉

東魏・鄭氏誌
○珠明隨浦

東魏・王偃誌
○如彼隨侯

北周・寇嶠妻誌
○夫人亦隨入關

【迚】

《說文》：𨒂，行皃。从辵市聲。

【迋】

《說文》：迋，往也。从辵王聲。《春秋傳》曰："子無我迋。"

秦文字編 279

【逝】

《說文》：逝，往也。从辵折聲。讀若誓。

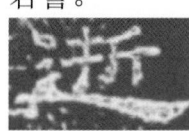

東漢·桐柏淮源廟碑

北魏·元顥誌

北魏·元子正誌

北魏·薛伯徽誌

北魏·侯掌誌

○逝川遂往

北魏·元崇業誌

北魏·叔孫協及妻誌

○逝矣都里

北魏·馮會誌

北魏·李端誌

東魏·杜文雅造像

東魏·呂瓺誌

北周·馬龜誌

○但以歲將逝矣

【迌】

《說文》：徂，往也。从辵且聲。𧣓，齊語。

【徂】

《說文》：徂，或从彳。

【𧣓】

《說文》：𧣓，籀文从虘。

銀壹 870
○險徂（阻）

銀壹 870
○險徂（阻）

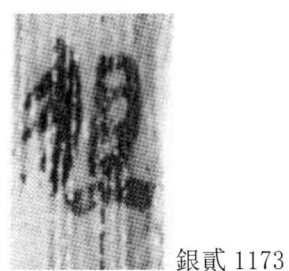

銀貳 1173
○竭（荷）戟而守徂（阻）

東漢·伯興妻殘碑
○年徂知命

東漢·景君碑
○中年徂歿

西晉·張朗誌

【述】

《說文》：述，循也。从辵术聲。

【𧺆】

《說文》：𧺆，籀文从秫。

獄·數 10

馬壹 123_31 下

張·蓋盧 19

張·算數書 148
○之述（術）曰

銀貳 1762

○陰陽述（遂）之

武・甲《泰射》48

○述（遂）執

詛楚文・沈湫

○羲牲述取誠邊城

西漢・楚王墓塞石銘

○天述葬棺郭

東漢・少室石闕銘

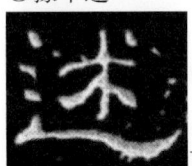

○掾辛述

東漢・楊震碑

東漢・曹全碑陽

東漢・肥致碑

西晉・臨辟雍碑

北魏・趙充華誌

北魏・元羽誌

○庶述悽而

北魏・胡明相誌

北魏・元彬誌

○敬述徽績

北齊・赫連子悅誌

○英規述聖

【遵】

《説文》：䢅，循也。从辵尊聲。

漢銘・新嘉量一

漢銘・新嘉量二

漢銘・新衡杆

金關 T23:244

吳簡嘉禾・四・三〇五

○唐遵

漢印文字徵

漢印文字徵

泰山刻石

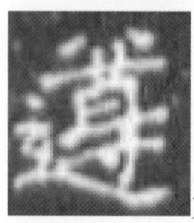

東漢・司馬芳殘碑

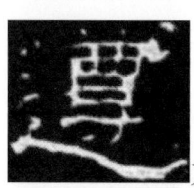

東漢・楊震碑

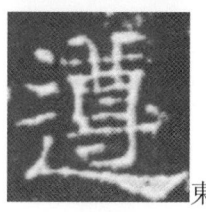

東漢・西岳華山廟碑陽

東漢・成陽靈臺碑

東漢・成陽靈臺碑

北魏・元鑒誌

716

北魏・元飖誌

北魏・元彥誌

北魏・元尚之誌

北魏・元瑛誌

北魏・元憒誌

東魏・廉富等造義井頌

【適】

《說文》：𬨨，之也。从辵啻聲。適，宋魯語。

里・第八層 50

○畜官適□

里・第八層 68

○適言之

里・第八層背 1468

○日入適

馬壹 111_3\354

○以繩適（謫）臣之

馬壹 130_9 上\86 上

○定而適（敵）者生

張·傅律 361
○者以適（嫡）子

張·奏讞書 82
○適守舍武發

張·蓋盧 38
○適（敵）人

銀壹 58
○之適（敵）

銀壹 495
○從（縱）適（敵）

銀貳 1117
○適（敵）人

北貳·老子 192
○無瑕適（謫）善

敦煌簡 1992
○敬代適卒

金關 T02:090
○大奴適長

武·儀禮甲《服傳》28
○適人者爲父母

秦代印風
○馬適訸

廿世紀璽印三-SY
○王適私印

漢晉南北朝印風

○禽適將軍章

廿世紀璽印三-SY

○屈適

漢印文字徵

○漢匈奴惡適尸逐王

漢代官印選

○禽適將軍章

漢印文字徵

○馬適昭印

漢印文字徵

○馬適僑印

漢印文字徵

○馬適恢印

漢印文字徵

○馬適平印

東漢・趙㝔殘碑

○去周適晉

東漢・楊叔恭殘碑

○適士囗野囗

東漢・賈仲武妻馬姜墓記

○適鬲侯朱氏

西晉・荀岳誌

○適潁川許昌陳敬祖

西晉・華芳誌

○適潁川棗臺產

西晉・石尠誌

○適黃門侍郎

西晉・石定誌

○城陽鄉侯之適子也

西晉・管洛誌

○始適徐氏

北魏・郭顯誌

○適殷䘨洛

北魏・李端誌

東魏・王偃誌

北齊・道明誌

○莫適與過

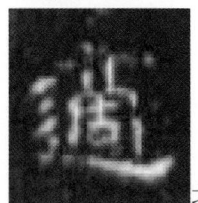

北齊・宋靈媛誌

北周・寇熾誌

○適趙郡李思曜

【過】

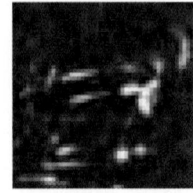

《說文》：過，度也。从辵咼聲。

戰晚或秦代・梡陽鼎

睡・秦律十八種 115

○過旬貨一甲

睡・效律 9

○過千一百錢

睡・法律答問 209

睡・為吏 41

獄・為吏 33

獄・暨過案 95

里・第八層背 702

馬壹 174_36 下

馬壹 91_271

馬壹 12_68 下

馬貳 130_35

張・行書律 273

張・奏讞書 71

張・脈書 57

銀貳 1064

北貳・老子 78
○誠難過

敦煌簡 2253

敦煌簡 0949
○乙丞過謂士

金關 T07:023

金關 T10:120A
○過所縣侯國

金關 T04:098B
○迹迹過過

秦代印風
○戰過

廿世紀璽印三-SY
○陳過之印

漢印文字徵
○王過

漢印文字徵
○馬過私印

漢印文字徵
○董過期

漢印文字徵

○張過期

漢印文字徵

○過湯信印

漢印文字徵

○會之過印

漢印文字徵

○李過之印

柿葉齋兩漢印萃

○師過

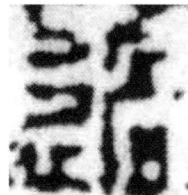

歷代印匋封泥

○過仁之印

漢印文字徵

○定過

漢印文字徵

○賁過

漢印文字徵

○□過

漢印文字徵

○桐過左尉

漢晉南北朝印風

○過欽私印

漢晉南北朝印風

○王過

漢晉南北朝印風

○韓過等

漢晉南北朝印風

○田勝過印

東漢・石門頌

○刺過拾遺

東漢・行事渡君碑

東漢・西狹頌

○過者創楚

東漢・趙寬碑

○弗或過也

西晉・荀岳誌

北魏・于景誌

北魏・陶浚誌

北魏・元孟輝誌

北魏・元寶月誌

北魏・李林誌

北魏・奚智誌

東魏・元玕誌

北齊・高阿難誌

北齊・逢哲誌

【遺】

《說文》：遺，習也。从辵貫聲。

【遺】

《說文》：遺，䙷遺也。从辵賣聲。

秦文字編 261

【進】

《說文》：進，登也。从辵，閵省聲。

獄・為吏 20
○進退不穀

里・第八層 1817
○私進令史

里・第八層 1529
○進書令史

馬壹 13_85 上
○我生進退

馬壹 90_238

馬壹 110_163\332

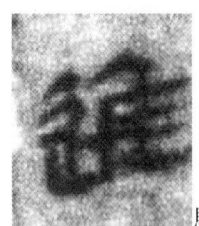

馬壹 142_5/179 上

張・田律 249

張・奏讞書 162
○說進炙君

張・蓋盧 29
○與其進芮（退）

張・引書 10

銀壹 353

銀貳 1145

北貳・老子 13
○如沫（昧）進道

敦煌簡 1962B
○公記進羹

金關 T10:410
○進解卿

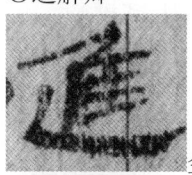

金關 T24:142

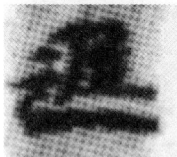

武・甲《少牢》43

武・甲《燕禮》42

東牌樓 039 背

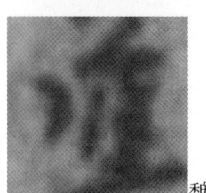

魏晉殘紙

魏晉殘紙

秦代印風

漢晉南北朝印風

廿世紀璽印三-GP

○武進丞印

歷代印匋封泥

漢印文字徵

漢印文字徵

○聊進私印

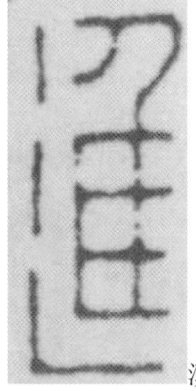

漢晉南北朝印風

○翟進

東漢・賈仲武妻馬姜墓記

東漢・從事馮君碑

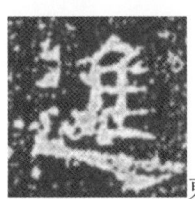

東漢・北海相景君碑陰

○故書佐劇姚進

東漢・禮器碑陰

○蕃加進子高千

東漢・肥致碑

東漢・西狹頌

東漢・夏承碑

三國魏・曹真殘碑

東晉・王閩之誌

東晉・王丹虎誌

〇特進衛將軍

北魏・楊阿真造像

〇佛弟子王天進

北魏・慈慶誌

北魏・趙謐誌

北魏・元詮誌

北魏・慧靜誌

北魏・王遺女誌

東魏・王令媛誌

〇進退合軌

西魏・杜照賢造像

〇維那杜慧進

北齊・韓裔誌蓋

〇齊故特進韓公之墓誌

【造】

《說文》：䧢，就也。从辵告聲。譚長說：造，上士也。

【艁】

《說文》：艁，古文造从舟。

戰中·大良造鞅鐓

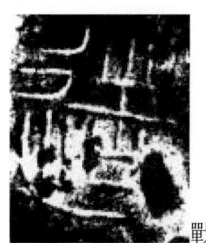

戰晚·大良造鞅戟

戰晚·二十五年上郡守廟戈

戰晚·八年相邦呂不韋戈

戰晚·口年上郡守戈

戰中·王七年上郡守疾戈

戰晚·高奴禾石權

戰晚·廿二年臨汾守戈

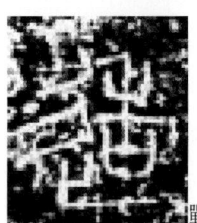

戰中·商鞅量

戰中·王八年内史操戈

戰晚·六年漢中守戈

春早·秦政伯喪戈之一

○中守趛造

○㝐（造）

戰中·大良造鞅鐓

戰晚・三年上郡高戈

春早・秦子戈

○寣（造）公族元用左

戰晚・廿一年寺工車䎙

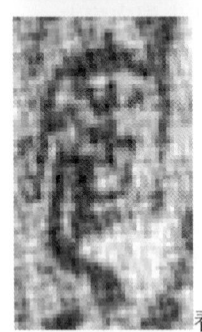

春早・秦子戈

○造左辟元用左

戰晚・上造但車䎙

戰晚或秦代・元年上郡假守暨戈

戰中・四年相邦樛斿戈

漢銘・建初元年鐵

漢銘・文帝九年句鑃二

漢銘・延平元年堂狼造作鑒

漢銘・上林銅鑒三

漢銘・上林銅鑒一

漢銘・永建五年洗二

漢銘・武氏造洗

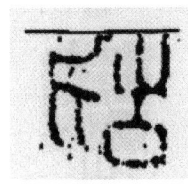

漢銘・嚴氏造吉洗

漢銘・董氏造作洗

漢銘・上林量

漢銘・嚴氏造作洗

漢銘・光和斛一

漢銘・慮俿尺

漢銘・大司農平斛

漢銘・永平平合

漢銘・建昭鴈足鐙一

漢銘・長安下領宮高鐙

漢銘・臨虞宮高鐙二

漢銘・萬歲宮高鐙

漢銘・中平三年洗

漢銘・桂宮行鐙

漢銘・南宮鍾

漢銘・山陽邸鐙

漢銘・中山內府銅鑊

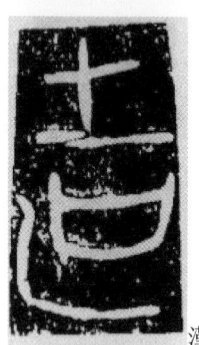

漢銘・谷口鼎

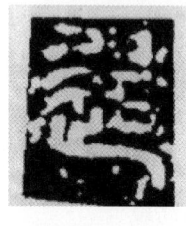

漢銘・谷口宮鼎

漢銘・上林鼎一

漢銘・上林鼎三

漢銘・壽成室鼎一

漢銘・元延乘輿鼎一

漢銘・陽信家銅二斗鼎

漢銘・鰲屋鼎

漢銘・昆陽乘輿銅鼎

漢銘・十六年鋆

漢銘・駘蕩宮壺

漢銘・中尚方鐎斗

漢銘・光和七年洗

漢銘・椒林明堂銅錠三

漢銘・中私府鍾

漢銘・尚浴府行燭盤

漢銘・成山宮渠斗

漢銘・橐泉銷一

漢銘・長安銷

漢銘・二年酒銷

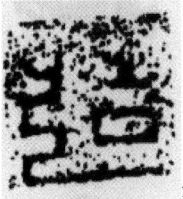

漢銘・嚴氏造作銷

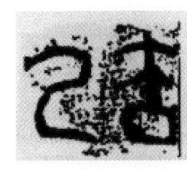

漢銘・永元十三年洗

漢銘・永和二年洗

漢銘・新常樂衛士飯幘

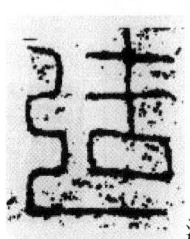

漢銘・永建四年洗

漢銘・椒林明堂銅錠三

漢銘・中山宦者常浴銅錠一

漢銘・弘農宮銅方鑪

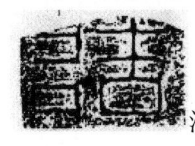

漢銘・永平三年洗

漢銘・元和三年洗

漢銘・永元二年堂狼造洗

漢銘・山陽邸鴈足長鐙

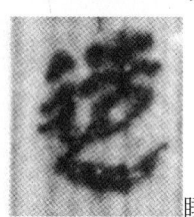

睡・秦律十八種 182

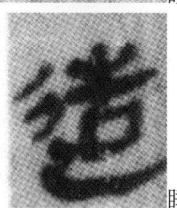

睡・秦律雜抄 1

睡・法律答問 113

睡・為吏 15

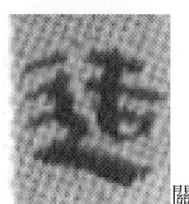

關・日書 253

獄・數 123

獄・猩敞案 55

岳・猩、敞知盜分贓案 52

里・第八層 1236

馬壹 81_45

張・戶律 314

○大上造六宅少上

銀壹 812

○守之造也

敦煌簡 0360A

金關 T09:083
○里上造朱寬

金關 T24:256
○上造趙害

金關 T21:121
○里上造陳萬人

金關 T24:121
○里上造張忘年六十

北壹·倉頡篇 44
○梧域邸造

吳簡嘉禾·五·七七九
○張造佃田

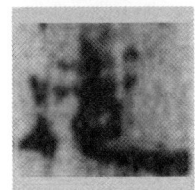

流沙墜簡

廿世紀璽印三-GP
○邯鄲造工

廿世紀璽印三-GP

漢印文字徵
○宜造鄉

漢印文字徵

漢印文字徵
○張造

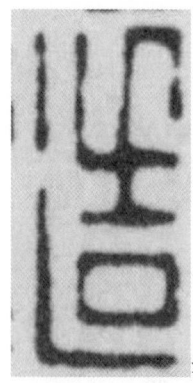

漢晉南北朝印風
○張造
東漢・曹全碑陽 
西漢 
東漢・成陽靈臺碑 
東漢・西狹頌 
東漢・桐柏淮源廟碑 
東漢・石門頌 
○造作石積（蹟）
東漢・從事馮君碑

東漢・石門闕銘
○段仲孟造此
東漢・徐無令畫像石墓題記 
○造作
東漢・買田約束石券 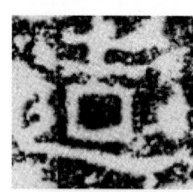
東漢・何君閣道銘 
○造尊楗
三國魏・咸熙元年題字 
○咸熙元年十一月十六日造
西晉・張伯通造像 
○善光造彌
西晉・郭槐柩記

北魏·山暉誌

○延昌四年月三月十八日造

北魏·高思雍造像

○造釋迦文像

北魏·張石生造像

○敬造四面像一區

北魏·張相造像

○眷屬造

北魏·元澄妃李氏誌

○前國太農府功曹史臣茹仲敬造

北魏·張元祖妻一弗題記

○造像一

北魏·袁超造像

北魏·謝伯違造像

北魏·李榘蘭誌

東魏·張僧安造像

○縣人張僧安敬造

東魏·元澄妃馮令華誌

東魏·杜文雅造像

○敬造石像一區

西魏·杜照賢造像

○敬造石像一區

北齊·賈蘭業兄弟造像

○造玉象一區

北齊·邑義七十人造像
○又乃敬造阿彌陀連座三佛

北齊·孫靜造像

北齊·張康張雙造像
○敬造觀世音象一軀

北齊·王福芝造像

北齊·武成胡后造像

南朝宋·陳又之造像

【逾】

《說文》：逾，迭進也。从辵俞聲。
《周書》曰："無敢昏逾。"

馬壹 89_233

北魏·元誘誌

北魏·楊播誌

北齊·李清造報德像碑

北齊·暴誕誌

北齊·間炫誌

北齊·張海翼誌

北齊·口弘誌

北周·崔宣靖誌

【遝】

《説文》：遝，迨也。从辵眔聲。

睡·秦律十八種 105

○靡者遝其未靡

睡·法律答問 143

○犯令遝免

獄·暨過案 105

○皆相遝

里·第八層 1423

○遝遷陵吏

里·第八層 136

○獄遝遷陵

馬壹 178_66 下

○大白遝之破軍

張·奏讞書 142

○主遝未來獄留須

張·引書 104

○相薄遝也

銀壹 127

○遝則禦不得已

敦煌簡 0618A

○遝沙萬共

居‧EPT51.470

○元城遝書

金關 T24:705

○獄所遝四牒

金關 T24:828

○獄所遝

金關 T21:047

○獄所遝一牒

西晉‧臨辟雍碑

○降遝三代

西晉‧張朗誌

○遝于子房

西晉‧徐義誌

○遝矣伯姬

【迨】

《說文》：迨，遝也。从辵合聲。

【迊】

《說文》：迊，迊迊，起也。从辵，作省聲。

北魏‧趙廣者誌

○喟然涕迊

北周‧張僧妙法師碑

○喻迫迊之獄

【誩】

《說文》：誩，迹誩也。从辵昔聲。

【遄】

《說文》：遄，往來數也。从辵耑聲。《易》曰："已事遄往。"

三國魏‧孔羨碑

○群小遄徂

北魏‧元繼誌

北魏・元瞻誌

北魏・元詮誌

○逌哉夕兔

【速】

《説文》：𨕥，疾也。从辵束聲。

【警】

《説文》：𧧄，古文从欶从言。

【遬】

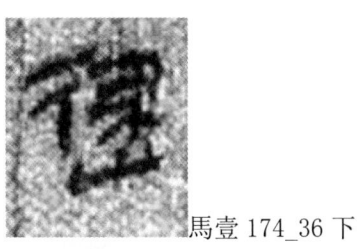

《説文》：𨖸，籀文从欶。

馬壹 174_36 下

○而速人亦不爲羊

銀貳 1074

○而行速失之道其所

銀貳 1011

○所多速詘（屈）

敦煌簡 0106

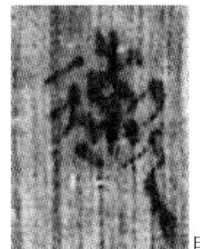

○誅立速持

里・第八層 1642

○□史遬

馬壹 173_36 上

○遬

馬壹 83_88

○未得遬也臣

北壹・倉頡篇 3

○疢痛遬欬

秦代印風

○乘馬遬印

漢印文字徵

○潘遫

漢印文字徵

○有遫

漢印文字徵

○李高遫

漢印文字徵

○臣遫

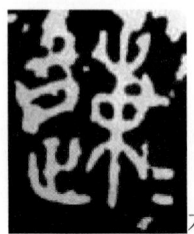

石鼓・車工

○䲲鹿速=

東漢・孔宙碑陽

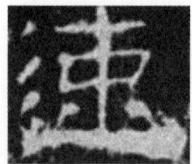

東漢・衛尉卿衡方碑

東漢・楊統碑陽

北魏・和遼誌

北魏・太妃侯造像

○願令永絕苦因，速成正覺

北魏・楊豐生造像

北魏・張玄誌

北魏・侯太妃自造像

○延年，神志速就

東魏・成休祖造像

北齊·高潤誌

【迅】

《説文》：䚱，疾也。从辵卂聲。

晉·洛神十三行

北魏·元謐誌

北魏·王蕃誌

○迅矣晨烏

北魏·元詮誌

○迅矣晨烏

東魏·淨智塔銘

○攝衆生而迅悟

北周·獨孤渾貞誌

○忽同迅影

【适】

《説文》：䢔，疾也。从辵昏聲。讀與括同。

【逆】

《説文》：䢔，迎也。从辵屰聲。關東曰逆，關西曰迎。

睡·秦律雜抄 38

○令送逆爲它令送逆

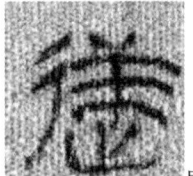

馬壹 255_5 下\47 下

○逆傷夫

馬壹 246_1 上

馬壹 126_56 上

○養之逆順有理則請

馬壹 76_57

○心逆矣知者弗親

馬貳 34_30 上

○毛上逆欲動搖

馬貳 20_27 上

○毋逆以行

張・蓋盧 3

○時逆之有調

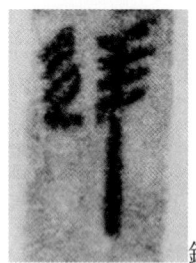

銀壹 344

○逆溜（流）

敦煌簡 0068

○奴遮逆虜

金關 T25:130

○逆寇隧宗廣□

金關 T23:878

○悖天逆理

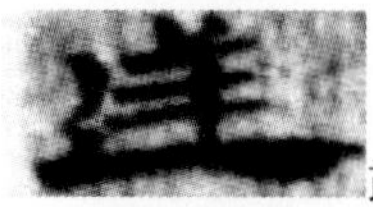

武・王杖 5

○比逆不道得出入

吳簡嘉禾・五・二二九

○謝逆佃田

歷代印匋封泥

○曲逆侯印

漢印文字徵

○衛逆

漢印文字徵

○扁

漢印文字徵

○齊逆

漢印文字徵
○臣逆

漢印文字徵
○掃逆將軍司馬

漢印文字徵
○□逆里附城

漢代官印選
○曲逆侯印

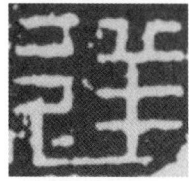

漢晉南北朝印風
○盪逆將軍印

東漢・曹全碑陽
○復造逆亂

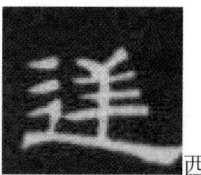

西晉・石尠誌
○值楊駿作逆

北魏・元斌誌
○穎陰之莫逆稀

北魏・楊氏誌
○逆順有時

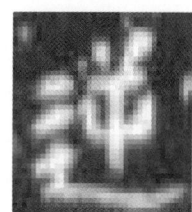

東魏・公孫略誌
○逆黨知新

東魏・元均及妻杜氏誌
○元顥肆逆

北齊・狄湛誌
○深識逆順之機

【迎】

《說文》：䢛，逢也。从辵卬聲。

漢銘・迎光宮鼎蓋

馬壹 176_42 下
○左之迎之兇

馬貳 20_25 上
○於寅迎辰大凶

銀壹 344

銀貳 1761

北貳・老子 157
○其後迎而不見其首

敦煌簡 0006B
○長當迎欽開者諸吏

金關 T04:030
○隧長輔迎

金關 T01:167

武・甲《特牲》16

東牌樓 047 背
○言廣迎欲相

魏晉殘紙

秦代印風
○姚迎

廿世紀璽印三-SP
○臣迎

漢印文字徵
○韓迎

漢印文字徵
○李迎

漢印文字徵
○臣迎

漢印文字徵
○臣迎

漢印文字徵
○王迎

漢印文字徵
○王迎之印

漢印文字徵
○王迎

歷代印匋封泥
○臣迎

漢晉南北朝印風

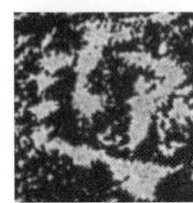

○梁迎

東漢・析里橋郙閣頌

○常車迎布

北魏・元彝誌

○奉迎鑾蹕於河渚

北魏・元弼誌

○而竹馬相迎

北魏・元悅誌

北魏・馮迎男誌

北魏・侯剛誌

東魏・元均及妻杜氏誌

北齊・崔德誌

北齊・張海翼誌

北齊・吐谷渾靜媚誌

北齊・智度等造像

○迎於四海

北齊・柴季蘭造像

○沖天迎日之徒

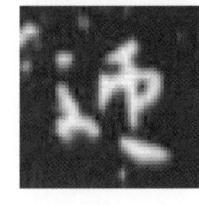

北周・李賢誌

○奉迎六軍

【迒】

《說文》：迒，會也。从辵交聲。

【遇】

《說文》：遇，逢也。从辵禺聲。

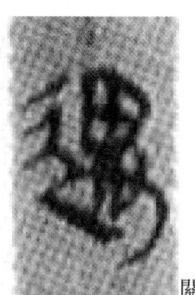

關·日書 248

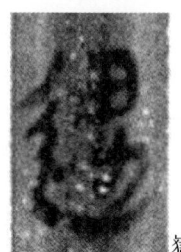

獄·為吏 42

馬壹 177_65 上

馬壹 177_63 上

馬壹 81_33

馬壹 16_15 下\108 下

張·奏讞書 157

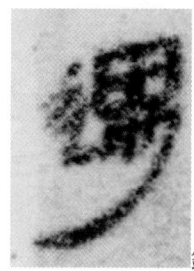

銀壹 410

銀貳 1755

金關 T10:178

○男宋遇

東牌樓 012

○頻遇軍寇

廿世紀璽印二-SP

○反里成遇

秦代印風
○任遇
漢印文字徵 
○張遇之印
漢印文字徵 
○李遇
漢印文字徵 
○令其遇
東漢・元嘉元年畫像石墓題記 
東漢・曹全碑陽 

西晉・臨辟雍碑
西晉・荀岳誌 
北魏・劉景和造像 
○遇諸佛
北魏・塔基石函銘刻 
北魏・高思雍造像 
○遇彌勒佛
北魏・元孟輝誌 
北魏・楊乾誌 
北魏・元乂誌

西魏・韋隆妻梁氏誌

北齊・張忻誌

○遇疾薨於家

北齊・□弘誌

○遇河清之會

【遭】

《說文》：𧼪，遇也。从辵曹聲。一曰遭行。

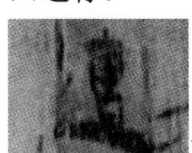

東牌樓003背

○二年遭遇賊

東漢・成陽靈臺碑

東漢・夏承碑

東漢・鮮於璜碑陰

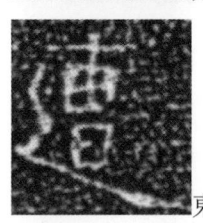

東漢・許安國墓祠題記

○遭禍

東漢・石門頌

○中遭元二

西晉・郭槐柩記

北魏・元項誌

【遘】

《說文》：遘，遇也。从辵冓聲。

東漢・譙敏碑

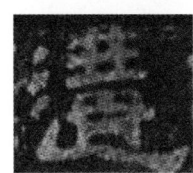

東漢・楊統碑陽

東漢・從事馮君碑

北魏・王蕃誌

北魏・劉氏誌

○邁疾官府

北魏・吳子璨妻秦氏誌

○邁疾而終

北魏・陶浚誌

東魏・元延明妃馮氏誌

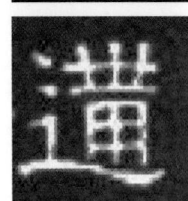

北齊・徐顯秀誌

北齊・是連公妻誌

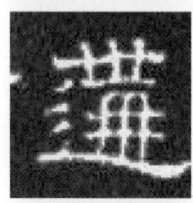

北齊・高阿難誌

北齊・元賢誌

【逢】

《説文》：逢，遇也。从辵，夆省聲。

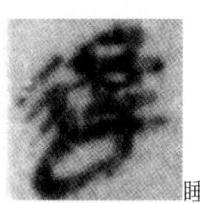

睡・日甲《詰》52

○六畜逢人而言

睡・日甲《病》76

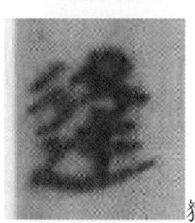

獄・得之案 178

獄・得之案 181

○逢得之

里・第八層 538

○鄉守逢

馬貳 223_23

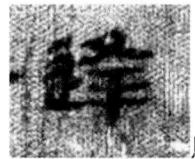

馬貳 32_1 上

馬貳 141_23

馬貳 265_79/99

張・奏讞書 200

張・蓋盧 19

銀壹 268

北貳・老子 46

敦煌簡 0983

金關 T25:005

金關 T21:058

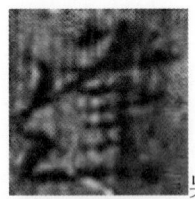

吳簡嘉禾・五・二五四

吳簡嘉禾・五・五八九

○逢唐丘男子

秦代印風

○逢□

廿世紀璽印三-SY

漢印文字徵

漢印文字徵

漢印文字徵

漢印文字徵

漢印文字徵

漢印文字徵

漢印文字徵

漢印文字徵

漢晉南北朝印風

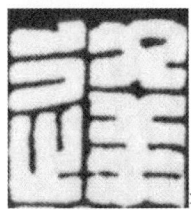

漢晉南北朝印風

漢晉南北朝印風

石鼓・吳人

○執（設）寓逢（逢）

東漢・西岳華山廟碑陽

東漢・北海相景君碑陰

○故門下書佐淳于逢訢

北魏・穆彥誌

○冀逢中興

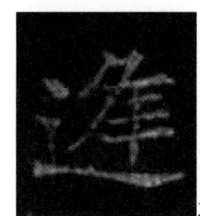

北魏・高衡造像

北魏・薛伯徽誌

○逢淫刑肆毒

北魏・公孫猗誌

○難逢不追

北魏・元愔誌

北齊・逢遷造像

○像主逢遷

北齊・王鴨臉造像

○尼逢由

【遻】

《說文》：遻，相遇驚也。从辵从㖾，㖾亦聲。

【迪】

《說文》：迪，道也。从辵由聲。

東漢・楊統碑陽
○直南蠻蠹迪

三國魏・三體石經尚書・隸書
○在今予小子非克有正迪惟

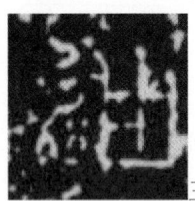

三國魏・三體石經尚書・篆文
○在今予小子非克有正迪惟

三國魏・三體石經尚書・古文
○克有正迪

北魏・元液誌
○允迪替否之宜

【遞】

《說文》：遞，更易也。从辵虒聲。

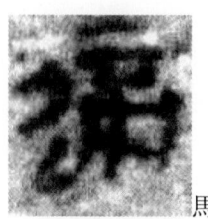

馬壹 113_6\409

馬壹 111_4\355

北魏・元延明誌

東魏・淨智塔銘
○日月遞輝

北齊・常文貴誌
○不那烏兔遞遷

【通】

《說文》：通，達也。从辵甬聲。

漢銘・上林銅鑒一

漢銘・杜陵東園壺

漢銘・建武泉範一

睡・法律答問 181

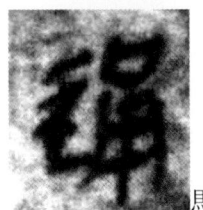

睡・封診式 69

獄・為吏 59

馬壹 80_12

馬貳 214_27/128

馬貳 34_39 上

張・盜律 63

張・脈書 8

銀壹 681

○鬼神通美（微）

敦煌簡 2191

金關 T21:137

金關 T01:164

東牌樓 104 背

北壹・倉頡篇 21

○冤暑暖通

吳簡嘉禾・四・一三四

○陳通校

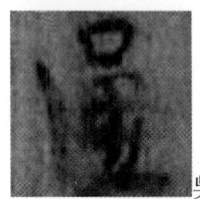

吳簡嘉禾・四・二〇

○陳通校

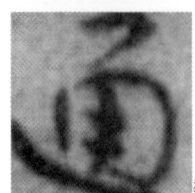

魏晉殘紙

○南通

歷代印匋封泥

○丘齊鱠里王通

廿世紀鉨印三-SY

○趙通之印

歷代印匋封泥

廿世紀鉨印三-SY

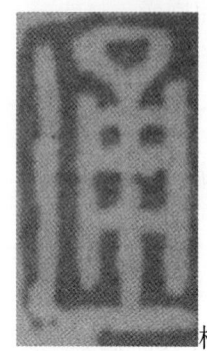

柿葉齋兩漢印萃

○翟通

柿葉齋兩漢印萃

漢代官印選

漢印文字徵

漢印文字徵

漢印文字徵
○莆通
漢印文字徵 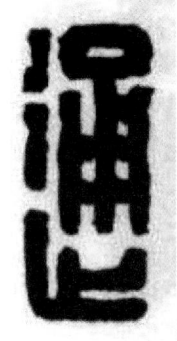
○戴通
漢印文字徵 
漢晉南北朝印風 
漢晉南北朝印風 
漢晉南北朝印風 

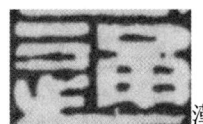

漢晉南北朝印風
秦駰玉版 
西漢・楚王墓塞石銘 
○楚古尸王通於
東漢・成陽靈臺碑 
東漢・張仲有修通利水大道刻石 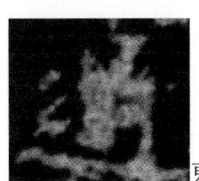
東漢・楊震碑 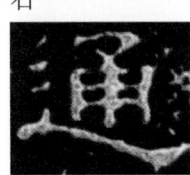
東漢・石門頌 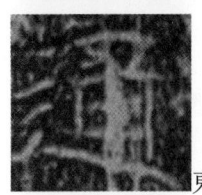
東漢・石門頌

東漢・石門頌

東漢・尹宙碑

東漢・開通褒斜道摩崖刻石

○開通褒余道

東漢・鮮於璜碑陰

西晉・郭槐柩記

西晉・臨辟雍碑

東晉・高句麗好太王碑

○與倭和通

北魏・元思誌

北魏・元願平妻王氏誌

北魏・元賄誌

北魏・元固誌

北魏・元周安誌

北魏・塔基石函銘刻

北齊・婁叡誌

【徙】

《說文》：𨑭，迻也。从辵止聲。

【征】

《說文》：𢓊，徙或从彳。

【屎】

《説文》：𢓊，古文徙。

睡・效律 19

○柀免徙官

睡・日乙《入官》228

○久七徙

獄・為吏 72

○瀘移徙上椯（端）

里・第八層 63

○田吏徙屬事苔不備

馬壹 244_2 上\3 上

○南徙死

馬壹 145_30/204 下

○遠徙

張・奏讞書 18

○田氏徙處長安

銀貳 1626

○此徙與物俱入静

北貳・老子 118

○而遠徙有舟車無所

敦煌簡 0067

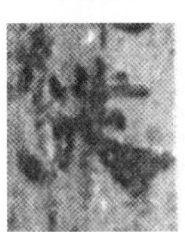

○舉國徙人民

敦煌簡 0696

○遷徙物故

金關 T21:440

○辛未徙二人

北壹・倉頡篇 68

○邁徙覺驚

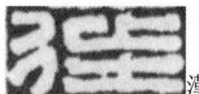

漢晉南北朝印風

○武徙府

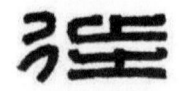

漢印文字徵

○武徙府

漢印文字徵

○笵徙

東漢・成陽靈臺碑

○遷徙不絕

東漢・趙寬碑

○徙隴西上邽

東漢・石門頌

○徙署行丞事

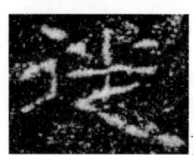

東漢・石門闕銘

○乃徙于懲

北魏・王紹誌

○照車徙甸

北魏・奚智誌

○逮皇業徙嵩

北魏・元弘嬪侯氏誌

○徙縣伊京

北魏・馮邕妻元氏誌

○三徙之流

北齊・暴誕誌

○陵移谷徙

【迻】

《説文》：迻，遷徙也。从辵多聲。

東魏・司馬興龍誌

○山川有迻

東魏・李憲誌
〇同壁人之迻市

【遷】

《說文》：遷，登也。从辵䙴聲。

【拪】

《說文》：拪，古文遷从手、西。

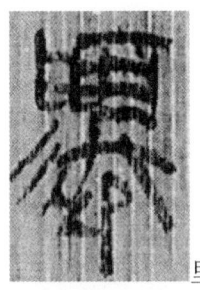

里・第六層 2
〇遷陵以郵行洞庭

里・第八層 507
〇遷陵洞庭

里・第八層 188
〇遷陵洞庭

里・第八層 947
〇遷陵洞庭

里・第八層 1172
〇遷陵

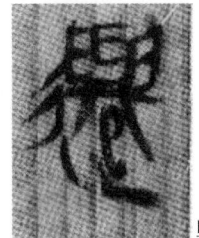

里・第八層 1826
〇遷陵洞庭

馬壹 13_93 上
〇遷國

馬壹 106_82\251
〇弗遷於兄弟也

馬貳 258_8/8
〇遷蓋一

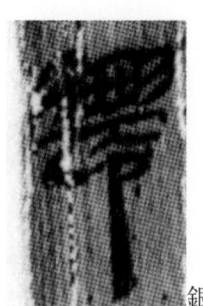

銀貳 1838

○必三遷至春二月

敦煌簡 0696

○長吏遷徙物

居・EPT51.187A

○翟遷年卅聿

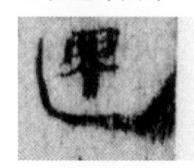

金關 T28:054

○都吏北遷谷

金關 T04:098A

○功次遷爲

金關 T08:003

○里王遷□

金關 T23:563

○日數遷羽日安商角

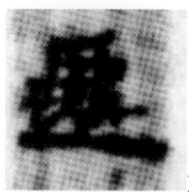

武・甲《少牢》16

○佐食遷甑

東牌樓 054 正

○遷□

秦代印風

○投遷

廿世紀璽印三-GY

○遷陵候印

廿世紀璽印三-SY

○兒遷私印

廿世紀璽印三-SY
○劉遷

漢印文字徵
○趙遷

漢印文字徵
○呰遷

漢印文字徵
○溓遷

漢印文字徵
○郭遷印信

漢印文字徵
○要遷

漢印文字徵
○范遷私印

漢印文字徵
○聊印遷

漢印文字徵
○孫遷私印

漢印文字徵
〇龐印遷之

漢印文字徵
〇㟭遷

漢印文字徵
〇衛遷之印

漢印文字徵
〇宗遷

漢印文字徵
〇周遷印

柿葉齋兩漢印萃
〇周遷私印

柿葉齋兩漢印萃
〇欒遷

漢晉南北朝印風
〇趙遷印信

漢晉南北朝印風
〇史遷私印

漢晉南北朝印風
〇宋遷印信

東漢・東漢・魯峻碑陽

東漢・景君碑

○遷諸關東豪族英傑

東漢・北海相景君碑陰

○故午都昌台丘遷

東漢・倉頡廟碑側

東漢・鮮於璜碑陰

○遂遷宰國

東漢・楊震碑

東漢・楊著碑額

東漢・楊著碑額

東漢・尚博殘碑

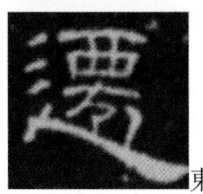

東漢・曹全碑陽

○遷于雍州

東漢・張遷碑陽

東漢・圉令趙君碑

○遷圉令

東漢・成陽靈臺碑

○遷下邳尉

東漢・司徒袁安碑

東漢・司徒袁安碑

○遷東海陰平長

三國魏・三體石經春秋・篆文

○衛遷于帝丘

三國魏・三體石經春秋・隸書

○衛遷于帝丘
西晉・石尟誌 

○左遷員外
北魏・元頊誌 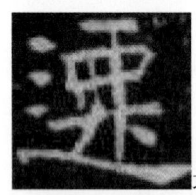

○舟壑徂遷
北魏・封魔奴誌 

○尋遷給事中
北魏・張安姬誌 

○遷窆於陵山
北魏・元孟輝誌 

北魏・王誦妻元妃誌

○懼岸谷之易遷
北魏・元弼誌 

○遷爲太尉府諮議參軍
北魏・笱景誌 

○遷葬
北魏・元恭誌 

○俄遷中書侍郎
北魏・元寧誌 

○遷授輕車將軍
北魏・盧令媛誌 

○字子遷
北魏・元孟輝誌

北魏·李架蘭誌
○遷配於洛陽

北魏·張宜誌
○于時皇基未遷

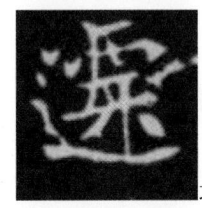

北魏·吐谷渾璣誌
○又遷使持節

北魏·寇臻誌
○皇京遷洛

北魏·寇臻誌
○遷假節建威將軍

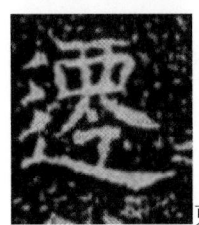

東魏·王偃誌
○俄遷給事中

東魏·李祈年誌
○遷於青州

北齊·赫連子悅誌

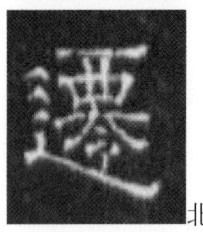

北周·宇文儉誌
○遷式刊玄石

北周·獨孤信誌
○懼陵谷之貿遷

北周·王榮及妻誌
○又遷寧朔將軍

【運】

《說文》：𨏥，迻徙也。从辵軍聲。

張·脈書18

北貳·老子156

敦煌簡 1151

○石運積蒙

金關 T23:414

金關 T21:097

○廿人運校盡

北壹・倉頡篇 62

○偃鼂運糧

漢印文字徵

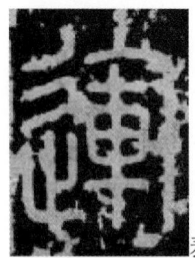

○運何私印

泰山刻石

東漢・趙寬碑

○艱難之運

東漢・成陽靈臺碑

三國魏・何晏磚誌

○運糧至此

北魏・元鑽遠誌

北魏・寇猛誌

北魏・鄴乾誌

北魏・元悌誌

北魏・元誨誌

北魏・元純陀誌

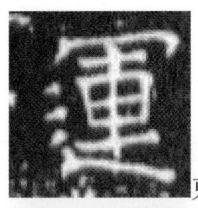

東魏・劉幼妃誌

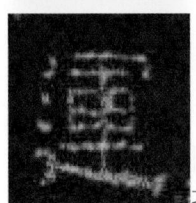

北齊・魯思明造像

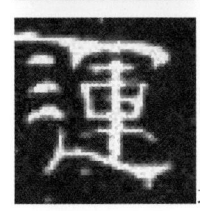

北齊・徐顯秀誌

【遁】

《說文》：遁，遷也。一曰逃也。从辵盾聲。

馬壹 110_162\331

○不遁（循）

銀壹 844

○參遁（循）行之

敦煌簡 1783

○子惠遁安定郡

東漢・東漢・婁壽碑陽

○遁世無悶

大趙・王真保誌

○胄公於是遜遁

北魏・元茂誌

○逡遁乞歸

北魏・楊舒誌

○及偽軍一遁

東魏・房蘭和誌

○遜遁如不拜

【遜】

《說文》：遜，遁也。从辵孫聲。

漢印文字徵

○曹遜文遜

東漢・譙敏碑

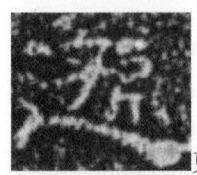

東漢・趙寬碑

北魏・昭玄法師誌

北魏・宋虎誌

北魏・元純陀誌

北魏・穆纂誌

北魏・元飆誌

東魏・淨智塔銘

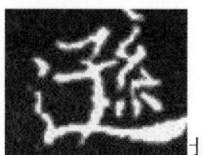

北齊・路衆及妻誌

【返】

《說文》：𨒋，還也。从辵从反，反亦聲。《商書》曰："祖甲返。"

【彶】

《說文》：𢔎，《春秋傳》返从彳。

魏晉殘紙

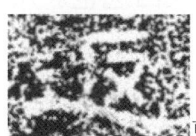

東漢・陶洛殘碑陽

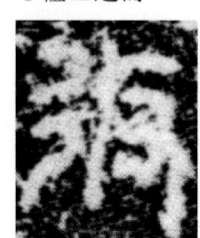

○禮口返而

東漢・開母廟石闕銘

○福祿來返

北魏・李超誌

北魏・吐谷渾璣誌

北魏・元澄妃誌

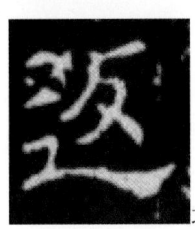

○福祿來返

北齊・暴誕誌

【還】

《説文》：還，復也。从辵睘聲。

銀壹 409

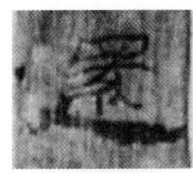

○雜管遷退

敦煌簡 0521

敦煌簡 0116

○敦德還出妻

金關 T08:047

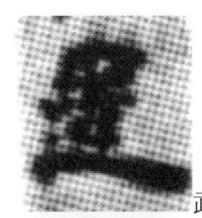

武・儀禮甲《士相見之禮》10

東牌樓 069 背

吳簡嘉禾・二一一八

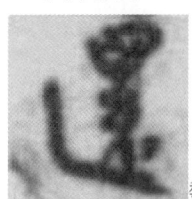

○年新還民

魏晉殘紙

東漢・黨錮殘碑

○還

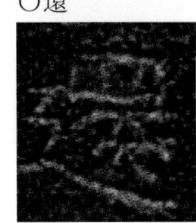

東漢・公乘田魴畫像石墓題記

○歸來而自還

東漢・成陽靈臺碑

東漢・曹全碑陽

○還師振旅

西晉・荀岳誌

東晉・潘氏衣物券

東晉・劉媚子誌

○還都

北魏・張盧誌

北魏・郭□買地券

○忍仰倍還本物

北魏・元譚誌

北魏・趙超宗誌

北魏・封魔奴誌

○優旨徵還

北魏・康健誌

○六月庚辰朔三日壬午還葬於

北魏・元子直誌

北魏・于景誌

北魏・元固誌

北魏・元譚誌

北魏・源延伯誌

北魏·元舉誌

北魏·寇霄誌

北魏·長孫盛誌

北魏·元肅誌

北魏·元朗誌

東魏·元均及妻杜氏誌

○還拜員外

【選】

《說文》：𨕖，遣也。从辵、巽，巽遣之；巽亦聲。一曰選，擇也。

馬貳 114_90/90

銀貳 1889

武·甲《特牲》45
○爵上選（簨）即

武·甲《少牢》12
○改選（饌）豆

漢印文字徵
○叔選

漢印文字徵
○殷選印信

漢晉南北朝印風
○殷選印信
東漢・陽嘉殘碑陰 
○故吏淳于選
東漢・乙瑛碑 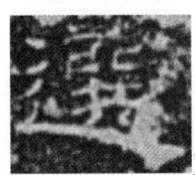
東漢・楊統碑陽 
○秩禮之選
東漢・樊敏碑 
○故□天選
東漢・成陽靈臺碑 
○仲選孟高辟司徒府
北魏・胡明相誌 

北魏・元潚嬪耿氏誌
北魏・楊氏誌 
○選才人充官女
北魏・王翊誌 
北魏・元誨誌 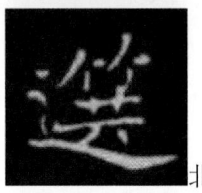
○特寡其選
北魏・皮演誌 
東魏・蕭正表誌 
北齊・感孝頌 
北周・時珍誌

【送】

《說文》：🈳，遣也。从辵，倴省。

【逆】

《說文》：🈳，籀文不省。

睡·秦律雜抄 38

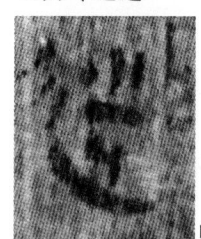

○勿令送逆

里·第八層 1350

○重請送載

馬壹 103_16\185

○歸袁（遠）送于野瞻

馬壹 105_56\225

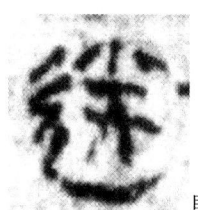

○相送海也

馬壹 88_194

○嫗之送燕后也

張·行書律 275

○署其送徼（檄）

張·奏讞書 23

○闌送南取（娶）

張·奏讞書 20

○闌送南取（娶）

金關 T28:054

○丞卿送刺史

金關 T24:376A

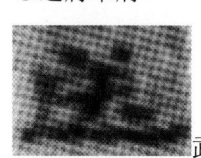

○送將軍肩

武·儀禮甲《士相見之禮》4

武·甲《特牲》6

武·甲《有司》79

東牌樓 043 正
○不悉送□

北壹・倉頡篇 27
○送客興居

吳簡嘉禾・一七零（背）

魏晉殘紙

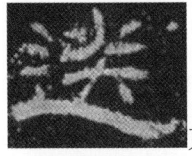

東漢・朝侯小子殘碑
○贈送禮賻

東漢・元嘉元年畫像石墓題記一

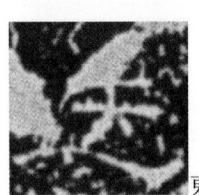

東漢・張遷碑陽

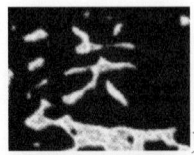

東漢・楊震碑

北魏・長孫盛誌

北魏・張安姬誌
○隊送終宅

北魏・劉江女誌
○送□大墓

北魏・元濬嬪耿氏誌

北魏・韓顯宗誌

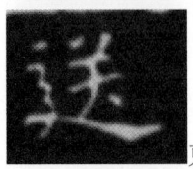

東魏・廣陽元湛誌
○送往事居

東魏・廣陽元湛誌
○送日騁步

北齊・傅華誌

○哀以送之

【遣】

《説文》：𨖷，縱也。从辵𠳋聲。

睡・秦律十八種 159

○事及遣之

睡・法律答問 4

○甲謀遣乙盜

里・第八層 419

○及雞遣市

里・第八層 198

○不能遣詣廷

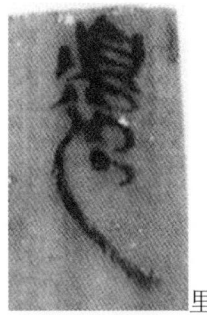

里・第八層背 673

○遣報之傳書

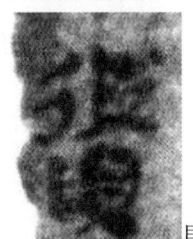

馬壹 101_131

馬壹 80_11

○有遣臣之語矣

張・傳食律 232

○人若遣吏

張・奏讞書 2

○尉窯遣毋憂爲屯行

敦煌簡 0244A

○前欲遣持斛詣尹府

敦煌簡 0058
○議遣君威來出

金關 T24：140
○遣丹罰

金關 T04：128
○遣吏詣府

武‧甲《特牲》43
○宗人遣舉鄭

東牌樓 063 正
○累復遣□□

東漢‧成陽靈臺碑

東漢‧建寧元年殘碑
○遂放遣

東漢‧石門頌

東漢‧石門頌

東漢‧何君閣道銘
○遣掾臨邛

西晉‧石尠誌
○城都王遣滎陽太守和

北魏‧周存妻造像

北魏‧元舉誌

北魏‧元廣誌

【邐】

《說文》：邐，行邐邐也。从辵麗聲。

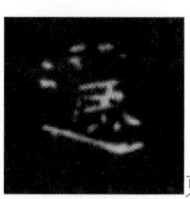

東魏‧元昕誌
○崇基邐迆

【逮】

《説文》：逮，唐逮，及也。从辵隶聲。

獄·質日 3444
○騰會逮監府庚辰己

里·第八層 135
○狼有逮在覆獄已卒

馬貳 32_4 上
○一寸逮鹿

敦煌簡 0203
○尉械逮故

漢印文字徵
○李不逮

石鼓·霝雨

北魏·慈香慧政造像
○逮及□恩

北魏·皇興五年造像
○遲(逮)示□□

東魏·元季聰誌

東魏·李挺誌

北齊·董桃樹造像
○逮及形□

【遲】

《説文》：遲，徐行也。从辵犀聲。《詩》曰："行道遲遲。"

【迡】

《説文》：迡，遲或从尼。

【遲】

《說文》：𨒈，籒文遲从屖。

馬壹 8_37 下
○遲歸

馬壹 7_34 上
○悔遲有愳（悔）

馬貳 214_29/130
○而遲八己（巳）

銀貳 992
○七曰遲

敦煌簡 0176
○留遲

居‧EPF22.125
○檄留遲謹

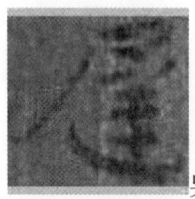

吳簡嘉禾‧五‧七三一
○廖遲佃田

馬貳 92_477/殘片 11+14+13
○遲

漢印文字徵
○遲房私印

漢印文字徵
○遲賜

漢印文字徵
○臣遲

東漢‧禮器碑
○禮樂陵遲

西晉·臨辟雍碑

○大道陵遲

北魏·元秀誌

○樓遲道藝之圃

北魏·尉遲氏造像

○尉遲

【遲】

《說文》：遲，徐也。从辵黎聲。

【遰】

《說文》：遰，去也。从辵帶聲。

東漢·景君碑

○龜車留遰

北魏·高道悅誌

○氣韻苕遰

【遯】

《說文》：遯，行皃。从辵胄聲。

【遱】

《說文》：遱，不行也。从辵瑪聲。讀若住。

【逗】

《說文》：逗，止也。从辵豆聲。

北齊·法懃塔銘

○猿啼逗谷

【迟】

《說文》：迟，曲行也。从辵只聲。

【逶】

《說文》：逶，逶迆，衺去之皃。从辵委聲。

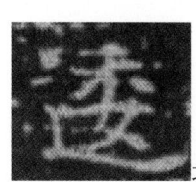

【蜲】

《說文》：蜲，或从虫、爲。

北魏·元彧誌

北魏·郭顯誌

北魏・元倪誌

北魏・元願平妻王氏誌

【迆】

《說文》：迆，衺行也。从辵也聲。
《夏書》曰："東迆北，會于匯。"

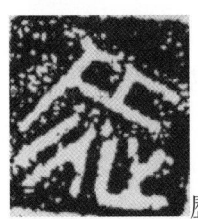

歷代印匋封泥
○迱迆（迤）

北魏・楊侃誌
○逶迆山阜

北魏・元彧誌
○逶迆復道

北魏・郭顯誌
○逶迆退食

北魏・元願平妻王氏誌
○尺步逶迆

東魏・蕭正表誌
○倭迆禁闥

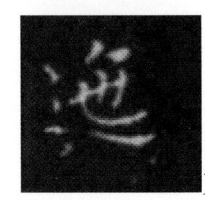

東魏・元賥誌
○崇基邐迆

【遹】

《說文》：遹，回避也。从辵矞聲。

十六國後燕・曹遹表
○河武城崔遹

北魏・楊無醜誌
○遹駿有聲

北魏・穆亮誌
○遹駿茂聲

【避】

《說文》：𨖨，回也。从辵辟聲。

睡·語書 6

○即明避主之明法殿

獄·識劫案 130

○以避毋（無）

里·第八層 2256

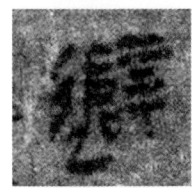

○以何避

馬貳 119_200/199

○避氣

張·賊律 15

○避罪

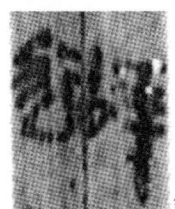

銀貳 1565

○隱慎避光（廣）

北貳·老子 35

○行不避眾（兇）

歷代印匋封泥

○王避

北魏·寇霄誌

○栝胸懷而避咎

北魏·源延伯誌

○曾祖太尉避難

北魏·李超誌

北魏·元珍誌

【違】

《說文》：違，離也。从辵韋聲。

魏晉殘紙

○常有違比人往通書

東漢・舉孝廉等字殘碑

三國魏・曹真殘碑

西晉・孫松女誌

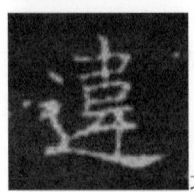

北魏・笱景誌

北魏・伏君妻呇雙仁誌

北魏・元珍誌

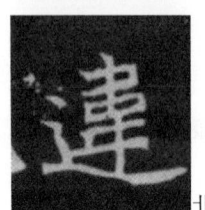

北魏・石婉誌

北魏・趙謐誌

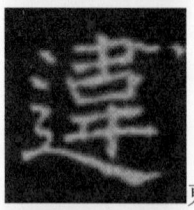

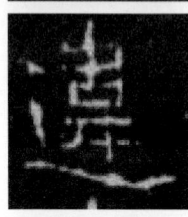

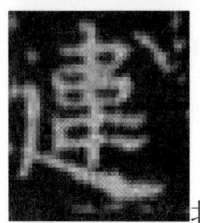

東魏・元惊誌

西魏・辛莨誌

北齊・柴季蘭造像

北周・寇嶠妻誌

【遴】

《說文》：遴，行難也。从辵粦聲。

《易》曰："以往遴。"

【僯】

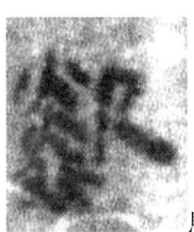

《說文》：僯，或从人。

馬壹97_65

○居遴（鄰）邦

馬壹 88_208

○誠爲遴（鄰）世

【逡】

《説文》：䞤，復也。从辵夋聲。

漢晉南北朝印風
○王逡信印

東漢・建寧三年殘碑
○逡遁

西晉・臨辟雍碑
○百拜逡巡

北魏・元茂誌
○逡遁乞歸

【迡】

《説文》：迡，怒不進也。从辵氐聲。

【達】

《説文》：達，行不相遇也。从辵羍聲。《詩》曰："挑兮達兮。"

【达】

《説文》：达，達或从大。或曰迭。

漢銘・杜堅戈

獄・猩敞案 53
○爲養達與僕徒時

馬壹 121_8 下
○而中達君臣之半

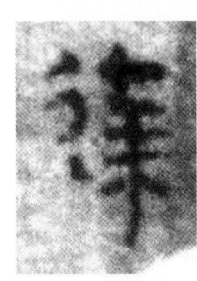

馬壹 108_126\295
○恆道達

張・引書 111
○五藏（臟）達九竅

[圖] 銀貳 1675
○不達於萬物之初 
[圖] 北貳・老子 159
○玄達深不可識 
[圖] 敦煌簡 0970
○結誠達信 
[圖] 武・儀禮甲《士相見之禮》1
○無由達某子以命命 
[圖] 東牌樓 113
○達伯智二萬五千 
[圖] 北壹・倉頡篇 48
○鰓展貢達
[圖] 吳簡嘉禾・四・三四四

○區達佃田 
[圖] 秦代印風
○田達 
[圖] 秦代印風
○王達 
[圖] 廿世紀璽印三-SP
○鹽達 
[圖] 廿世紀璽印三-SY
○增達生 
[圖] 歷代印匋封泥
○四達

歷代印匋封泥
〇四達

漢印文字徵
〇達朱姓

柿葉齋兩漢印萃
〇疏達

歷代印匋封泥
〇監達

漢印文字徵
〇冷達

漢印文字徵
〇紀達

漢印文字徵
〇己達

漢印文字徵
〇公孫達

○宋達

漢印文字徵

○氾達

漢晉南北朝印風

泰山刻石

東漢・營陵置社碑

○字君達

東漢・北海相景君碑陰

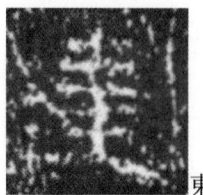

○字世達

東漢・北海相景君碑陰

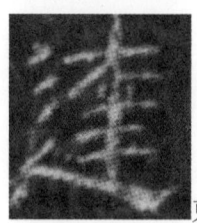

○字文達

東漢・曹全碑陰

○故功曹王河孔達

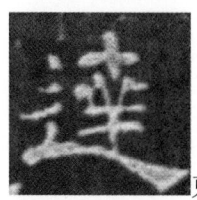

東漢・西岳華山廟碑陽

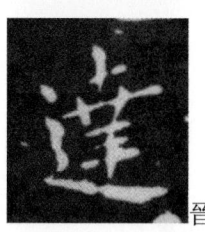

晉・洛神十三行

○願誠素之先達兮

北魏・元始和誌

○識達今古

北魏・馮迎男誌

○博達墳典

北魏・范國仁造像

○比丘惠直法達

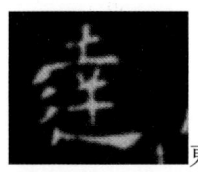

東魏·李挺誌

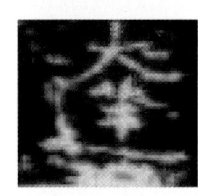

○遵途未達

東魏·李夫人誌

○世有達人

北齊·赫連子悅誌

○達人後己

北周·獨孤信誌

○祖母達奚氏

【逯】

《說文》：逯，行謹逯逯也。从辵录聲。

嶽·得之案179

○恐即逯（逮）謂

秦代印風

○李逯虎

漢印文字徵

○逯予

北魏·慈慶誌

○逯（逮）于大漸

北魏·李榘蘭誌

○逯（逮）事太夫人

北魏·奚智誌

○逯（逮）皇業徙嵩

北魏·元朗誌

○逯（逮）神龜二年

北魏·劉滋誌

○逯（逮）於高祖囚

北齊·魯思明造像

○逯(逮)及法界有形

北齊·張世寶造塔記

○逯(逮)及有形

北周·崔宣靖誌

○逯(逮)逯(逮)緒餘

【週】

《說文》：䢧，週，迭也。从辵同聲。

馬壹 78_92

○羌（姜）迵于齊侯亘（桓）公

馬壹 44_46 下

○上下迵實此

【迭】

《說文》：䢯，更迭也。从辵失聲。一曰达。

東漢·司馬芳殘碑額

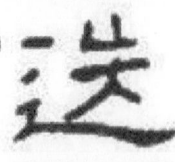

東漢·成陽靈臺碑

東漢·熹平石經殘石四

西晉·臨辟雍碑

北魏·胡明相誌

北魏·馮邕妻元氏誌

北齊·爾朱元靜誌

北齊·竇泰誌

【迷】

《說文》：䢡，或也。从辵米聲。

馬壹 149_68/242 下

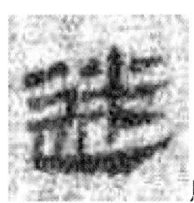

馬壹 36_27 上

馬壹 7_44 上

北貳・老子 194

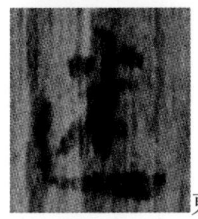

東牌樓 036 背

○從頃迷務

北壹・倉頡篇 1

○桀紂迷惑

吳簡嘉禾・五・五五〇

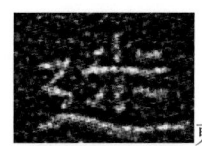

東漢・公乘田魴畫像石墓題記

○恐精靈而迷惑兮

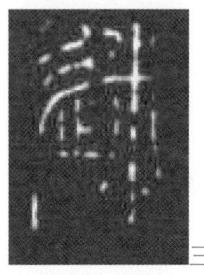

三國魏・三體石經尚書・篆文

○之迷亂酗于酒

北魏・尹祥誌

○持迷肆狡

北魏・元端誌

北魏・郭法洛造像

○季俗荒迷

東魏・慧光誌

○迷徒曉惑

北齊・柴季蘭造像

○驅迷子以出火宅

北齊・邑義七十人造像

北齊・郭顯邕造經記

○復能勸率迷俗

北周・僧和造像

【連】

《說文》：連，員連也。从辵从車。

漢銘・筑陽家小立錠

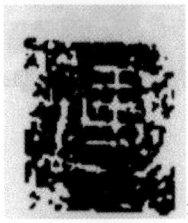

漢銘・高成侯家器

漢銘・隆慮家連釘

馬壹 247_5 下

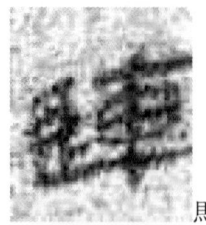

馬壹 226_66

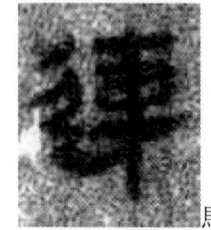

馬壹 6_28 下

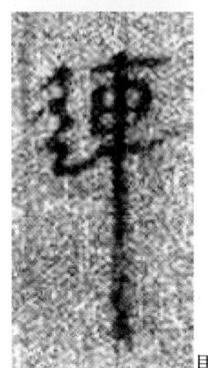

馬貳 33_20 下

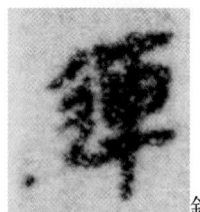

銀壹 411

敦煌簡 0639B

金關 T24：592

東牌樓 049 正

吳簡嘉禾・五・一六三

○丞連佃田

秦代印風

○連戎

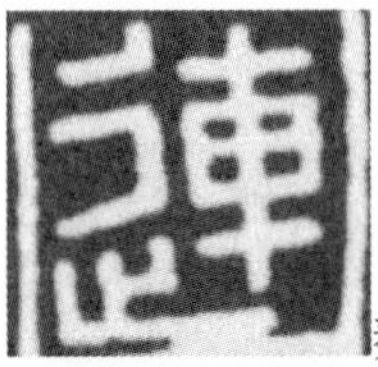

秦代印風

廿世紀璽印三-GY

○連道長印

漢晉南北朝印風

○連道長印

歷代印匋封泥

漢印文字徵

○連辟死

漢印文字徵

漢印文字徵

漢印文字徵

漢印文字徵

漢代官印選

漢印文字徵

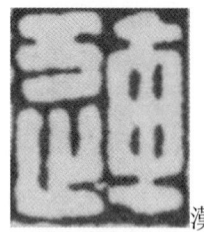

漢晉南北朝印風

漢晉南北朝印風

東漢・成陽靈臺碑

東漢・五瑞圖摩崖

○木連理

東漢・西狹頌

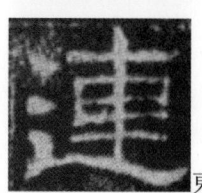

東漢・肥致碑

東漢・許安國墓祠題記

○作治連月

東漢・開母廟石闕銘

○木連理於芊條

北魏・元斌誌

○流連談賞

北魏・封魔奴誌

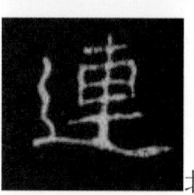

北魏・元颺妻王氏誌

○四德連瓊

北魏·元朗誌

○豈伊二連

北魏·李謀誌

○積譽連芳

北魏·元顥誌

北魏·高英誌

東魏·劉懿誌

東魏·劉懿誌

東魏·元顯誌

東魏·馮令華誌

北齊·赫連子悅誌蓋

○齊開府僕射赫連公銘

北齊·婁黑女誌

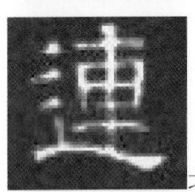

北齊·徐顯秀誌

北齊·赫連子悅誌

北齊·閭炫誌蓋

○齊御史中丞赫連公故夫人閭氏之墓銘

北周·崔宣默誌

【述】

《說文》：䢘，斂聚也。从辵求聲。

《虞書》曰："旁述孱功。"又曰："怨

匹曰述。"

漢印文字徵

○述宣

【退】

《説文》：䢠，敛也。从辵貝聲。《周書》曰："我興受其退。"

【逭】

《説文》：逭，逃也。从辵官聲。

【㢠】

《説文》：㢠，逭或从雚从兆。

【遯】

《説文》：遯，逃也。从辵从豚。

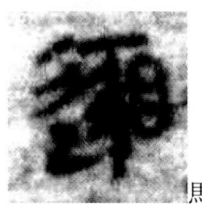

馬壹 82_67

○賤而遯（逐）於王

漢印文字徵

○曹遯文遯

東漢·營陵置社碑

○禽獸遯跡

北魏·□伯超誌

○麼麼遯（遁）迹

【遁】

《説文》：遁，迁也。从辵甫聲。

【逋】

《説文》：逋，籀文逋从捕。

睡·封診式 14

○逋事各幾可

馬貳 91_465/455

○輒逋（補）之勿

張·亡律 157

○給逋事皆籍亡日

敦煌簡 0102
○常逋不以時到吏

金關 T23:574
○一月逋奉

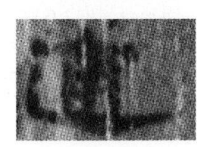

東牌樓 012
○長逋

北壹·倉頡篇 7
○逋逃隱匿

廿世紀璽印二-SP
○咸郦里逋

東漢·馮緄碑
○收逋寶布卅萬匹

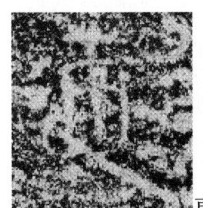

東漢·宋伯望買田刻石右
○出更賦租銖不逋

北魏·元天穆誌
○妖逋自潰

北齊·庫狄迴洛誌

【遺】

《說文》：遺，亡也。从辵貴聲。

漢銘·項伯鍾

睡·秦律十八種 21

睡·法律答問 129

睡·為吏 34

睡・為吏 49

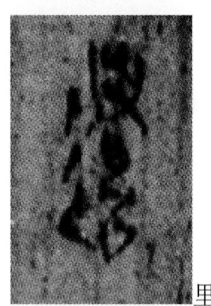

獄・識劫案 109

里・第八層 539

○遺瘳有書

馬壹 147_50/224 下

馬壹 7_35 上

張・罝後律 376

銀貳 1863

北貳・老子 42

北貳・老子 173

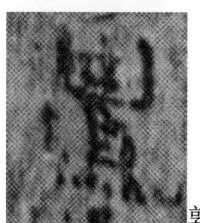

敦煌簡 0796

○長往遺衣用以令出

金關 T31:141

○民莫遺其親

吳簡嘉禾・五・七一二

○畾遺佃田

秦代印風

○遺

秦代印風

○楊遺

漢印文字徵

○李遺

漢印文字徵

漢印文字徵

漢印文字徵

漢印文字徵

柿葉齋兩漢印萃

漢晉南北朝印風

泰山刻石

東漢・成陽靈臺碑

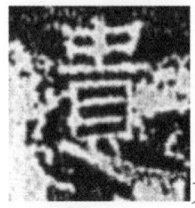

東漢・北海相景君碑陽

○攸剋不遺

東漢・石門頌

東漢・孔宙碑陽

○遺畔未寧

東漢・楊著碑額

東漢・曹全碑陽

東漢・譙敏碑

○永世遺芳

東漢・建寧元年殘碑

北魏・元隱誌

北魏・元弼誌

○託金石以遺文乃作銘曰

北魏・元朗誌

北魏・秦洪誌

北魏・寇偘誌

北魏・元悌誌

北魏・長孫盛誌

北魏・寇憑誌

北齊・感孝頌

○寂寥遺字

【遂】

《說文》：遂，亡也。从辵㒸聲。

【述】

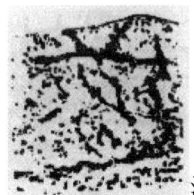

《說文》：述，古文遂。

漢銘・陽遂洗

馬壹 78_95

馬壹 5_26 上

馬壹 91_269

馬貳 212_9/110

張・蓋盧 13

銀貳 1701

銀貳 1558

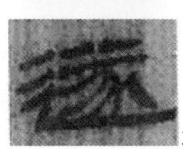

北貳・老子 144

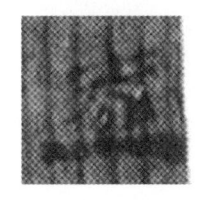

○功遂身退

敦煌簡 1035A

○里呂遂成

金關 T24:902
○里鹿遂

金關 T22:034
○隧長遂付士吏

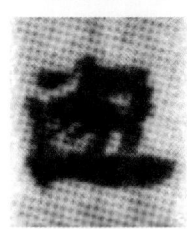

武·甲《少牢》32
○遂啐酒祝

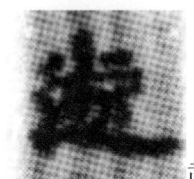

武·甲《有司》60
○遂之於下賓

秦代印風
○遂

秦代印風
○遂疢

廿世紀璽印三-SY
○遂

廿世紀璽印三-GP
○遂久右尉

廿世紀璽印三-SY
○吳万遂

廿世紀璽印三-SY
○楊遂之印

廿世紀璽印三-SY
○尹遂昌印

廿世紀璽印三-SY
○侯遂都

漢印文字徵
○高印遂成

○申遂　漢印文字徵

○周遂　漢印文字徵

○陳遂　漢印文字徵

○令遂成　漢印文字徵

○遂久右尉　漢印文字徵

○王遂之印　柿葉齋兩漢印萃

○程遂　漢印文字徵

○陳遂　柿葉齋兩漢印萃

○鄧遂之印　漢印文字徵

○遂久令印　漢晉南北朝印風

漢晉南北朝印風
○王遂

漢晉南北朝印風
○申遂

漢晉南北朝印風
○遂兄

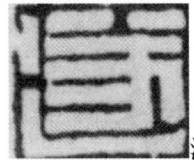

漢晉南北朝印風
○侯遂都

漢晉南北朝印風
○王遂之印

漢晉南北朝印風
○鄧遂之印

漢晉南北朝印風
○柏有遂印

漢晉南北朝印風
○夏侯遂印

漢晉南北朝印風
○左遂之印

漢晉南北朝印風
○臣遂

漢晉南北朝印風
○李遂

漢晉南北朝印風
○王遂

漢晉南北朝印風
○遂安長印

東漢・司馬芳殘碑額

東漢・從事馮君碑

東漢・石祠堂石柱題記

東漢・封龍山頌

東漢・鮮於璜碑陰

東漢・曹全碑陽
○遂訪故老

東漢・成陽靈臺碑
○遂以侯伯

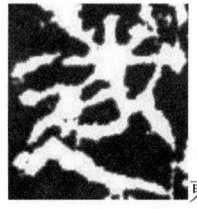

東漢・賈仲武妻馬姜墓記
○祖先遂升二女爲

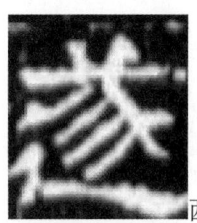

西晉・趙氾表

西晉・石尠誌

西晉・司馬馗妻誌
○遂遜袞列

北魏·寇憑誌

北魏·淨悟浮圖記
○遂□□□太乙山之靈巖寺品

北魏·元理誌
○鄉遂忽以延興四年春秋

北魏·寇臻誌
○遂以照被圖記

北魏·元晫誌

東魏·司馬韶及妻侯氏誌
○遂乃寧和命友

北齊·狄湛誌

【逃】

《說文》：逃，亡也。从辵兆聲。

馬壹120_5上
○所逃其神

馬貳38_73上
○可以逃凶者

金關T31:071
○□辟逃吏私

北壹·倉頡篇7
○逋逃隱匿

秦文字編271

廿世紀璽印三-GY
○逃陽令印

秦文字編 271

北魏・爾朱襲誌

北魏・元瞻誌

北魏・劉阿素誌

北周・王榮及妻誌

○主逃被括

【追】

《說文》：𧼥，逐也。从辵自聲。

西晚・不其簋

睡・秦律十八種 185

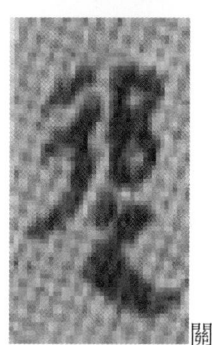

關・日書 235

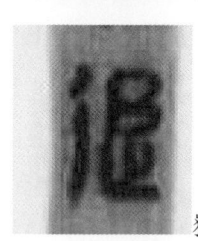

嶽・為吏 75

嶽・綰等案 241

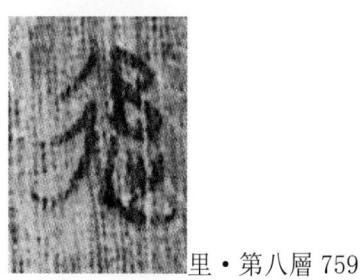

里・第八層 759

張・奏讞書 77

敦煌簡 0137
○我突追逐以鏊

金關 T26∶083
○宗行追廣宗

廿世紀璽印三-SY
○妾辛追

東漢・楊震碑

東漢・成陽靈臺碑

東漢・楊著碑額
○追蹤曾參

東漢・鮮於璜碑陰

東漢・張景造土牛碑

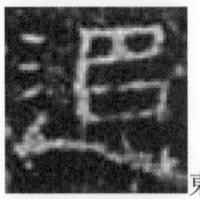

東漢・禮器碑

東漢・景君碑

東漢・楊震碑

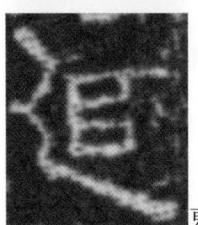

東漢・石祠堂石柱題記額

三國魏・王基斷碑

北魏・元固誌
○追贈使持節

北魏・寇臻誌

《說文》：𢌛，追也。从辵，从豚省。

北魏·元子直誌
北魏·高照容誌 
東魏·王令媛誌 
東魏·李挺誌 
北齊·張忻誌 
北齊·朱曇思等造塔記 
北齊·徐顯秀誌 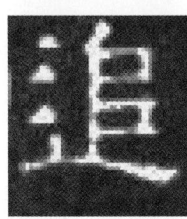
北周·李府君妻祖氏誌 

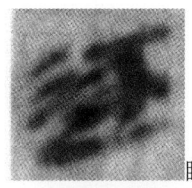

睡·日甲 19
關·日書 207 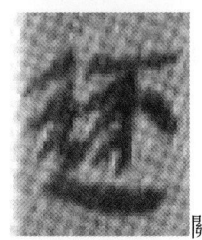
里·第八層 1278 
里·第八層背 701 
馬壹 91_274 
馬壹 81_40 
馬貳 31_54 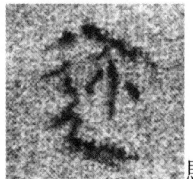

【逐】

○產不逐（育）

張·蓋盧 40

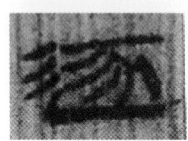

北貳·老子 38

敦煌簡 1559

金關 T30:026

○逐捕驗問

北壹·倉頡篇 9

○六畜逐字

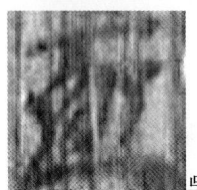

吳簡嘉禾·五·五六七

○潘逐佃田

漢晉南北朝印風

○漢匈奴呼盧訾屍逐

廿世紀璽印三-GY

○漢匈奴胡盧訾尸逐

漢印文字徵

○段逐私印

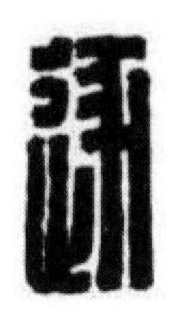

漢印文字徵

○臣逐

漢印文字徵

○漢匈奴惡適尸逐王

漢晉南北朝印風

○段逐私印

東漢·燕然山銘

○血尸逐以染鍔

東漢・熹平石經殘石五

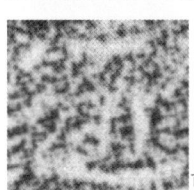

東漢・許阿瞿畫像石題記

○久乃隨逐

北魏・薛慧命誌

北魏・元暐誌

北魏・趙超宗誌

○各逐地形

東魏・劉懿誌

北齊・爾朱元靜誌

北齊・庫狄業誌

○逐善如流

北周・時珍誌

【遒】

《説文》：遒，迫也。从辵酉聲。

【逎】

《説文》：逎，遒或从酉。

馬壹81_46

○不道逎（猶）

馬壹81_43

○信若逎（猶）

漢晉南北朝印風

○逎侯騎馬

東漢・禮器碑側

〇九江浚道

北魏・于纂誌

〇落落道韻

北齊・吐谷渾靜媚誌

〇遒辭超寶釵之作

北齊・高顯國妃敬氏誌

〇忽忽年逎

北周・楊濟誌

〇才令清道

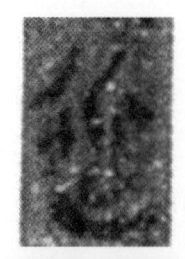

【近】

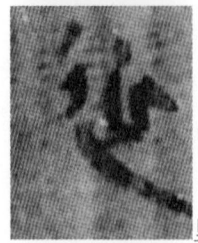

《說文》：附也。从辵斤聲。

【㫫】

《說文》：古文近。

獄・為吏 79

里・第八層 130

馬壹 90_250

馬壹 86_150

〇而近秦患

馬壹 78_94

馬貳 34_43 上

銀壹 361

銀貳 1760

銀貳 1649

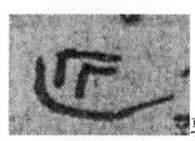

敦煌簡 1962B

敦煌簡 1448

○存賢近聖

金關 T24:802

○必有近憂

金關 T04:157

○封亭近十

武・儀禮甲《服傳》7

東牌樓 061

○近忩忩未

漢晉南北朝印風

○漢保塞近群邑長

漢印文字徵

漢印文字徵

○周近君印

漢印文字徵

泰山刻石

東漢・曹全碑陽

東漢・趙寬碑

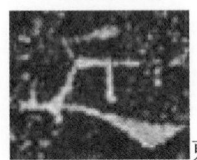

東漢・禮器碑

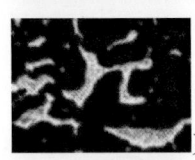

東漢・楊震碑

西晉・成晃碑

北魏・李超誌

北魏・元崇業誌

北魏・吳光誌

北魏・吐谷渾璣誌

〇遠近服其遐邇

北齊・吳遷誌

北周・寇熾誌

【邇】

《說文》：邇，近也。从辵鼠聲。

睡・日甲《生子》144

馬貳 134_11/66

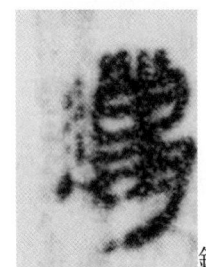

〇田豕邇（鼠）屯

銀壹 405

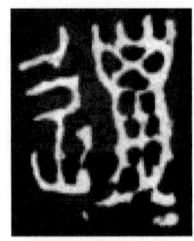

〇邇（躎）軍

石鼓・車工

【迫】

《說文》：迫，近也。从辵白聲。

敦煌簡 0189
○迫行事

金關 T23:880A
○外迫

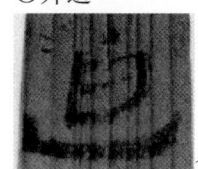

金關 T15:008A
○迫此身微

東牌樓 068 正
○迫此身微

魏晉殘紙
○迫脅

廿世紀璽印三-SY
○宜身至前迫事

漢印文字徵
○宜身至前迫事

漢晉南北朝印風
○宜身至前迫事

東漢・許安國墓祠題記
○迫褾有制財幣霧

東晉・高句麗好太王碑
○遣刺迫城

北魏・元舉誌
○雖迫日月

東魏・司馬興龍誌
○短期已迫

北齊・赫連子悅誌
○歲迫時催

北齊・李難勝誌
○事迫小生

【邇】

《説文》：邇，近也。从辵巠聲。

【邇】

《説文》：邇，近也。从辵爾聲。

【迩】

《説文》：迩，古文邇。

東漢・譙敏碑
○遐邇咨悼

北魏・元瑛誌
○遠迩賢愚

北魏・源延伯誌
○遐迩清夷

北魏・懷令李超誌
○遠迩酸恨

北魏・元懌誌
○柔遠懷迩

北魏・元誨誌
○聲暢遐迩

北魏・元融誌
○遐迩屬心

北魏・吐谷渾璣誌
○遠近服其遐迩

北魏・元鑒誌
○頌郁遐迩

北齊・狄湛誌
○遠迩歌詠

【遏】

《説文》：遏，微止也。从辵曷聲。讀若桑蟲之蝎。

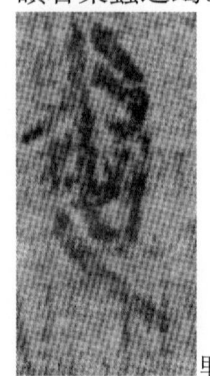

里・第八層145

○守船遏

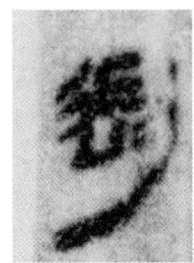

銀壹 413

○遏溝

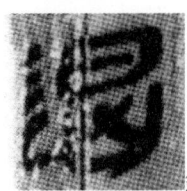

銀貳 1751

○絕道遏人

敦煌簡 0145

北壹・倉頡篇 14

○泠竈遏包穗秱

東漢・景君碑

○遏勿八音

東漢・西岳華山廟碑陽

○遏攘凶札

北魏・王基誌

北魏・穆循誌

東魏・劉懿誌

北齊・婁叡誌

【遮】

《説文》：遮，遏也。从辵庶聲。

居・EPF25.21

○良歸遮虜

金關 T09:332

○三老遮虜里

金關 T21:208

○居延遮虜里

　　金關 T03:105

○縣遮里衛覓所論在

　　北壹・倉頡篇 19

○陻沙遮迣

　　漢印文字徵

○笱遮多

　　北魏・李謀誌

○未能遮遏

　　東魏・公孫略誌

○吏深遮道之慕

　　東魏・元悰誌

○誰遮螻蟻

【遳】

《說文》：遳，遮遳也。从辵羨聲。

【迣】

《說文》：迣，迾也。晉趙曰迣。从辵世聲。讀若寘。

　　睡・為吏 14

○誇以迣

　　睡・日甲 22

○不終迣（世）

　　關・曆譜 53

○卯宿迣羅涌西己丑

　　馬壹 106_88\257

○遂之迣=

　　馬壹 105_67\236

○直不迣（肆）直也

馬貳 207_55
○纍迣（世）

北壹・倉頡篇 19
○遮迣沓詢

漢印文字徵
○蟜迣之印

漢印文字徵
○丙迣

【迾】

《說文》：迾，遮也。从辵列聲。

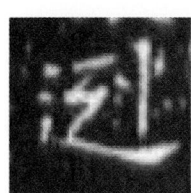

北齊・元始宗誌

北齊・高阿難誌

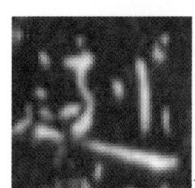

北齊・李雲誌
○蓋所以從斑迾也

【迀】

《說文》：迀，進也。从辵干聲。讀若干。

【迥】

《說文》：迥，過也。从辵侃聲。

【遱】

《說文》：遱，連遱也。从辵婁聲。

【迲】

《說文》：迲，前頡也。从辵市聲。賈侍中說：一讀若棤，又若郅。

【迦】

《說文》：迦，迦互，令不得行也。从辵枷聲。

【逵】

《說文》：逵，踰也。从辵戉聲。《易》曰："雜而不逵。"

【逞】

《說文》：逞，通也。从辵呈聲。楚謂疾行爲逞。《春秋傳》曰："何所不逞欲。"

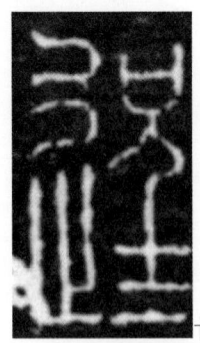

廿世紀璽印三-SY

漢印文字徵

漢晉南北朝印風

北魏·乞伏寶誌

北魏·元始和誌

北齊·徐顯秀誌

○偽鄰不逞

【遼】

《說文》：遼，遠也。从辵尞聲。

張·蓋盧 31
○遼遠

廿世紀璽印三-GP
○遼東太守章

漢代官印選
○遼西太守章

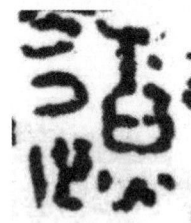

歷代印匋封泥
○遼東太守章

柿葉齋兩漢印萃
○遼東王璽

漢印文字徵

○遼西太守章

漢代官印選

○度遼將軍

東漢・石門頌

○百遼咸從

東漢・鮮於璜碑陽

○遷度遼右部司馬

東漢・史晨後碑

○去市遼遠

十六國後秦・呂憲表

○秦故遼

北魏・公孫猗誌

北魏・李超誌

北魏・公孫猗誌

北魏・元悛誌

北魏・元愔誌

北魏・山徽誌

北魏・元文誌

北魏・登百峯詩

北魏・王誦妻元氏誌

東魏・趙紹誌

東魏・元鷙妃公孫甑生誌

北齊・王鴨臉造像

北周・賀屯植誌

○遼主宗祀

【遠】

《説文》：遠，遼也。从辵袁聲。

【邍】

《説文》：邍，古文遠。

秦代・二世元年詔版一

秦代・元年詔版三

睡・秦律十八種 119

睡・日書甲種《詰》56

睡・日書乙種《行者》140

睡・日乙 43

關・日書 139

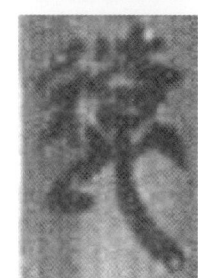

嶽・占夢書 28

嶽・占夢書 22

嶽・綰等案 242

里・第八層 78

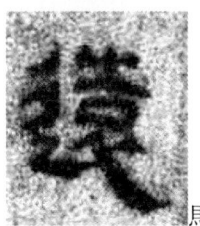

馬壹 9_53 上

馬壹 88_194

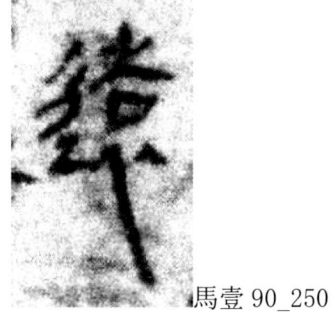

馬壹 90_250

馬貳 208_57

張・蓋盧 33

銀貳 1834

北貳・老子 188

敦煌簡 1787

居・EPF22.293
○吞遠候長卒

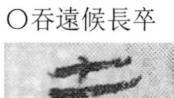

居・EPF22.143
○吞遠

居·EPT6.31
○吞遠廩

居·EPT59.159A
○吞遠

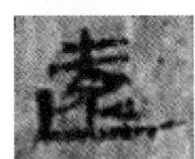

金關 T22:005

金關 T24:547

流沙墜簡

北圖五卷四號

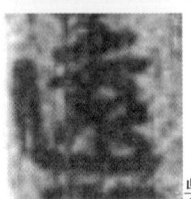

吳簡嘉禾·一七五
○丘由遠關主記

魏晉殘紙

北圖五卷四號

廿世紀璽印二-SY
○上遠活

漢晉南北朝印風
○宜遠鄉印

漢印文字徵
○遠代

漢印文字徵
○衰印覆遠

漢代官印選
○安遠侯印

柿葉齋兩漢印萃

○寧遠將軍章

廿世紀璽印四-GY

○鎮遠將軍章

漢晉南北朝印風

○甯遠將軍章

漢晉南北朝印風

○平遠將軍章

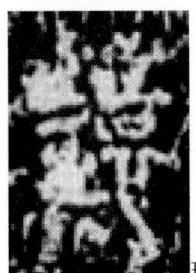

瑯琊刻石

泰山刻石

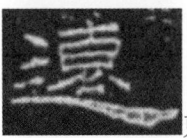

東漢・桐柏淮源廟碑

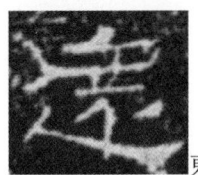

東漢・張遷碑陽

○雖遠猶近

東漢・朝侯小子殘碑

東漢・成陽靈臺碑

東漢・譙敏碑

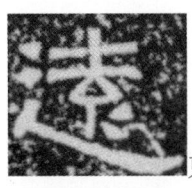

東漢・西狹頌

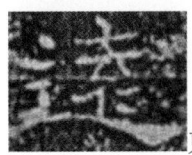

東漢・史晨後碑

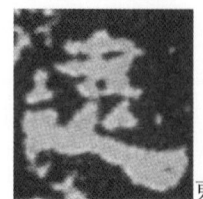

東漢・鮮於璜碑陽

〇外睦遠鄰

東漢・孟孝琚碑

東漢・禮器碑陰

〇相史卞呂松□遠百

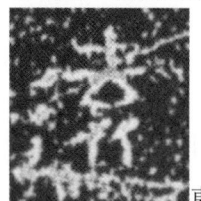

東漢・北海相景君碑陰

〇故脩行都昌張耽字季遠

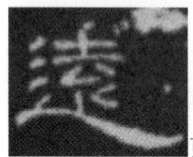

東漢・曹全碑陽

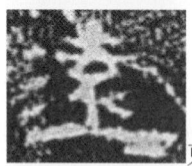

東漢・執金吾丞武榮碑

三國魏・三體石經尚書・篆文

〇遠念天畏

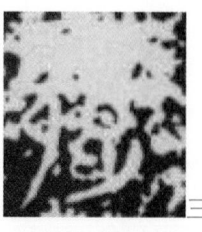

三國魏・三體石經尚書・古文

〇遠念天畏

西晉・石定誌

西晉・成晃碑

北魏・元悌誌

北魏・吐谷渾氏誌

〇終遠兄弟

北魏・元寶月誌

〇風調閑遠

北魏・公孫猗誌

北魏·宋虎誌

北魏·淨悟浮圖記

○遠公師之法派也幼

北魏·于纂誌

北魏·元朗誌

○寇賊遠迹

北魏·鮮于仲兒誌

北魏·元斌誌

○攸然獨遠

北魏·元譿誌

北魏·吐谷渾璣誌

○觸交舒遠

北魏·元弘嬪侯氏誌

北魏·元彌誌

北魏·元徽誌

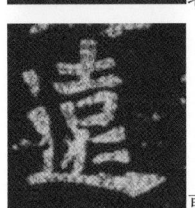

東魏·南宗和尚塔銘

○簫宮久遠爲僧首

東魏·叔孫固誌

○揚不朽於遠世

東魏·閭叱地連誌

北齊·斛律氏誌

北齊·高湑誌

北齊·閭炫誌

北齊·鼓山佛經刻石

【逖】

《說文》：逖，遠也。从辵狄聲。

【逷】

《說文》：逷，古文逖。

北齊·唐邕刻經記

○逷聽風聲

北魏·元順誌

○擅美方逷

【迥】

《說文》：迥，遠也。从辵同聲。

馬壹7_45上

○黃迥（用）六利

漢印文字徵

○東野迥印

漢印文字徵

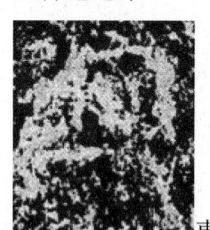

○韓迥之印

東漢·祀三公山碑

○迥在嶺西

北魏·元顥誌

○曾嶠迥立

北魏·元頊誌

北魏·緱光姬誌

○地迥天遙

北魏·李端誌

○迥較先摧

北齊·徐顯秀誌

○奮身迥入

【逴】

《説文》：𨖷，遠也。从辵卓聲。一曰蹇也。讀若棹苕之棹。

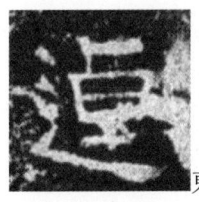

東漢·張遷碑陰

○韋公逴錢

東漢·禮器碑

○逴爾（壐）之思

【迂】

《説文》：𨗇，避也。从辵于聲。

銀貳 1540

○其迂（窊）或

北魏·趙廣者誌

○乃迂三台

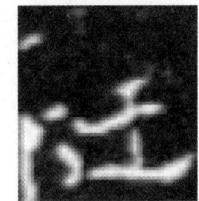

北魏·石門銘

○道峭岨□迂

【逮】

《説文》：䢘，目進極也。从辵隶聲。

【逵】

《説文》：䣅，高平之野，人所登。从辵、备、录。闕。

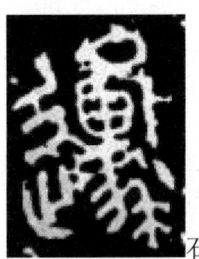

石鼓·鑾車

○逵濘陰陽

【道】

《説文》：䪥，所行道也。从辵从首。一達謂之道。

【𡬱】

《説文》：𡬱，古文道从首、寸。

秦代·銅車馬當顱

秦代·銅車馬當顱

漢銘·夷道官斛

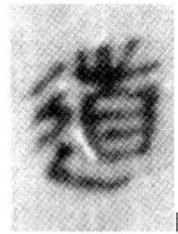

睡·語書 2

睡·秦律十八種 119
○或盜決道

睡·為吏之道 30

關·日書 260

獄·為吏 87

獄·數 64

獄·學為偽書案 230

里·第八層 573

馬壹 149_78/252 下

馬壹 96_28

馬壹 13_84 上

○復自道

馬壹 81_46

馬壹 141_6 下/173 下

馬壹 44_40 下

○天之道

馬貳 212_5/106

張・具律 104

張・奏讞書 198

張・蓋盧 33

銀壹 499

銀貳 1074

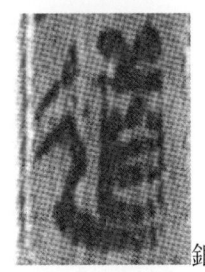

銀貳 2021

北貳・老子 12

北貳・老子 13

敦煌簡 1788

居·EPT58.11

金關 T21:389

金關 T23:919A

○爲吏道遠

金關 T08:004

武·王杖 5

東牌樓 150

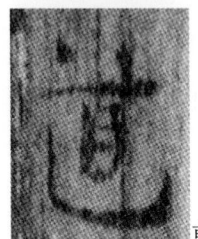

東牌樓 029 背

流沙墜簡

流沙墜簡

魏晉殘紙

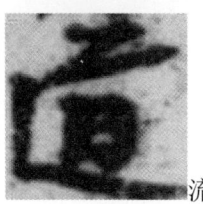

流沙墜簡

廿世紀璽印二-GP

○西道

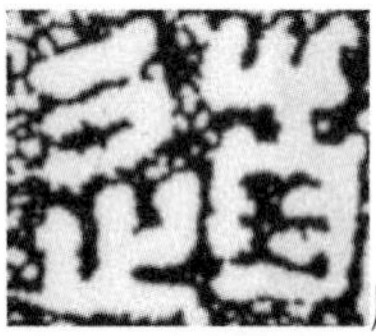

歷代印匋封泥

○鹹亭右里道器

廿世紀璽印三-GY

○泠道尉印

廿世紀璽印三-GY

○泠道之印

漢晉南北朝印風

漢晉南北朝印風

○連道長印

廿世紀璽印三-GP

○嚴道長印

歷代印匋封泥

○嚴道長印

漢印文字徵

○田道遇

漢印文字徵

漢印文字徵

○禾成見平貳矣道

漢印文字徵

○田道

漢印文字徵

○乘馬道人

漢印文字徵

○行道吉

漢印文字徵

○徐道君印

歷代印匋封泥

○樊道右尉

漢晉南北朝印風

○李道人

漢晉南北朝印風

○高道人

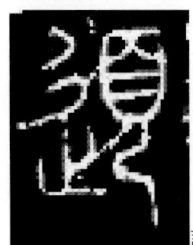

詛楚文·亞駝

○康回無道淫失甚亂

泰山刻石

東漢·石門頌

東漢·石門頌

東漢·張遷碑陽

○乾道不繆

東漢·西狹頌

東漢·夏承碑

東漢·肥致碑

東漢·禮器碑

東漢·桐柏淮源廟碑

東漢·北海相景君碑陽

東漢・北海相景君碑陰
○故午朱虛炅詩字孟道

東漢・石祠堂石柱題記
○示有子道

東漢・何君閣道銘

東漢・開通褒斜道摩崖刻石
○開通褒余道

東漢・張仲有修通利水大道刻石

東漢・嗚咽泉畫像石墓題記

東漢・秦君神道石闕
○君之神道

東漢・從事馮君碑

東漢・尚博殘碑

東漢・鮮於璜碑陰

晉・趙府君闕
○趙府君墓道

三國魏・謝君神道碑
○神道

三國魏・霍君神道
○霍君之神道

西晉・左棻誌
○陵西徼道內

西晋·王君神道闕
○神道

西晋·荀岳誌

北魏·尉遲氏造像

北魏·元譧誌

北魏·辛穆誌

北魏·淨悟浮圖記
○道力貞堅

北魏·張正子父母鎮石

北齊·婁黑女誌
○漁道獵德

【邊】

《説文》：邊，傳也。一曰窀也。从辵臱聲。

睡·日甲《詰》56
○於道邊則止矣

北壹·倉頡篇6
○載趣邊觀

秦代印風
○邊更

漢印文字徵
○閻邊果得

北魏・王悅及妻郭氏誌

○短辰遽曉

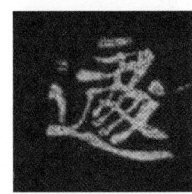

北魏・王誦妻元妃誌

○遽此長冥

北魏・郭顯誌

○雲車遽止

北魏・于纂誌

○遽收難老

北魏・李頤誌

○遽奪賢哲

北魏・元悌誌

○促運遽至

北魏・元憎誌

○遽然遘禍

北魏・元鑽遠誌

○遽如流水，

北魏・元子正誌

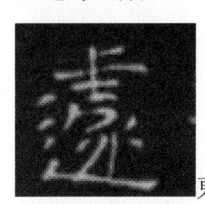

○遽等山頹

東魏・李挺誌

○哭聲何遽

東魏・王令媛誌

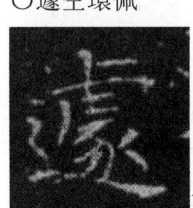

○遽空環佩

東魏・元均及妻杜氏誌

○遽同過牖

東魏・馮令華誌

○光陰遽迫

北齊・盧脩娥誌

○邌逐東川

[北周·寇嶠妻誌]

○孺帷邌奄

【远】

《說文》：㠯，獸迹也。从辵亢聲。

【踁】

《說文》：踁，远或从足从更。

【迡】

《說文》：迡，至也。从辵尼聲。

【邊】

《說文》：邊，行垂崖也。从辵臱聲。

[漢銘·元初二年鑱]

[睡·秦律十八種62]

○得贖邊縣者

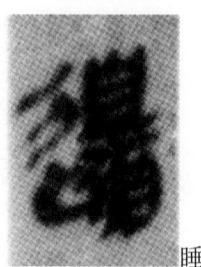

[睡·秦律雜抄35]

○月居邊

[關·日書139]

○行絕邊竟（境）

[馬壹84_116]

○王之邊事（吏）

[張·賊律19]

○吏緣邊縣

[敦煌簡1962A]

○直居邊候

金關 T21∶198A
○爲欲邊福頭

武·甲《特牲》48
○加勻邊（籩）巾

北壹·倉頡篇 75
○郡邊

柿葉齋兩漢印萃
○綏邊將軍章

漢印文字徵
○孫印勝邊

漢印文字徵
○邊徐克印

北魏·高唐縣君楊氏誌
○邊（籩）豆靜加

詛楚文·巫咸
○邊城新禪

東漢·鮮於璜碑陰
○出典邊戎

東漢·鮮於璜碑陰
○出司邊方

十六國北涼·沮渠安周造像
○二邊稟正

[邊] 北魏・楊舒誌
○乃今邊儲載衍 
[邊] 北魏・奚智誌
○雖郅都守邊 
[邊] 北魏・□伯超誌
○邊塵以靖 
[邊] 北魏・元恭誌
○壽春邊鎮 
[邊] 北魏・丘哲誌
○但邊吳逾越 
[邊] 北魏・元子永誌
○邊羌違化 
[邊] 北魏・寇治誌

○有切邊患 
[邊] 北魏・元寧誌
○鄰婦掩相於春邊 
[邊] 東魏・李顯族造像
○寧靜邊方 
[邊] 東魏・叔孫固誌
○出屏邊裔 
[邊] 東魏・崔鷫誌
○彭城邊鎮 
[邊] 北齊・常文貴誌
○親即取木邊山 
[邊] 北齊・牛景悅造石浮圖記
○邊地衆生

北齊·徐顯秀誌
○邊地少年

北齊·唐邕刻經記
○乃及無邊

北齊·高次造像
○邊地衆生

北齊·邱明玉造像
○爲邊地衆生

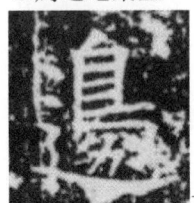

北齊·三十五佛名經
○趣邊地下

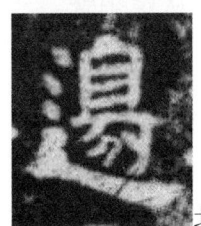

北齊·文殊般若經
○无邊无際

北齊·無量義經二
○清淨無邊難思議

北齊·崿山摩崖
○波羅蜜無邊無際

北齊·元賢誌
○邊要所資

【邂】

《説文》：邂，邂逅，不期而遇也。从辵解聲。

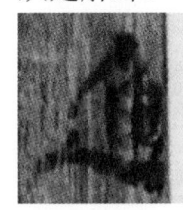

東牌樓 060 正
○邂逅

【逅】

《説文》：逅，邂逅也。从辵后聲。

東牌樓 060 正
○逅到

【遑】

《說文》：遑，急也。从辵皇聲。或从彳。

西晉・臨辟雍碑

北魏・元過仁誌

【逼】

《說文》：逼，近也。从辵畐聲。

東漢・趙寬碑

東漢・桐柏淮源廟碑

北魏・元恭誌

北魏・元天穆誌

○攻逼鄴城

北魏・赫連悅誌

北魏・王誦妻元妃誌

北魏・論經書詩

北齊・張海翼誌

北齊・邑義七十人造像

北齊・司馬遵業誌

【邈】

《說文》：邈，遠也。从辵貌聲。

東漢・燕然山銘

○夐其邈兮亘地界

○鴻源悠邈
北魏・元恭誌 

○神清氣邈
北魏・穆亮誌 

○緬邈百王
北魏・元詳誌 

○邈矣悠哉
北魏・元譿誌 

○玄源緬邈
北魏・尉氏誌 

○邈矣鴻源
北魏・元靈曜誌 

北魏・寇侃誌

○文明綿邈而遐煥
北魏・元過仁誌 

○道邈世短
東魏・崔鸊誌 

○輔仁綿邈
東魏・淨智塔銘 

東魏・王僧誌

○君洪源淵邈
東魏・王僧誌 

○邈緒蟬聯
北齊・梁迦耶誌 

○稟司崇邈
北齊・徐顯秀誌 

○冬官崇邈

北齊·赫連子悅誌
○邈乎出類

【遐】

《說文》：遐，遠也。从辵叚聲。

東漢·肥致碑
○升遐見紀

東漢·景君碑
○暘遐聲矣

東漢·譙敏碑
○路遐攀親

東漢·北海相景君碑陽

北魏·元璨誌
○招來遐服

北魏·元定誌
○以刊遐馨

北魏·寇猛誌
○龍起遐睿

北魏·元鑒誌
○蟬聯遐胤

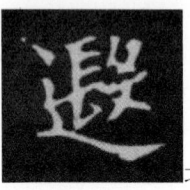

北魏·封昕誌
○庶憑遐期

北魏·鄴乾誌
○爰即遐崗

北魏·元倪誌
○遐年詎滿

北魏·寇偘誌
○文明綿邈而遐煥

北魏·丘哲誌
○遐息江南

北魏·元頊誌

○摩天遐起

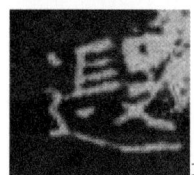

北魏·元寶月誌

○驥跼未遐

北魏·寇演誌

○錦裔遐彰

西魏·韋隆妻梁氏誌

○息遐

北齊·馬天祥造像

○遐

北齊·高阿難誌

北齊·吐谷渾靜媚誌

北齊·趙桃椒妻劉氏造像

○存者延遐

北周·李府君妻祖氏誌

○遐邇

【迄】

《說文》：迄，至也。从辵气聲。

東漢·趙寬碑

○迄漢文景

東漢·建寧三年殘碑

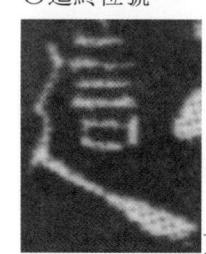

○迄終位號

東漢·石祠堂石柱題記

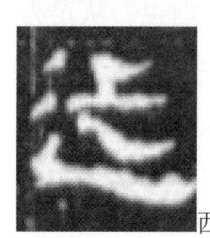

○迄今已成

西晉·趙氾表

○遂迄于今

東晉·潘氏衣物券

○書訖還海去

北魏·源延伯誌

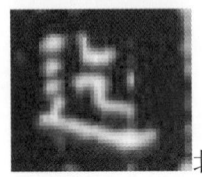

北齊·高潤誌

【迸】

《說文》：䢌，散走也。从辵并聲。

東漢·曹全碑陽

北魏·元彝誌

【透】

《說文》：𨘵，跳也。過也。从辵秀聲。

【邏】

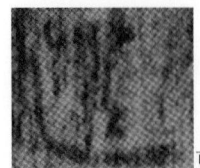

《說文》：邏，巡也。从辵羅聲。

東牌樓 032 正

○興告邏人□□冀下

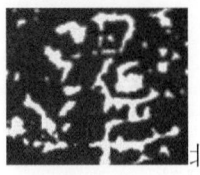

北齊·莫陳洞室碑

○進念無邏

【迢】

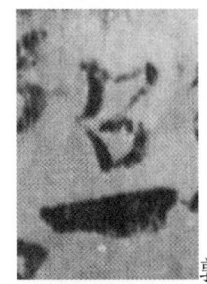

《說文》：迢，迢，遰也。从辵召聲。

敦煌簡 0488B

○迢唯勿令

北魏·元延明誌

○迢然罕入

北魏·楊遁誌

○迢迢峻範

北魏·檀賓誌

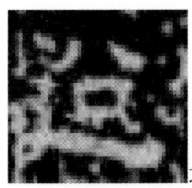

北齊·柴季蘭造像

○香跡迢迢

北齊·柴季蘭造像

○香跡迢迢

北齊·潘景暉造像

○已去迢迢

【逍】

《說文》：逍，逍遙，猶翱翔也。從辵肖聲。

東漢·肥致碑

北魏·于纂誌

北魏·元孟輝誌

東魏·司馬韶及妻侯氏誌

南朝宋·爨龍顏碑

【遙】

《說文》：遙，逍遙也。又，遠也。從辵䍃聲。

東漢·肥致碑

○與道逍遙

北魏·王基誌

○流悲冀遙

北魏·元楨誌

○遙遙淵渟

北魏·元演誌

○與俗遙裔

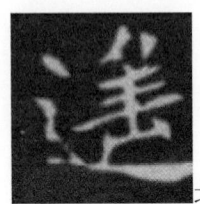

北魏·吐谷渾璣誌

○松門綿遙

北魏·元遙妻梁氏誌

○王息遙

北魏·劉阿素誌

○以記遙辰

北魏·王基誌

○任性超遙

北魏·趙廣者誌

○遙詠行會

北魏·元暐誌

○遙原遠糸

北魏·元悌誌

○遙途未窮

北魏·爾朱紹誌

○遙哉遐胄

北魏·封魔奴誌

○代洛云遙

東魏·宗欣誌

○平遙縣令

北齊·姜纂造像

○逍遙天服

北齊·元賢誌

○慰此遙年

〖迍〗

居·EPT52.31A

○望迍上見屋南

〖迊〗

銀壹 495
○進迗（退）藁橐（豪）

【迠】

石鼓・霝雨
○流迠滂=

【迉】

晉・大中正殘石
○橄蜂迉

東晉・黃庭經

【迖】

漢印文字徵
○迖尉迗印

【迗】

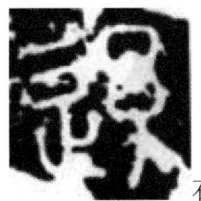

石鼓・鑾車
○迚口如虎

【迚】

秦代印風
○江迖疾

漢印文字徵
○田勝迖印

【迢】

馬壹 100_115
○可繼迢（託）天教

【迤】

秦文字編 280
○迤

【迪】

石鼓·鑾車
○迺禽

【迋】
石鼓·作原
○道迋我嗣

【迫】
馬壹89_219
○因迫（駈）韓（韓）

【迥】
廿世紀璽印三-SP 
○咸迥里

【迟】
東漢·三公山碑
○愍俗陵迟

【迦】
北魏·高思雍造像 
北魏·冗從僕射造像 
東魏·王仁興造像 
○年中造像兩區釋迦觀
東魏·淨智塔銘 
東魏·榮遷造像 
北齊·唐邕刻經記 
北齊·石佛寺迦葉經碑 
○迦葉菩薩
北齊·許儁卅人造像 
○劉迦葉樂羅侯

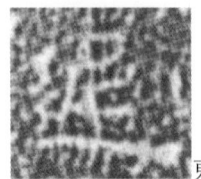

【迠】

敦煌簡 0493
○不回姮迫

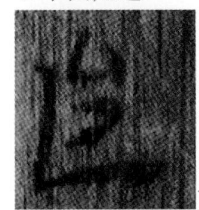

東牌樓 050 正
○迌迌

〖逵〗

馬壹 254_40 上
○苟午在迌(奎)

馬壹 249_1-17 欄
○迌(奎)妻

〖逸〗

敦煌簡 0102
○送食逸常

〖迴〗

東漢・司馬芳殘碑額
○洪流東迴峨峨

十六國趙・魯潛誌

北魏・和醜仁誌
○羡道迴輴

北魏・趙廣者誌
○迴其忠駕

北魏・元徽誌

北魏・元鑽遠誌

北魏・爾朱襲誌

北魏・元璨誌
○迴鑣勝母如已哉

853

北魏・邢偉誌

○若夫山川迴互

東魏・鄭氏誌

○迴此孝慈

東魏・趙紹誌

○埏戶迴輯

北齊・吐谷渾靜媚誌

北齊・張忻誌

北周・須蜜多誌

○日彎西迴

北周・須蜜多誌

○迴雪輕飛

〖途〗

敦煌簡 0161

○諸子途中

北魏・元舉誌

○寥廓歸途

北魏・元欽誌

北魏・元尚之誌

北魏・王基誌

北魏・馮邕妻元氏誌

北魏・元進誌

北魏・元嵩誌

北魏・韓顯宗誌

北齊・韓裔誌

○車擊轂於途

北周・盧蘭誌

【逕】

北魏・寇霄誌

○逕期不還

北魏・元彝誌

○森森蒿逕

北魏・薛伯徽誌

○未嘗逕阿傅之訓

北魏・孟元華誌

○逕歷五帝

北魏・馮邕妻元氏誌

○逕目必持

北魏・寇憑誌

○患逕十三年

北魏・寇臻誌

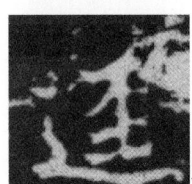

○凡所逕歷

北魏・楊大眼造像

○路逕石窟

北魏・塔基石函銘刻

○路逕州市

東魏・劉幼妃誌

○昔逕合巹

北齊・崔昂誌

○逕年

北齊・邑義七十人造像

○逕惑於閒

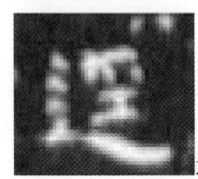

北周・叱羅協誌

○逕稀賓騎

〖這〗

東牌樓086

○這少

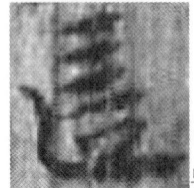

吳簡嘉禾・五・一九九

○男子這堅

廿世紀璽印三-SY

○王邵這印

〖逕〗

秦文字編280

〖䢔〗

秦文字編279

〖逑〗

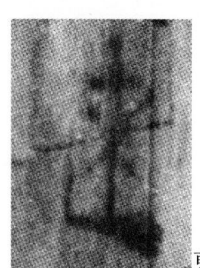

東牌樓030正

○往逑探問

〖逌〗

歷代印匋封泥

○逌

〖逸〗

秦文字編280

〖逕〗

【逮】

北齊·法懃塔銘

○龍潛逮(卒)起

【遱】

里·第八層背1442

○欲遱僳

【遽】

廿世紀璽印二-SP

○杜遽

【遏】

吳簡嘉禾·五·七七

○男子燧遏

【遭】

秦文字編279

【邀】

東魏·元延明妃馮氏誌

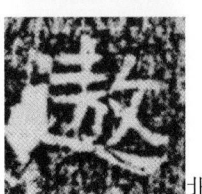

北齊·姜纂造像

【遛】

馬貳260_26/16

○遛犬二

【避】

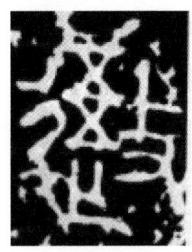

石鼓·車工

○即避即時

【適】

廿世紀璽印三-GP

○適鄉

【遷】

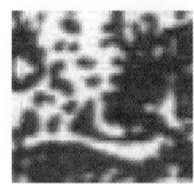

東魏·嵩陽寺碑

○側□環遶

〖達〗

銀貳 2119

○月行而日達（動）

〖邀〗

北魏·元信誌

北魏·尹祥誌

○邀路侵邑

北魏·慈慶誌

東魏·閭叱地連誌

○丹邀思順

東魏·閭叱地連誌

北齊·李難勝誌

〖遭〗

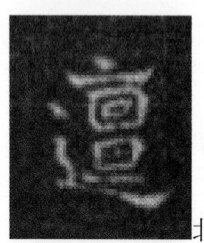

北魏·辛穆誌

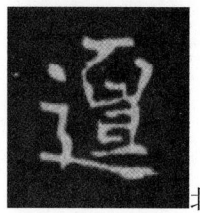

北魏·元固誌

○邅迴芒路

北魏·郭顯誌

○寒浦邅迴

〖避〗

石鼓·車工

○避車既工

〖遺〗

石鼓·車工

○其來遞=

彳部

【彳】

《說文》：彳，小步也。象人脛三屬相連也。凡彳之屬皆从彳。

【德】

《說文》：德，升也。从彳𢛳聲。

春晚·秦公簋

春早·秦公鎛

春晚·秦公鎛

秦代·二世元年詔版一

秦代·元年詔版五

秦代·美陽銅權

漢銘·池陽宮行鐙

漢銘·新嘉量二

漢銘·安邑宮銅鼎

漢銘・新衡杆

漢銘・新嘉量一

里・第八層 1066

馬壹 98_73

馬壹 13_1 上\94 上

馬壹 88_206

馬壹 4_9 下

馬貳 3_15

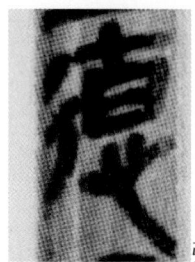

張・蓋盧 3

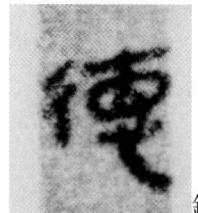

銀壹 433

銀貳 1982

北貳・老子 1

敦煌簡 0088
○德欽將伯

敦煌簡 2044

金關 T14:001

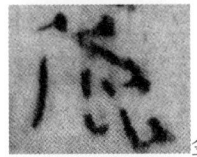

金關 T32:074

金關 T05:007

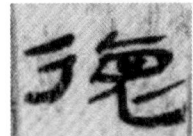

金關 T23:482

北圖五卷四號

吳簡嘉禾・七二八二
○馬德關

吳簡嘉禾・四・一八九
○呂德佃田

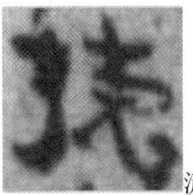

流沙墜簡

秦代印風
○王德

廿世紀璽印三-GP
○懷德丞印

廿世紀璽印三-SY
○王博德

廿世紀璽印三-SY
○吳德

廿世紀璽印三-SY
○石德之印

漢晉南北朝印風

漢晉南北朝印風

〇昌威德男家丞

漢晉南北朝印風

漢晉南北朝印風

漢晉南北朝印風

漢晉南北朝印風

〇複德左尉

柿葉齋兩漢印萃

漢代官印選

漢印文字徵

〇陳德印

漢印文字徵

〇張德

漢印文字徵

漢印文字徵

柿葉齋兩漢印萃

漢印文字徵

漢晉南北朝印風
〇王德之印

漢晉南北朝印風

漢晉南北朝印風
〇王德

漢晉南北朝印風
〇臣德

漢晉南北朝印風

漢晉南北朝印風

漢晉南北朝印風
〇趙德

漢晉南北朝印風

漢晉南北朝印風

詛楚文・巫咸

琅琊刻石

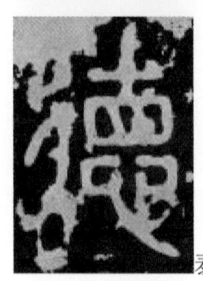

泰山刻石

東漢・成陽靈臺碑

東漢・從事馮君碑

東漢・楊著碑額

東漢・張遷碑陰

○故吏韋閏德錢五百

東漢・成陽靈臺碑

東漢・夏承碑

○積德勤紹

東漢・從事馮君碑

三國魏・三體石經尚書・篆文

○人罔不秉德明□少臣屏侯畎

西晉・臨辟雍碑

○盛德隆熙之頌

西晉・郭槐柩記

東晉・張鎮誌

○興道縣德侯吳國

北魏・元孟輝誌

德 北魏·元瑱誌

德 北魏·康健誌

德 北魏·叔孫協及妻誌

○其考德茂蘭松

德 北魏·吳光誌

○才德並流

德 北魏·元壽妃麴氏誌

德 北魏·元理誌

德 北魏·元嵩誌

德 北魏·穆亮誌

○內殖德本

德 北魏·元晫誌

德 北魏·殷伯姜誌

○聖善之德

德 東魏·元鷙妃公孫甑生誌

德 東魏·元仲英誌

○風德淹遠

德 東魏·叔孫固誌

德 西魏·朱龍妻任氏誌

○四德雅稱

北齊・無量義經二

北齊・高阿難誌

北齊・暴誕誌

〇位以德招

北周・馬龜誌

〇建德六年

北周・王通誌

北周・王榮及妻劉氏誌

【徑】

《說文》：徑，步道也。从彳巠聲。

漢銘・館陶家行釘

漢銘・苦宮行燭定

獄・為吏 79

獄・數 214

里・第八層 474

馬壹 134_48 上/125 上

馬貳 239_207

〇徑二尺五寸

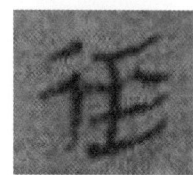

馬貳 144_1

張・算數書 155

銀貳 1225

○勝虛俓（徑）勝行疾勝

東牌樓 005

○徑到仇重亭

北壹・倉頡篇 53

○封彊徑路

廿世紀璽印三-SY

○區徑

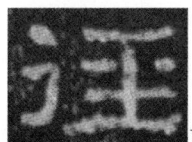

東漢・肥致碑

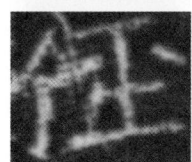

東漢・石祠堂石柱題記

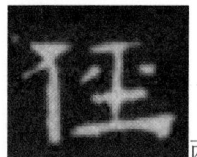

○徑日甚久

西晉・華芳誌

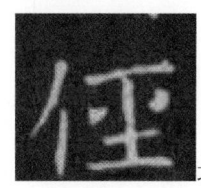

○白徑道東

北魏・爾朱襲誌

○徑越賊所

北魏・元倪誌

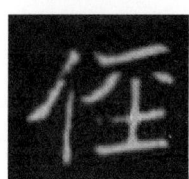

○行非由逕

北魏・元恭誌

○徑襲京都

【復】

《說文》：復，往來也。从彳复聲。

漢銘・陽信家瓿

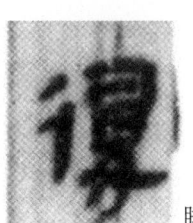

睡・秦律十八種 10

○勿用復以薦蓋田律

睡・效律 59

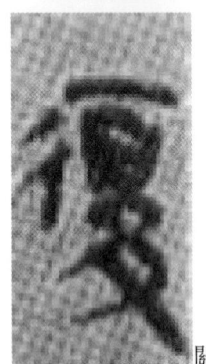

里・第八層 137

○事已復視官事如故

關・日書 247

馬壹 82_55

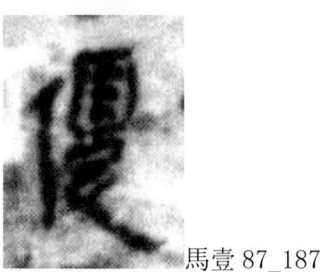

獄・為吏 52

馬壹 87_187

○有復言令長安君爲質者

獄・數 32

馬壹 5_22 上

獄・芮盜案 68

張・復律 279

張・奏讞書 144

銀壹331

銀貳2150

北貳・老子40

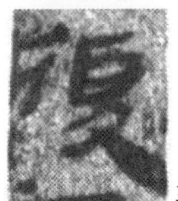

敦煌簡1693

金關T07:049

金關T07:013A

○毋已復德

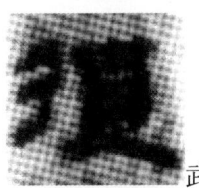

武・儀禮甲《士相見之禮》11

武・甲《特牲》14

東牌樓035正

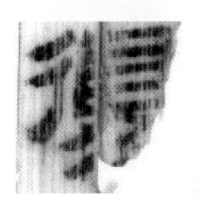

北壹・倉頡篇39

○淺汙盱復

魏晉殘紙

○復別

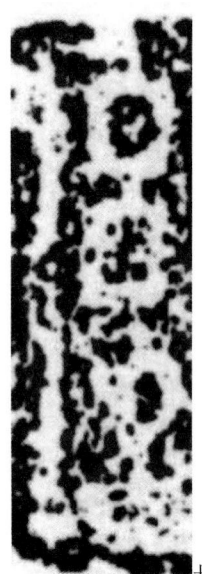

廿世紀璽印四-GY

○北子大天復

漢晉南北朝印風

○複德左尉

漢印文字徵

漢印文字徵

○復陽國丞

漢印文字徵

漢印文字徵

○復土將軍章

漢印文字徵

漢印文字徵

漢晉南北朝印風

○臣複

漢晉南北朝印風

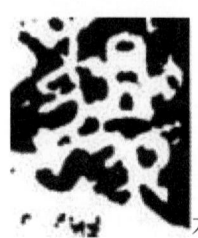

石鼓・而師

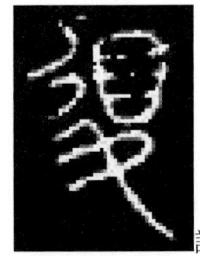

詛楚文・沈湫

○將欲復其襖

詛楚文・亞駝

○欲復其襖

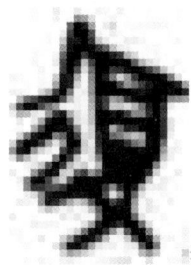

秦駰玉版

秦駰玉版

東漢・黨錮殘碑

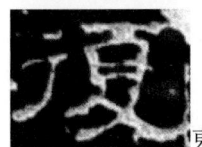

東漢・楊震碑

東漢・尚博殘碑

東漢・李孟初神祠碑

○今聽復無

東漢・張景造土牛碑

東漢・桐柏淮源廟碑

東漢・曹全碑陽

東漢・成陽靈臺碑

東漢・成陽靈臺碑

東漢・成陽靈臺碑

東漢・成陽靈臺碑

東漢・成陽靈臺碑

東漢・曹全碑陽

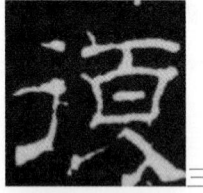

三國魏・張君殘碑

三國魏・三體石經春秋・古文
○復歸于曹

三國魏・三體石經春秋・隸書
○許曹伯襄復歸于曹

三國魏・三體石經春秋・篆文
○復歸于曹

北魏・慈慶誌
○並復東華兆建之日

北魏・元固誌
○復加冠軍將軍

北魏・元悌誌

北魏・元子永誌

北魏・元洛神誌
○雖復生自膏腴

北魏・元項誌
○復侍中尚書左僕射

東魏・高盛碑
○復高柴之至性

北齊·高建妻王氏誌
○復除滄州刺史

北周·日月佛經摩崖
○不復能現

【徥】

《說文》：徥，復也。从彳从柔，柔亦聲。

【徎】

《說文》：徎，徑行也。从彳呈聲。

【往】

《說文》：往，之也。从彳㞷聲。

【逞】

《說文》：逞，古文从辵。

戰晚·春成左庫戈

睡·法律答問 4

獄·為吏 80

里·第八層 1131

馬壹 5_27 上

馬貳 18_2 上

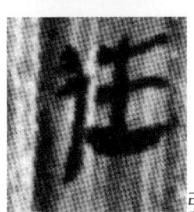

張·奏讞書 130

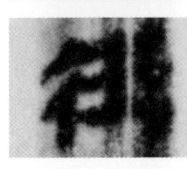

銀壹 607
○故將往以聞

北貳·老子 120

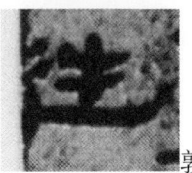

敦煌簡 1990A

敦煌簡 0113

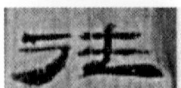

金關 T10∶160

東牌樓 039 正

○區昔往時

北壹・倉頡篇 7

○往來眪睐

魏晉殘紙

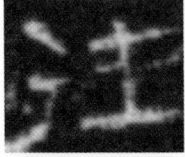

東漢・石祠堂石柱題記

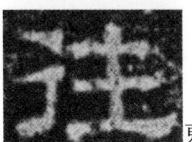

東漢・熹平石經殘石五

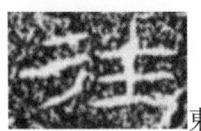

東漢・石門頌

西晉・郭槐柩記

東晉・高句麗好太王碑

○往救新羅

北魏・塔基石函銘刻

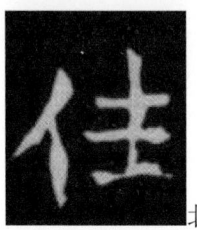

北魏・元誘妻馮氏誌

○準宋姬於往日

北魏・元詮誌

北魏・王昌誌

○貞軀雖往

北魏・元祐誌

○德侔往帝

北魏·元誘誌

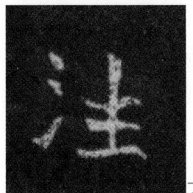

北魏·元毓誌

北魏·昭玄法師誌

北齊·赫連子悅誌

【徍】

《說文》：徍，行皃。从彳瞿聲。

【彼】

《說文》：彼，往，有所加也。从彳皮聲。

睡·秦律十八種 174

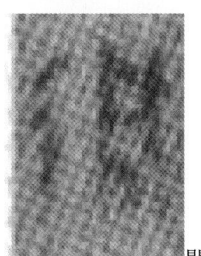

關·病方 319

○傅彼（被）其上

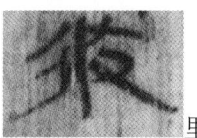

里·第八層 1490

○史敵彼死

馬壹 43_40 上

張·奏讞書 118

銀貳 1680

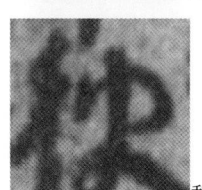

魏晉殘紙

○彼文書

廿世紀璽印三-SP

○彼死

漢印文字徵

○任彼

東漢・成陽靈臺碑

東漢・成陽靈臺碑

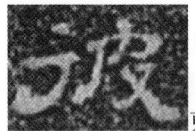

東漢・史晨後碑

東漢・孔宙碑陽

東漢・開母廟石闕銘

北魏・吳光誌

○彼殊方永翳九陌

北魏・元颺誌

北魏・元弼誌

【微】

《説文》：微，循也。从彳敳聲。

睡・法律答問 1

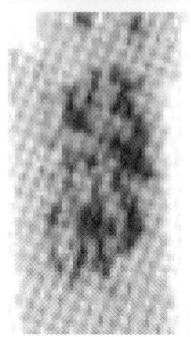

關・病方 330

○而微之齲已

獄・魏盜案 155

○道微（邀）迣

里・第八層 831

馬貳 205_32

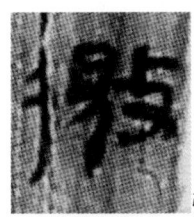

張·盜律 74

東漢·武氏前石室畫像題字
○游徼車

東漢·武氏前石室畫像題字
○門下游徼

東漢·元嘉元年畫像石墓題記一

西晉·左棻誌
○曰葬峻陽陵西徼道內

【循】

《說文》：循，行順也。从彳盾聲。

漢銘·建平鍾

漢銘·蜀郡西工造酒樽

漢銘·東海宮司空盤

睡·秦律十八種 68

睡·法律答問 187

關·日書 260
○孤虛循求盜所道

里·第八層 797
○循欲

馬壹 129_75 下

馬壹 80_24

張·蓋盧3

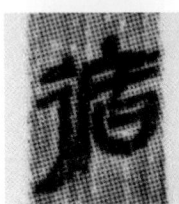

張·引書99

銀壹358

敦煌簡0230A

敦煌簡0980

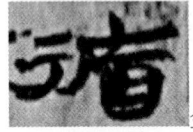

金關T05:076

○世丞循謂候官

廿世紀璽印三-SY

柿葉齋兩漢印萃

漢印文字徵

○壺循私印

漢印文字徵

○冷循

漢印文字徵

○袁循之印

漢印文字徵

漢晉南北朝印風

○史循

漢晉南北朝印風

○袁循之印

漢晉南北朝印風

○楊循私印

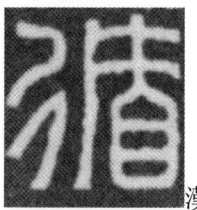

漢晉南北朝印風

漢晉南北朝印風

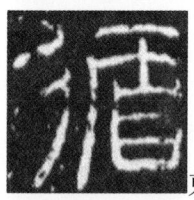

東漢・韓仁銘額

北魏・元乂誌

○言若循環

北魏・李超誌

○循情孝友

東魏・劉幼妃誌

北齊・婁黑女誌

【伋】

《說文》：伋，急行也。从彳及聲。

西晚・不其簋

【䢟】

《說文》：䢟，行皃。从彳�聲。一曰此與駁同。

【微】

《說文》：微，隱行也。从彳㵞聲。《春秋傳》曰："白公其徒微之。"

睡・為吏5

○微密鐵（纖）察

獄・魏盜案168

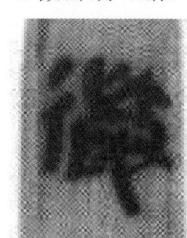

○鐵（纖）微

馬壹 88_196
○微獨趙

馬壹 140_1 上/168 上
○神微

馬貳 36_49 上
○有二微者

馬貳 206_35
○吸必微

張・䘳律 183
○微（徵）者得隨迹出入

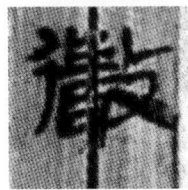

張・奏讞書 227
○能得微難

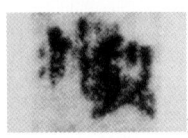

銀壹 259
○爲之微陳（敶）

北貳・老子 156
○台＝微＝

北貳・老子 155
○之曰微参（三）

居・EPT57.27
○馬察微卒

金關 T11:005
○君聞微肥□□乳黍

武・甲《特牲》48
○若微（薇）皆

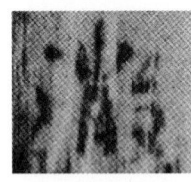

東牌樓 047 背
○非責微□□

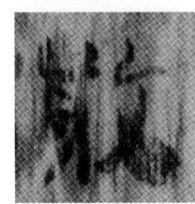

東牌樓 068 正
○此身微不能是分了

魏晉殘紙

石鼓・作原

東漢・譙敏碑
○守靜微穴

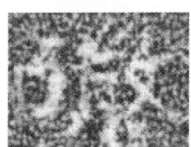

東漢・爲父通作封記刻石
○卦位塞微

東漢・楊震碑
○博學甄微

北魏・元秀誌
○廣微慚其多識

北魏・石婉誌
○甚慎機微

北魏・慈香慧政造像
○應像營微

北魏・楊熙僞誌
○至於追微躡古

北魏・宋虎誌
○蓋微子啓之遠裔

北魏・元諡妃馮會誌
○知微知彰

北魏・張宜誌
○泛接寒微

北魏・元襲誌
○洞六藝之精微

東魏・慧光誌
○贊幽扣微

北齊・邑義七十人造像
○微財

北齊·感孝頌

○微學摘藻

北齊·無量義經二

○微妙

北齊·斛律氏誌

○似洛靈之微步

【徥】

《說文》：徥，徥徥，行皃。从彳是聲。《爾雅》曰："徥，則也。"

【徐】

《說文》：徐，安行也。从彳余聲。

漢銘·徐揚鐵

獄·為吏32

○貪安徐審祭（察）

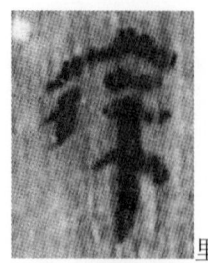

里·第八層1069

○頡徐娃聚

馬壹81_35

馬壹80_7

馬壹127_54下

張·算數書185

張·引書73

銀壹163

北貳・老子 161

敦煌簡 1457A

○皆□徐睨中高不證

金關 T23：735

武・甲本《泰射》24

吳簡嘉禾・四・三一四

○州吏徐熙佃田

魏晉殘紙

○徐府君

歷代印匋封泥

○徐平

廿世紀璽印二-SP

○杜徐

歷代印匋封泥

秦代印風

秦代印風

○徐舍

秦代印風

○徐安成

秦代印風

○徐馮

歷代印匋封泥

廿世紀璽印三-SY

廿世紀璽印三-SY

廿世紀璽印三-SP

廿世紀璽印三-GP

廿世紀璽印三-SY

歷代印匋封泥

漢代官印選

○徐州刺史章

漢印文字徵

柿葉齋兩漢印萃

柿葉齋兩漢印萃

柿葉齋兩漢印萃

柿葉齋兩漢印萃

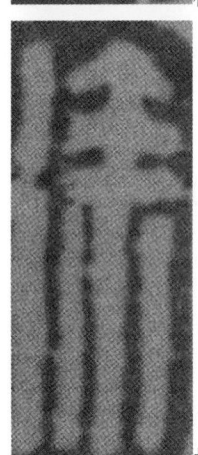

柿葉齋兩漢印萃

○徐長翁

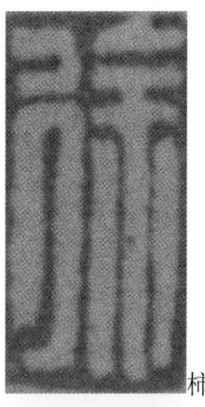

漢印文字徵

○徐於陵

漢印文字徵

漢印文字徵

○徐弘之印

漢印文字徵

漢印文字徵

漢印文字徵

漢印文字徵

漢晉南北朝印風

漢晉南北朝印風

漢晉南北朝印風

漢晉南北朝印風

漢晉南北朝印風

漢晉南北朝印風

○徐陵私印

漢晉南北朝印風

○徐倫私印

○徐充私印

漢晉南北朝印風

漢晉南北朝印風

漢晉南北朝印風

漢晉南北朝印風

漢晉南北朝印風

漢晉南北朝印風

漢晉南北朝印風

漢晉南北朝印風

○徐成□徐仁

漢晉南北朝印風

漢晉南北朝印風

○徐憲私印

漢晉南北朝印風
〇徐志私印

東漢·繆紆誌
〇徐州從事

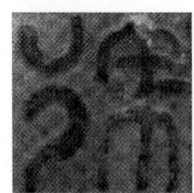

東漢·徐無令畫像石墓題記
〇徐無令

晉·劉韜誌

東晉·張鎮誌

北魏·郭顯誌
〇徐軒去國

北魏·元融誌
〇徐輈而反

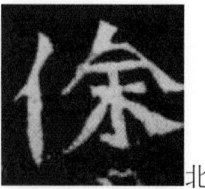

北魏·鄭長猷造像
〇徐敬造彌勒像

東魏·李祈年誌
〇其先徐州人也

東魏·趙秋唐吳造像

北齊·徐顯秀誌蓋
〇徐武安王墓誌

北齊·和紹隆誌蓋
〇徐州刺史

【徢】

《說文》：徢，行平易也。从彳夷聲。

東漢·東漢·婁壽碑陰
〇徲徢衡門

【徸】

《説文》：𧗴，使也。从彳諭聲。

【徫】

《説文》：徫，使也。从彳韋聲。讀若蟲。

【俴】

《説文》：俴，迹也。从彳㦮聲。

【徬】

《説文》：徬，附行也。从彳旁聲。

【徯】

《説文》：徯，待也。从彳奚聲。

【蹊】

《説文》：蹊，徯或从足。

東魏・李挺誌
○擬德成蹊

北周・叱羅協誌
○荒蹊罷通

【待】

《説文》：待，竢也。从彳寺聲。

敦煌簡 0987
○各裝待界上從追

金關 T23:610B
○來伏待

金關 T23:450
○卯不待案

金關 T01:022A
○廣具待次公會莫

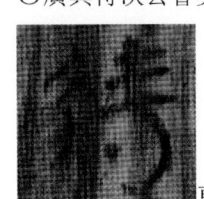

東牌樓 118 正
○謝立待持本相與隨

魏晉殘紙
○相待

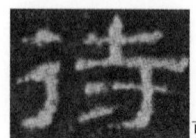

東漢・肥致碑

○待詔

東漢・肥致碑

○待詔

東漢・元嘉元年畫像石題記二

○新婦主待給水將

北魏・李榘蘭誌

○徂川不待

北魏・元保洛誌

○待（侍）中

北齊・王憐妻趙氏誌

○風樹不待

【徟】

《說文》：徟，行徟徟也。从彳由聲。

【徧（遍）】

《說文》：徧，帀也。从彳扁聲。

漢印文字徵

○徧將軍印章

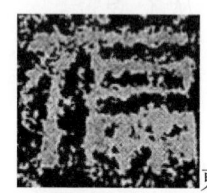

東漢・祀三公山碑

○徧雨四維

東漢・白石神君碑

○徧于群神

東晉・高句麗好太王碑

○教遣徧（偏）師

十六國北涼・沮渠安周造像

○遍以洞照

北魏・元純陀誌

○康王徧（偏）加深

北魏·元緒誌

○徧(偏)愛詩禮

北魏·馮邕妻元氏誌

○淑媛徧(偏)彤

北魏·爾朱襲誌

○徧(偏)所鍾愛

北魏·趙廣者誌

○徧競內禦

北魏·封魔奴誌

○徧(遍)祈河岳

東魏·趙秋唐吳造像

○徧(偏)將軍

北齊·姜纂造像

○徧(遍)侍十方

北齊·王憐妻趙氏誌

○徧(遍)覽諸經

北齊·魯思明造像

○徧(遍)滿人口

北齊·邑義七十人造像

○遍潤三友

【徦】

《說文》：徦，至也。从彳叚聲。

【復】

《說文》：復，卻也。一曰行遲也。从彳从日从夂。

【衲】

《說文》：衲，復或从內。

【退】

《說文》：㣟，古文从辵。

獄·為吏20

獄・學為 230

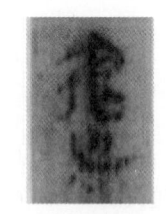

馬壹・8_33 下

馬壹・41_26 上

馬壹・171_11 上

馬壹・177_74 上

馬貳・35_39 下

馬貳・120_218/214

張・引書 10

銀壹 409

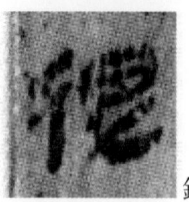

銀貳 1188

北貳・老子 91

北貳・老子 144

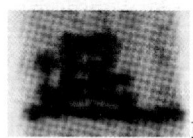

武甲本《士相見之禮》12

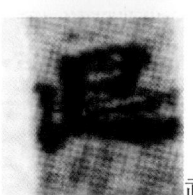

武・甲本《少牢》4

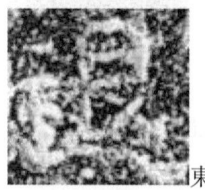

東漢・王孝淵碑

東漢・肥致碑

東漢・夏承碑

東漢・曹全碑陽

東漢・譙敏碑

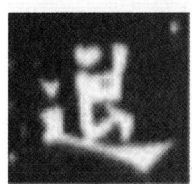

東漢・司馬芳殘碑（額）

西晉・張朗誌

北魏・元隱誌

北魏・昭玄法師誌

東魏・南宗和尚塔銘

東魏・劉懿誌

東魏・妻李豔華誌

北齊・竇泰誌

北齊・無量義經一

北齊・李難勝誌

【後】

《說文》：後，遲也。从彳、幺、夊者，後也。

【逡】

《說文》：逡，古文後从辵。

秦代・二世元年詔版一

秦代・美陽銅權

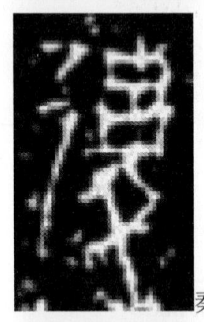

秦代・元年詔版五

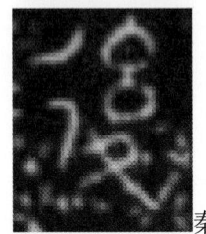

秦代・元年詔版三

秦代・元年詔版二

漢銘・二年酒鎗

漢銘・建昭鴈足鐙一

漢銘・大吉田器

睡・秦律八種 46

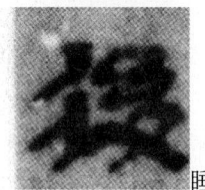

睡・法律答問 71

關・日書 246

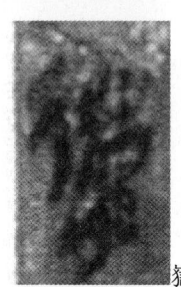

嶽・質日 3460

嶽・芮盜案 67

里·第八層 120

馬壹 81_35

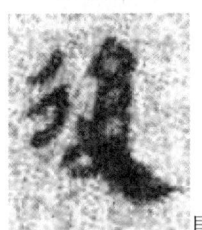

馬壹 12_73 下

馬貳 118_177/176

馬貳 3_26

張·置後律 370

張·奏讞書 42

張·引書 15

銀壹 167

銀貳 1187

北貳·老子 3

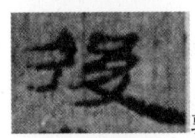

敦煌簡 1457B

金關 T24:146

武·儀禮甲《士相見之禮》13

東牌樓 117 正

魏晉殘紙

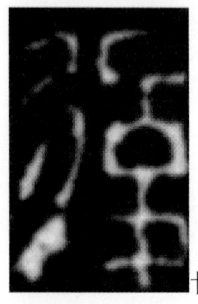

廿世紀璽印三-SY

漢晉南北朝印風

漢晉南北朝印風

廿世紀璽印三-GY

漢印文字徵

柿葉齋兩漢印萃

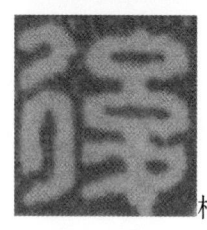

柿葉齋兩漢印萃

漢印文字徵

漢印文字徵

漢印文字徵

○呂後生印

漢代官印選

漢晉南北朝印風

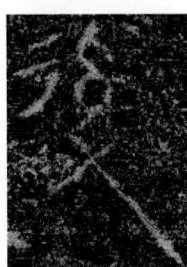

泰山刻石
○後嗣皇帝

琅琊刻石
○後嗣皇帝

西漢・楚王墓塞石銘

東漢・永平四年畫像石題記
○後子孫

東漢・黨錮殘碑

東漢・夏承碑

東漢・從事馮君碑

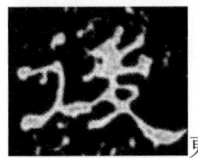

東漢・楊震碑

三國魏・三體石經尚書・隸書

三國魏・三體石經尚書・篆文
○我後嗣子孫

西晉・石定誌

北魏・張安姬誌

北魏・李謀誌
北魏・元瑱誌 
北魏・堯遵誌 
北魏・穆彥誌 
北魏・元彬誌 

〇後以山胡狡亂
北魏・元暉誌 
北魏・元謐誌 
北魏・寇演誌 

北魏・元保洛誌
北魏・元保洛誌 

〇昭成皇帝後
北魏・元思誌 
北魏・寇猛誌 
北魏・元澄妃誌 
北魏・孟元華誌 

〇後蒙除細謁大監
北魏・韓震誌 
東魏・南宗和尚塔銘

○復後有偈

東魏·李顯族造像

○歷傳後代

北齊·斛律氏誌

北齊·智靜造像

○後爲一切衆生

北齊·劉悅誌

○先聲後實

北周·寇熾誌

○文超繼後

北周·寇熾誌

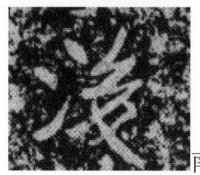

南朝梁·瘞鶴銘

【徎】

《説文》：徎，久也。从彳犀聲。讀若遲。

東漢·東漢·婁壽碑陽

【很】

《説文》：很，不聽從也。一曰行難也。一曰盭也。从彳皀聲。

秦代印風

○王很

【徰】

《説文》：徰，相迹也。从彳重聲。

里·第八層 2102

○□徰

【得】

《説文》：得，行有所得也。从彳寽聲。

【㝵】

《説文》：㝵，古文省彳。

漢銘・陽信家銅二斗鼎

漢銘・聖主佐宮中行樂錢

漢銘・二年酒銅

睡・秦律十八種 115

睡・秦律雜抄 14

睡・封診式 74

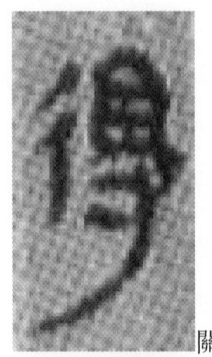

關・日書 249

獄・為吏 12

獄・數 12

獄・癸、瑣相移謀購案 12

里・第五層 17

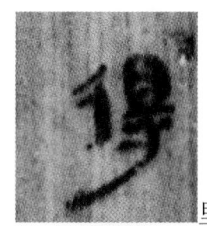

里·第八層 1490

馬壹 81_43

馬壹 4_13 下

馬壹 83_95

馬貳 37_50 下

張·具律 114

張·奏讞書 19

張·算數書 184

銀壹 462

銀貳 1832

北貳·老子 131

○貴難得之貨

敦煌簡 1962A

敦煌簡 0498
○言捕得之

居·EPT65.36
○治願得令史三人居

居·EPT59.30
○又當得元年十二月

居·EPF22.197
○不能得還

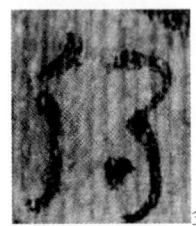

金關 T23:031
○一人得墼

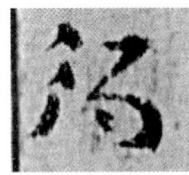

金關 T03:054A
○酒屬得二斗內之

金關 T01:022A
○亭章得廣具待次公

金關 T10:221A

金關 T23:994A
○不縣得毋煩□□◇

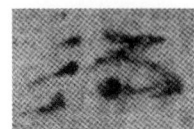

金關 T24:534
○未得

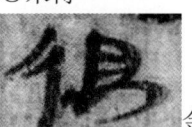

金關 T21:423
○令史得意

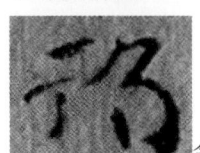

金關 T24:028
○寅鱳得□

金關 T24:374

金關 T23:359A
○起居得毋有它

金關 T24:557
○長鰈得萬金

金關 T23:897A
○當得取傳謁移過

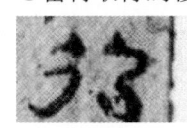

金關 T23:131
○封鰈得長

金關 T24:015A
○起居得毋它因言憲

金關 T24:011
○起居得毋有它

金關 T21:101
○佐鰈得定國里李信

金關 T06:180
○不當得爲候聽

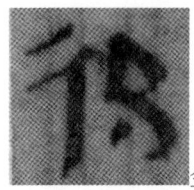

金關 T30:011
○事當得取

金關 T27:101
○得子明力詳察

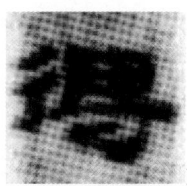

武・儀禮甲《士相見之禮》2

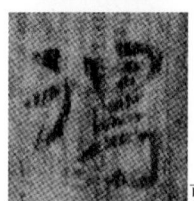

東牌樓 056 背
○中未得出也

東牌樓 051 背
○峻不得到出

東牌樓 066 正
○付中得草

北壹・倉頡篇 1
○宜獲得

魏晉殘紙
　
流沙墜簡 

吳簡嘉禾・五・二〇二
○悉得佃田

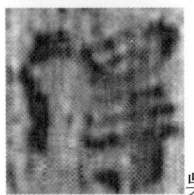

魏晉殘紙
　
里・第八層 133 
○司空尋尉乘

魏晉殘紙
○欲相其賈得者

歷代印匋封泥
○□得

歷代印匋封泥
○得

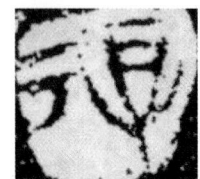

歷代印匋封泥
○得

廿世紀璽印二-SY
○鄭得

廿世紀璽印二-SY
○馬適得

秦代印風

○得

廿世紀璽印三-SY

○秦得

秦代印風

○公孫徒得

秦代印風

○得臣

秦代印風

○趙得

秦代印風

○焦得

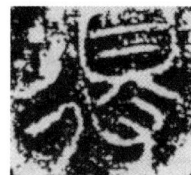

歷代印匋封泥

○得

秦代印風

○得

廿世紀璽印三-SY

○得意

廿世紀璽印三-SY

○得之

廿世紀璽印三-SP

○淳于得

漢晉南北朝印風

○得降鄁胡侯

廿世紀璽印三-SY

○臣得

漢印文字徵

○楊得之印

柿葉齋兩漢印萃

○后將軍章

柿葉齋兩漢印萃

○馬得

柿葉齋兩漢印萃

○得臺將

漢印文字徵

○爰得徒丞印

漢印文字徵

○任得

漢印文字徵

○解得之印

漢印文字徵
○杉得

漢印文字徵
○呂冬得

漢印文字徵
○馬芒得

漢印文字徵
○馮得意印

漢晉南北朝印風
○熊得

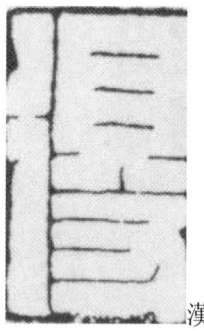

漢晉南北朝印風
○石得

漢晉南北朝印風
○高得

漢晉南北朝印風
○闕得

漢晉南北朝印風
○衛得印

漢晉南北朝印風

○郭忘得印

漢晉南北朝印風

○張始得

漢晉南北朝印風

○趙得之印

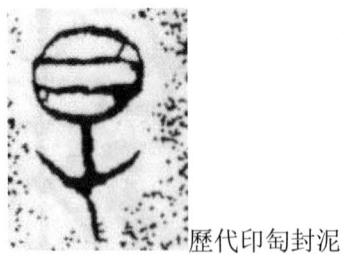

歷代印匋封泥

○平陵陳导不□王釜

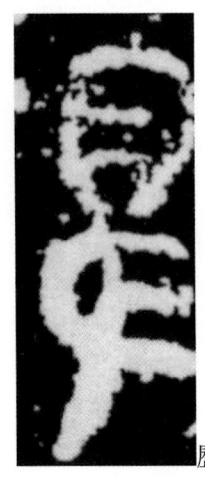

歷代印匋封泥

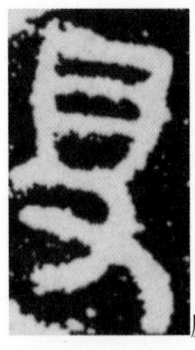

歷代印匋封泥

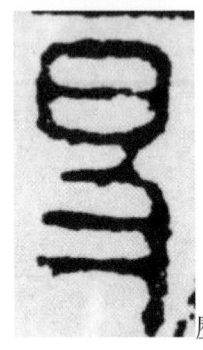

歷代印匋封泥

○平陵陳导立事歲□□

秦代印風

○李导

秦駰玉版

○祖而不得罕（厥）方

泰山刻石

○行者產得宜大義箸

東漢・肥致碑

東漢・從事馮君碑

北魏・仲練妻蔡氏等造像
○公得主仲練妻蔡氏

北魏・張正子父母鎮石
○得吉卜

北魏・元緒誌
○自得之地

北魏・元緒誌
○不得已而就焉

北魏・元孟輝誌
○逍遥自得

北魏・元子正誌
○可得而略也

北魏・元頊誌

北魏・元煥誌
○得一

北魏・辛穆誌
○而情爲自得

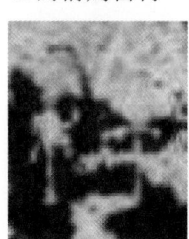

東魏・元悰誌
○乃得精靈

北齊・朱曇思等造塔記
○可得如言矣

東漢・石門頌

○滯（遘）㝵（礙）弗前

三國魏・三體石經春秋・古文

○殺其大夫㝵（得）

大趙・王真保誌

○民負巔㝵（礙）

北魏・慈香慧政造像

○願騰无㝵（礙）之境

北齊・劉碑造像

○化流無㝵（礙）

【㚒】

《説文》：㚒，舉脛有渡也。从彳奇聲。

【彴】

《説文》：彴，行示也。从彳勺聲。

《司馬法》："斬以彴。"

北壹・倉頡篇 46

○招榣彴光

【律】

《説文》：律，均布也。从彳聿聲。

漢銘・新鈞權

漢銘・官律所平器

漢銘・新嘉量二

漢銘・新承水盤

漢銘・新銅丈

漢銘・始建國元年銅撮

睡・語書 4

睡・秦律十八種 3

睡・效律 58

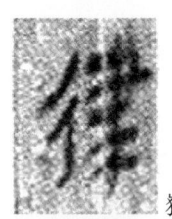

獄・為吏 86

獄・癸瑣案 30

里・第五層 17

里・第八層背 143

馬貳 246_278

○竽律印熏衣一

張・具律 107

張・奏讞書 185

敦煌簡 1691

○辰解律

金關 T09:047A

北壹・倉頡篇 71

○律丸内戍

秦代印風

廿世紀璽印三-SY

○蘇律印信

柿葉齋兩漢印萃

○協律都尉

漢代官印選

○協律都尉

漢印文字徵

○漢匈奴呼律居訾成羣

北魏・笱景誌

北魏・元引誌

○三律託神

北齊・斛律昭男誌蓋

○斛律夫人

北齊・斛律氏誌蓋

○斛律氏墓誌

【御】

《說文》：御，使馬也。从彳从卸。

【馭】

《說文》：馭，古文御从又从馬。

西晚・不其簋

漢銘・張君馬二

漢銘・南陵鍾

912

漢銘・御銅厄錠一

漢銘・御銅盤錠

秦文字編 1533

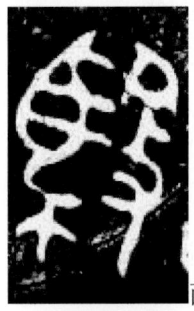

西晚・不其簋

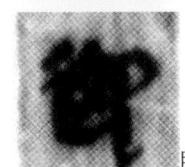

睡・秦律十八種 179

○御史

關・日書 241

○宦御

獄・識劫案 112

○妾沛御婉

里・第八層 141

○廷下御史

馬壹 81_41

○故獻御書

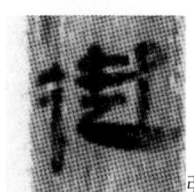

張・津關令 492

○制詔御史

銀壹 433

○左善御爲御畢母

銀貳 1888

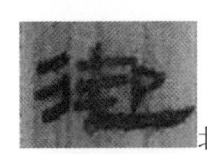

○輔入御令

北貳・老子 158

○道以御今之有以智

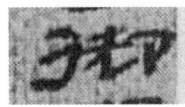

敦煌簡 2147A

○兵守御器

敦煌簡 0793
○兵守御器

金關 T10:069
○爲御史

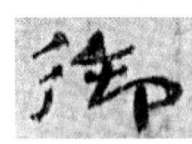

金關 T06:187

金關 T03:098
○御司馬一人

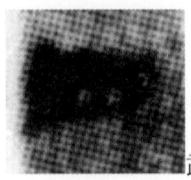

武·甲《泰射》58
○御於子

武·王杖 1
○御史令

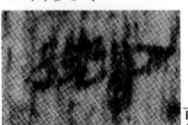

東牌樓 146
○上檢御如此

魏晉殘紙

秦文字編 1533

廿世紀璽印三-GP
○御府丞印

廿世紀璽印三-GP
○弄陰御印

歷代印匋封泥
○御府丞印

歷代印匋封泥
○御府之印

歷代印匋封泥
○御府工室

秦代印風
○御府丞印

914

漢晉南北朝印風
○御弩

廿世紀璽印三-GY
○楚御府印

廿世紀璽印三-GY
○御小府

漢印文字徵
○齊御史夫

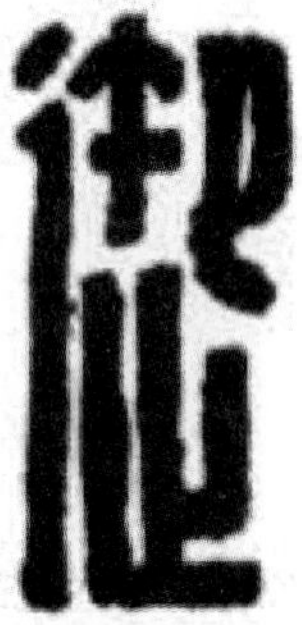

漢印文字徵
○史莫御

漢印文字徵
○御史大夫

漢代官印選
○御史大夫

漢代官印選
○侍御史印

歷代印匋封泥
○御羞丞印

漢代官印選
○御史中丞

歷代印匋封泥
○御史府印

漢代官印選
○監軍御史

歷代印匋封泥
○齊御府印

漢代官印選
○禦史中執法印

琅琊刻石

琅琊刻石

泰山刻石

東漢・孔彪碑陽
○拜治書御史

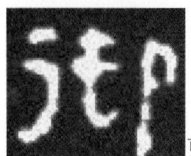

東漢・馮緄碑
○侍御史

東漢・侍御史李公闕

西晉・管洛誌
○僕御肅然

西晉・石尠誌
○御史中丞

東晉・溫式之誌
○御史中丞

北魏・張安姬誌
○蒙除御食監

北魏・元天穆誌
○嘗食典御

北魏・馮迎男誌
○宮御作女

[北魏·司馬顯姿誌]

○下撫嬪御
[北魏·元珍誌] 

○尤良射御
[北魏·王悅及妻郭氏誌] 

○並爲侍御
[北魏·王悅及妻郭氏誌] 

○御史
[北魏·元詳造像] 

○皇帝親御六旌
[北魏·王遺女誌] 

○擢知御膳
[北魏·劉阿素誌] 

○典御
[北魏·元思誌] 

○神機徙御
[北魏·元緒誌] 

○望舒失御
[北魏·元楨誌] 

○暨寶衡徙御
[北魏·爾朱襲誌] 

○親御六軍
[北齊·閭炫誌蓋] 

○御史
[石鼓·車工] 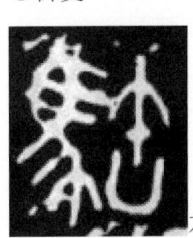

○避马既馭

石鼓・鑾車
○徒馭孔庶

東漢・趙寬碑
○造父馭周

北魏・李璧誌
○昔晉人失馭

北魏・元潛嬪耿氏誌
○歲馭鶉火

北魏・元顥誌
○垂衣馭宇

北齊・高百年誌
○斯乃驂馭百王

【亍】

《說文》：彳，步止也。从反彳。讀若畜。

〖彺〗

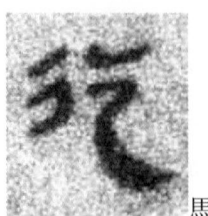

馬壹 7_36 上
○必革（戒）勿用彺

〖彴〗

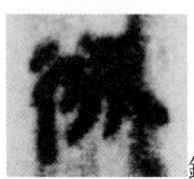

銀壹 596
○彴（遂）偺（祖）免

〖㟁〗

秦文字編 300

秦代印風
○贊㟁（吾）

詛楚文・沈湫
○求取㟁（吾）邊城

〖徱〗

秦文字編 301

〖洛〗

三國魏·三體石經尚書·隸書

○陟臣□洛

三國魏·三體石經尚書·篆文

○陟臣扈洛于□帝巫咸乂王

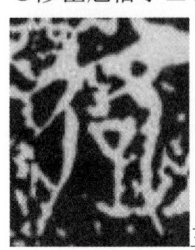

三國魏·三體石經尚書·古文

○一人洛于四方

〖徠〗

敦煌簡 2253

○天門徠小路

漢印文字徵

○張印恩徠

東漢·石門頌銘

○祖考徠

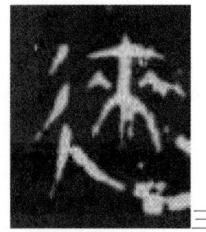

三國魏·三體石經春秋·古文

○葛膚（臚）徠公

〖御〗

馬壹 85_126

○御（卻）事者

〖愉〗

敦煌簡 2337B

○君家慸未愉

〖鐙〗

廿世紀璽印二-SP

○鐙

〖徬〗

〖徬〗

漢印文字徵

○成徬願

〖俐〗

馬壹 96_36

○逢（蜂）俐蜓（虺）地（蛇）

〖彶〗

石鼓・作原

○彶=𠧪罟

〖徴〗

漢印文字徵

○有徴

〖徟〗

秦文字編 301

〖獄〗

春晚・秦公簋

○其嚴獄各

〖𢓊〗

秦文字編 301

〖徻〗

廿世紀璽印二-GP

○亳徻

〖獷〗

漢印文字徵

○韋獷私印

廴部

【廴】

《說文》：廴，長行也。从彳引之。凡廴之屬皆从廴。

【廷】

《說文》：廷，朝中也。从廴壬聲。

春晚·秦公簋

春晚·秦公鎛

睡·秦律十八種 197

睡·法律答問 95

睡·為吏 28

嶽·質日 348

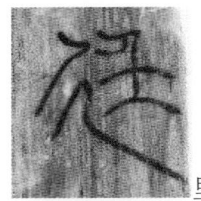

里·第八層 1776

里·第八層 1

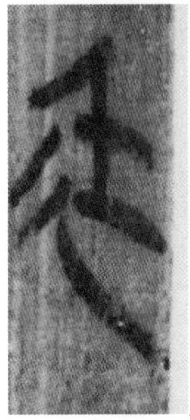

里·第八層背 65

馬壹 82_54

馬壹 5_25 上

馬貳 77_181/168

張·戶律 318

張·奏讞書 190

敦煌簡 0614

金關 T10:120A

○期言廷敢言之正月

金關 T23:777

武·王杖 8

北壹·倉頡篇 54

○宇闕廷廟

秦代印風

○廷女

廿世紀璽印三-GP

○中廄廷府

廿世紀璽印三-GP

○廷陵丞印

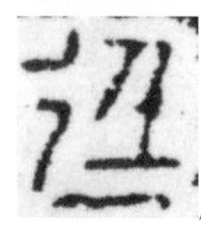

歷代印匋封泥

○廷尉之印

漢印文字徵

○邰印當

漢代官印選

○廷尉之印

漢代官印選

○廷尉監印

秦公大墓石磬

東漢・成陽靈臺碑

○故廷尉

東漢・馮緄碑

東漢・成陽靈臺碑

東漢・成陽靈臺碑

東漢・曹全碑陽

東漢・桐柏淮源廟碑

東漢・北海相景君碑陽

西晉・石尠誌

北魏・寇治誌

北魏・□伯超誌

北魏・元孟輝誌

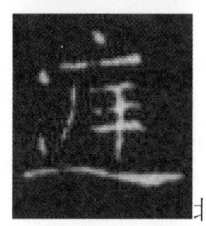

北魏・元子直誌

○朝廷永言盛烈

北魏・元子正誌

北魏・長孫盛誌

北魏・穆纂誌

北齊・赫連子悅誌

北周・寇熾誌

【延】

《説文》：延，行也。从廴正聲。

【建】

《説文》：建，立朝律也。从聿从廴。

漢銘·長安下領宮高鐙

漢銘·建安二年洗

漢銘·新承水盤

漢銘·永建五年洗二

漢銘·建初元年鐝

漢銘·建武卅二弩鐝

漢銘·新始建國尺二

漢銘·慮俿尺

漢銘·新衡杆

漢銘·新量斗

漢銘·建初六年洗

漢銘·新九斤權

漢銘·大司農平斛

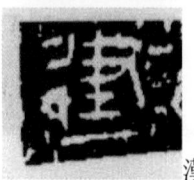

漢銘·林光宮行鐙

漢銘・中宮鴈足鐙

漢銘・桂宮鴈足鐙

漢銘・山陽邸鐙

漢銘・山陽邸鴈足長鐙

漢銘・永建四年洗

漢銘・永建五年洗一

漢銘・永建五年朱梴洗

漢銘・壽成室鼎一

漢銘・新一斤十二兩權

漢銘・建武平合

漢銘・新常樂衛士飯幘

漢銘・中尚方鑣斗

漢銘・壽成室鼎二

漢銘・南陵鍾

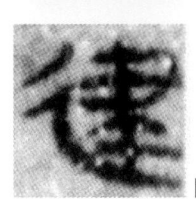

睡・日甲《秦除》16

獄・識劫案 125

里・第八層 1289

里・第八層背 200

馬壹 133_27 下\104 下

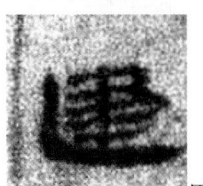

馬壹 129_71 下

馬壹 98_70

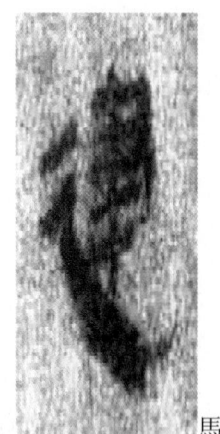

馬壹 7_34 上

張・奏讞書 67

銀壹 456

北貳・老子 14

敦煌簡 0614

金關 T06:167

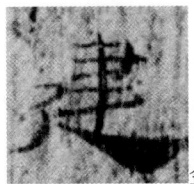

金關 T23:290

金關 T24:022

武・甲《少牢》47

武・甲《泰射》4

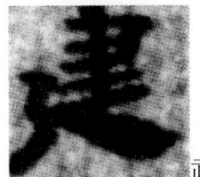

武・王杖 3

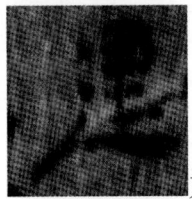

東牌樓 005

北壹・倉頡篇 48

○建武牴觸

廿世紀璽印二-SP
○杜建

秦代印風
○楊建

秦代印風
○張建

秦代印風
○楊建

廿世紀璽印三-GP
○建鄉

廿世紀璽印三-GY
○建陽唯印

廿世紀璽印三-SY
○賈建信印

漢晉南北朝印風
○建陽右尉

廿世紀璽印三-GP
○都建國四年保城都司空

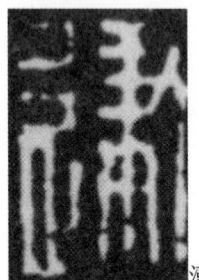

漢晉南北朝印風
○建威將軍章

漢晉南北朝印風
○建威偏將軍

漢印文字徵
○法建成

柿葉齋兩漢印萃
○續建章印

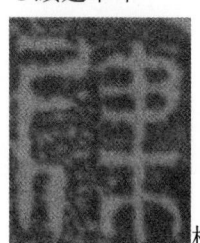

柿葉齋兩漢印萃
○建義將軍章

漢代官印選
○建平侯之章

漢代官印選
○建信侯印

歷代印匋封泥
○建鄉

○建成侯相
歷代印匋封泥 

○始建國四年保城都司空 
歷代印匋封泥

○建成侯之章
漢代官印選

○建威偏將校尉
柿葉齋兩漢印萃

○皇建
漢印文字徵

漢印文字徵

○建鄉
漢印文字徵 

○建春門候
漢印文字徵

○常印建德
漢印文字徵 

○王建之印
漢印文字徵 

○建成侯印
漢晉南北朝印風 

○建春門候
漢晉南北朝印風

○王建

漢晉南北朝印風
○常建德印

漢晉南北朝印風
○司鴻建

漢晉南北朝印風
○范建私印

漢晉南北朝印風
○田建

漢晉南北朝印風
○吳建之印

漢晉南北朝印風
○建武將軍章

泰山刻石

新莽・萊子侯刻石
○始建國天鳳

新莽・馮孺人題記
○始建國天鳳五年

東漢・建寧三年殘碑

東漢・成陽靈臺碑

東漢・曹全碑陰

東漢・曹全碑陽
東漢・肥致碑 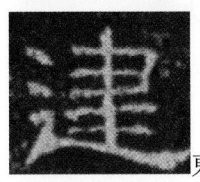
東漢・禮器碑側 
東漢・洛陽黃腸石六 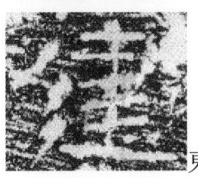
〇永建四年二月省
東漢・洛陽黃腸石四 
〇永建三年四月省
東漢・石門頌 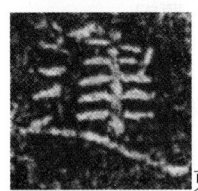
〇至建和二年
東漢・北海相景君碑陽 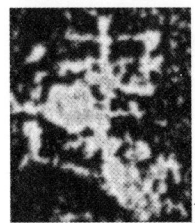
〇建策忠讜
東漢・石堂畫像石題記 

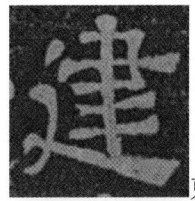

東漢・夏承碑
晉・黃庭內景經 
西晉・郭槐柩記 
東晉・劉媚子誌 
東晉・王建之誌 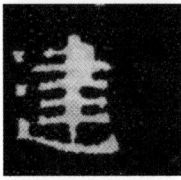
東晉・謝鯤誌 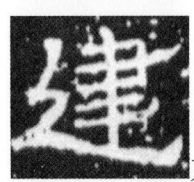
北魏・胡明相誌 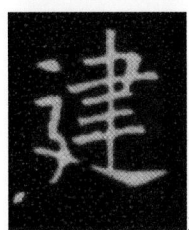
北魏・寇臻誌

北魏·韓顯祖造像 
北魏·張玄誌 
北魏·陳天寶造像 
北魏·元悌誌 
北魏·元毓誌 
北魏·侯剛誌 
北魏·元恪嬪李氏誌 
北魏·韓顯祖造像

北魏·元誘誌
北魏·慈慶誌 
北魏·檀賓誌 
北魏·封魔奴誌 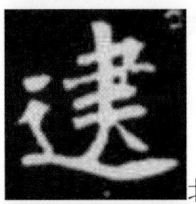
北魏·程法珠誌 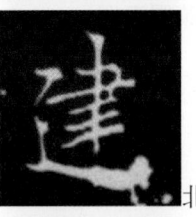
北魏·寇臻誌 
北魏·寇猛誌 
北魏·淨悟浮圖記

北魏·元悅誌

北周·宇文瓘誌蓋

南朝宋·義明塔記

延部

【延】

《說文》：延，安步延延也。从廴从止。凡延之屬皆从延。

【延】

《說文》：延，長行也。从延丿聲。

戰晚·三十二年相邦冉戈
○延行延阿

漢銘·長安銷

漢銘·延平元年洗

漢銘·延平元年堂狼造作鑒

漢銘·元延鈁

漢銘·壽成室鼎二

漢銘·臨虞宮高鐙四

獄·數70
○人問延幾可（何）

馬貳84_318/308

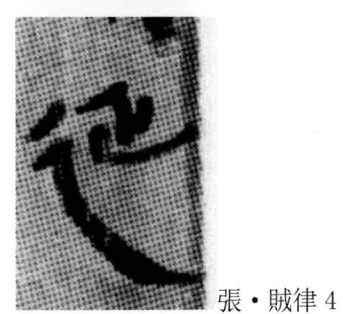

張·賊律4

銀貳 1561

敦煌簡 1077

〇士吏延壽敢言之

金關 T02:023

金關 T30:120

〇居延

金關 T31:114B

〇詣居延

金關 T03:057

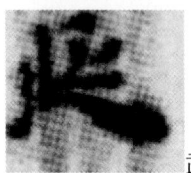

武・甲《特牲》46

〇用延（筵）入

武・甲《少牢》26

〇黍于延（筵）上

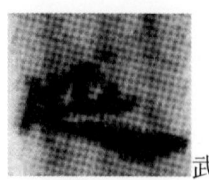

武・甲《有司》41

〇皆升延（筵）乃

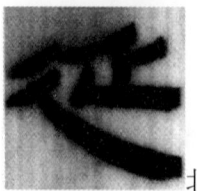

北壹・倉頡篇 4

〇長緩肆延

廿世紀璽印二-SP

〇延

秦代印風

〇高延

秦代印風

〇解延□

廿世紀璽印三-SY

〇天延壽印

廿世紀鉩印三-SY

○蔡延年印

廿世紀鉩印三-SY

○蘇延年

廿世紀鉩印三-GY

○居延丞印

漢印文字徵

○郭延之印

漢印文字徵

○矣印延壽

漢印文字徵

○張延

漢印文字徵

○李延年印

漢印文字徵

○延丙

漢印文字徵

○田延壽印

漢印文字徵

○南延之印

漢印文字徵

○張延壽

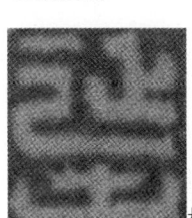

柿葉齋兩漢印萃

○蘇延壽

柿葉齋兩漢印萃

○顏延壽

柿葉齋兩漢印萃
○馮延印信

歷代印匋封泥
○宗正宮瓦元延元年

漢印文字徵
○笵延印

歷代印匋封泥
○辛延壽印

漢印文字徵
○耿印延年

漢晉南北朝印風
○延陵徹

漢晉南北朝印風
○秦延年

漢晉南北朝印風
○李延年印

漢晉南北朝印風
○侯延壽印

漢晉南北朝印風
○吾延

漢晉南北朝印風
○王延世印

漢晉南北朝印風
○張延之印

漢晉南北朝印風
○孫延之印

漢晉南北朝印風

○櫟陽延年

漢晉南北朝印風

○畢延壽印

漢晉南北朝印風

○公乘延年

東漢・成陽靈臺碑

東漢・成陽靈臺碑

○生延臺涯

東漢・曹全碑陽

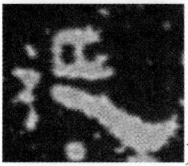

東漢・鮮於璜碑陽

○延光四年

東漢・田文成畫像石題記

○延平元年

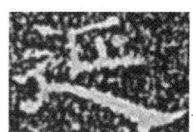

東漢・張景造土牛碑

東漢・孟孝琚碑

○煙火連延

東漢・佐孟機崖墓題記

○延熹二年

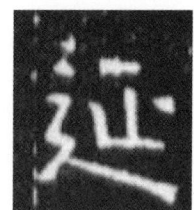

東晉・宋和之誌

○弟延之

北魏・元廣誌

北魏・元洛神誌

北魏・青州元湛誌

○必延王孫

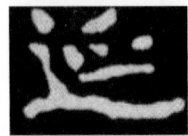

北魏·于景誌	北魏·元理誌
○至延昌中	○矣延興五年十二月壬
北魏·元仙誌	北魏·張正子父母鎮石
○字延生	○唯大代延和二年歲在癸酉十月癸
北魏·元潛嬪耿氏誌	北魏·謝伯違造像
	○父母康延
北魏·趙充華誌	北魏·元纂誌
北魏·鄫乾誌	東魏·李次明造像
○延昌元年	○延造觀世
北魏·元偃誌	北齊·馬天祥造像
	○延無窮
北魏·塔基石函銘刻	北周·任延智造像
○願國祚延萇	○弟子任延

行部

【行】

《説文》：𔘃，人之步趨也。从彳从亍。凡行之屬皆从行。

戰晚・新鄭虎符

戰晚・三十二年相邦冉戈

漢銘・內者行鐙

漢銘・尚浴府行燭盤

漢銘・信都食官行鐙

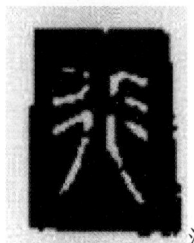

漢銘・成山宮行鐙

漢銘・長安下領宮行鐙

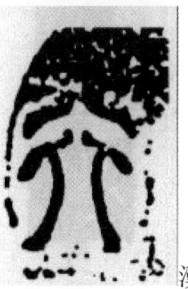

漢銘・聖主佐宮中行樂錢

睡・秦律十八種 3

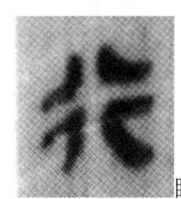

睡・秦律雜抄 39

睡・日甲《到室》135

關・病方 363

獄・質日 3422

獄・為吏 31

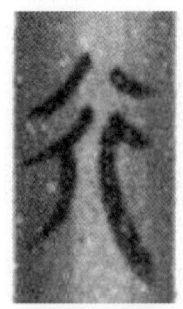

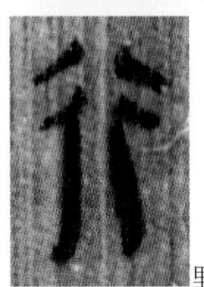

獄・癸瑣案 5

里・第八層 555

里・第八層背 71

馬壹 36_47 上

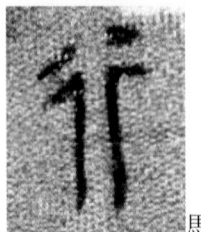

馬壹 72_3

馬壹 256_3 上

張・具律 104

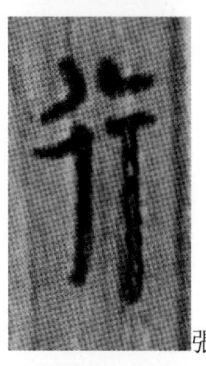

張・奏讞書 26

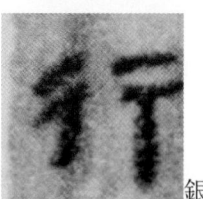

銀壹 272

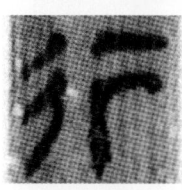

銀貳 1982

北貳・老子 12

敦煌簡 2179A
〇行壽觴酒以畢

金關 T24:739

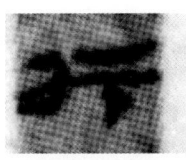

武·甲《泰射》51

東牌樓 001

○桂楊大守行丞事

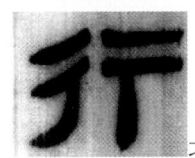

北壹·倉頡篇 7

○行步駕服

廿世紀璽印二-GP

廿世紀璽印二-SP

廿世紀璽印三-GP

歷代印匋封泥

歷代印匋封泥

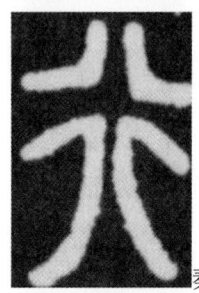

秦代印風

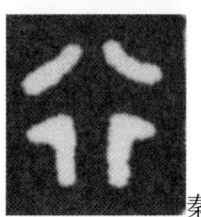

秦代印風

秦代印風

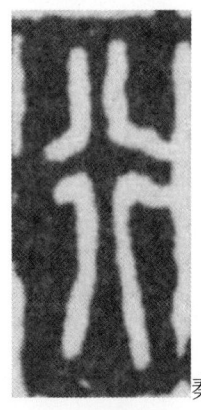

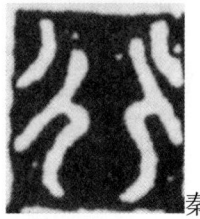

秦代印風

秦代印風

○王行

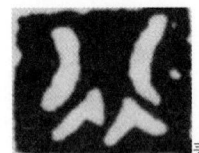

秦代印風

○士行

廿世紀璽印三-GY

廿世紀璽印三-SP

○日行百萬

廿世紀璽印三-GP

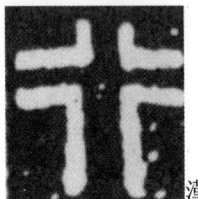

漢晉南北朝印風

歷代印匋封泥

漢印文字徵

漢印文字徵

漢印文字徵

漢印文字徵

○行吉

漢印文字徵

○行吉

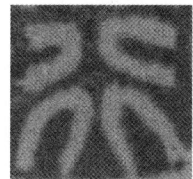

柿葉齋兩漢印萃

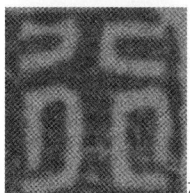

柿葉齋兩漢印萃

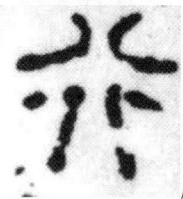

歷代印匋封泥

漢代官印選

漢印文字徵

〇郏行

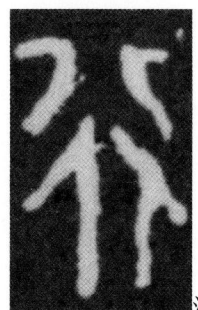

漢晉南北朝印風

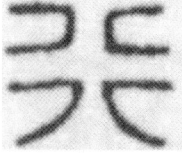

漢晉南北朝印風

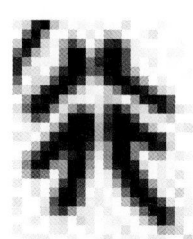

秦駰玉版

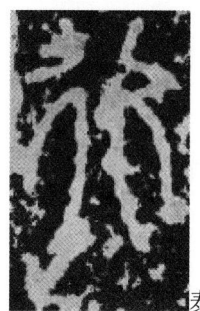

泰山刻石

東漢・成陽靈臺碑

東漢・元和三年畫像石題記

〇行三年如禮

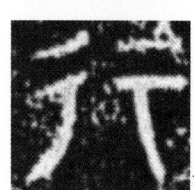

東漢・北海相景君碑陽

東漢・佐孟機崖墓題記

〇端行

東漢·張景造土牛碑

東漢·肥致碑

東漢·夏承碑

西晉·成晃碑

北魏·元澄妃誌

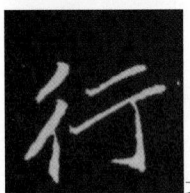

北魏·鄭君妻誌

北魏·奚智誌

○內行羽真

北魏·寇治誌

北魏·元譚誌

北魏·淨悟浮圖記

○行高□廣建道場衆檀越大會

【術】

《說文》：術，邑中道也。从行术聲。

漢銘·光和斛二

漢銘·光和斛一

漢銘·大司農權

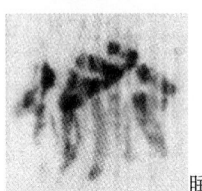

睡·為吏 37

○術（疢）愁（憂）之心不可長

獄·為吏 78

○道□術不除寒者

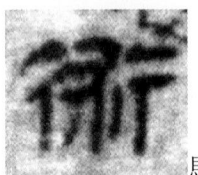

馬壹 82_53

張‧算數書 153

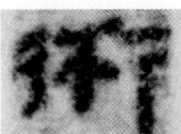

銀壹 244

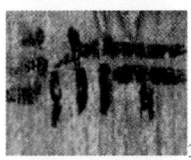

金關 T23:879

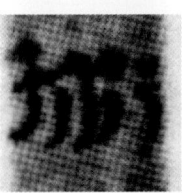

武‧甲《少牢》2

東牌樓 048 背

○□□術污穢滋列惶

北壹‧倉頡篇 53

○徑路衝術

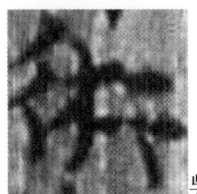

吳簡嘉禾‧五‧七五二

秦代印風
○陳術

廿世紀璽印三-SY
○徐術之印

漢印文字徵
○陳術

漢印文字徵
○李術之印

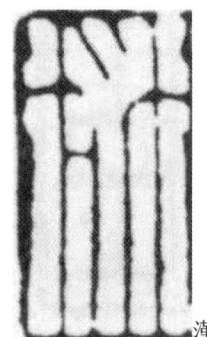

漢晉南北朝印風
○臣術

漢晉南北朝印風

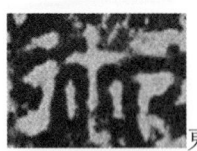

○斬術

東漢・衛尉卿衡方碑

北魏・元乂誌

北魏・元秀誌

○遊息儒術之藪

【街】

《說文》：街，四通道也。从行圭聲。

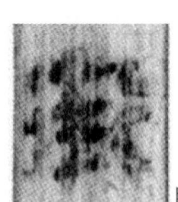

睡・封診式 21

○市南街亭

關・病方 347

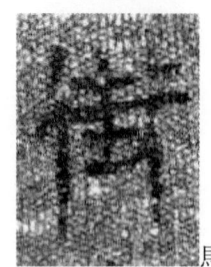

獄・質日 3528

○宿商街郵

馬貳 62_14

北貳・老子 43

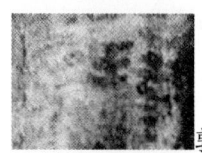

敦煌簡 1242

金關 T28∶026

北壹・倉頡篇 53

○街巷垣牆

秦代印風

○街鄉

廿世紀璽印三-GP

○灅街長印

廿世紀璽印三-GP

○街口宰之印

漢印文字徵

○胡街孺

漢印文字徵

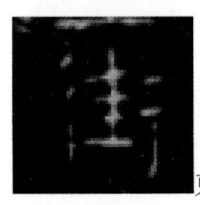

○樂街令印

東魏·李憲誌

○捫塵街巷

【衢】

《說文》：衢，四達謂之衢。从行瞿聲。

漢印文字徵

○衢階

東漢·桐柏淮源廟碑

北魏·張玄誌

北魏·劇市誌

○控驥足於勿用之衢

北魏·元寧誌

○衢男綴歌於巷首

北魏·馮邕妻元氏誌

【衕（衖）】

《說文》：衖，通道也。从行童聲。

《春秋傳》曰："及衖，以戈擊之。"

馬壹 226_68

〇有衝日者貫日

馬貳 12_4

〇奇除衝天陷天獄

張・脈書 17

〇病衝（腫）

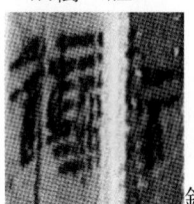

銀貳 1937

〇國多衝風折樹

北壹・倉頡篇 53

〇徑路衝術

柿葉齋兩漢印萃

〇折衝將軍章

漢印文字徵

〇衛里

漢印文字徵

〇折衝衛千人

廿世紀璽印四-GY

〇折衝將軍章

漢晉南北朝印風

〇折衝將軍章

漢晉南北朝印風

〇折衝將軍章

北魏・源延伯誌

○壯氣衝心

北魏・元悌誌

○折衝萬里

北魏・元固誌

○斯寔折衝

北齊・元賢誌

○折衝樽俎

北齊・徐顯秀誌

○常衝死地

【衕】

《說文》：衕，通街也。从行同聲。

【衙】

《說文》：衙，迹也。从行戔聲。

【衙】

《說文》：衙，行皃。从行吾聲。

漢銘・衙鼎

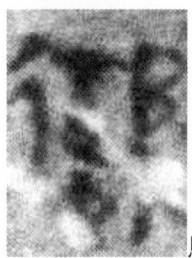

馬壹 114_12\415

○蚤（爪）衙（牙）之士

張・秩律 448

○華陰、慎、衙

敦煌簡 2014

○官兵守衙至重

居・EPT55.5

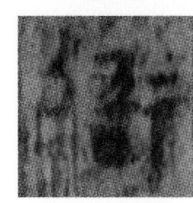

○守衙器簿

東牌樓 075 背

○吾遣廷衙史

秦代印風

○銜印

廿世紀璽印三-GP

○銜丞之印

漢印文字徵

○銜印

東漢·倉頡廟碑側

○銜門下功曹

東漢·石門頌

東漢·北海相景君碑陽

○強銜改節

三國魏·三體石經春秋·隸書

三國魏·三體石經春秋·篆文

○師戰于彭衙秦師

三國魏·曹真殘碑

○北地衙□

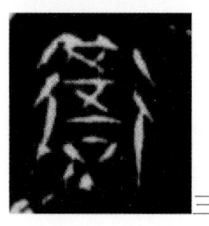

三國魏·三體石經春秋·古文

○師戰于彭衙

【衎】

《說文》：㣔，行喜兒。从行干聲。

【衙】

《說文》：衙，行且賣也。从行从言。

【衒】

《說文》：衒，衙或从玄。

【衛】

《說文》：衛，將衛也。从行率聲。

睡・為吏 23
○或衛（率）民

獄・為吏 4
○勞以衛（率）之

里・第八層 322
○各戶衛（率）人

馬壹 88_203
○衛（率）以朝天下

馬壹 82_68
○不得身衛（率）梁（梁）王牙（與）成陽君

馬壹 36_48 上
○衛（率）亓（其）辪

張・復律 278
○數衛（率）取上手什（十）三人爲復

張・秩律 464
○司空及衛（衛）官

銀壹 435
○所以衛（率）

漢印文字徵
○冬衛之印

詛楚文・沈湫
○衛諸矦之兵

【衛】

《說文》：衞，宿衞也。从韋、帀，从行。行，列衞也。

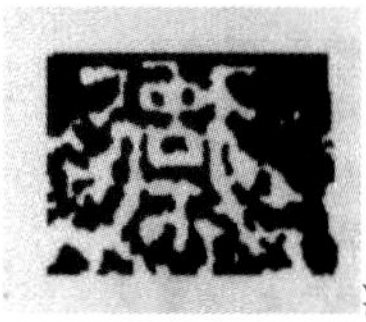

漢銘・新常樂衛士飯幘

漢銘・衛少主鼎

漢銘・衛少主鍾

漢銘・衛鼎

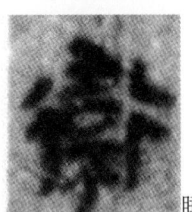

睡・秦律十八種 196

馬壹 226_96

○衛也婺女齊

馬壹 76_62

○諸侯衛君後吳

馬壹 48_4 下

○輿之衛利又

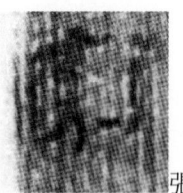

張・秩律 444

○司馬衛尉司馬秩各

銀壹 394

○衛人

敦煌簡 1972C

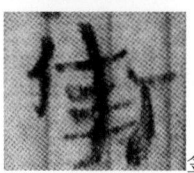

金關 T28:058

○府與衛卿

北壹・倉頡篇 47

○陳蔡宋衛

吳簡嘉禾・四・三九五

○男子衛定

廿世紀璽印二-GP

○衛

○尤衛 
　秦代印風

　秦代印風

○衛嘉 
　歷代印匋封泥

○衛 
　廿世紀璽印三-SY

○衛調之印 
　廿世紀璽印三-GY

○楚衛士印 
　廿世紀璽印三-GP

○齊衛士印 
　廿世紀璽印三-GP

○丞相衛綰 
　漢晉南北朝印風

○衛舍祭尊 
　漢代官印選

○大司馬衛將軍 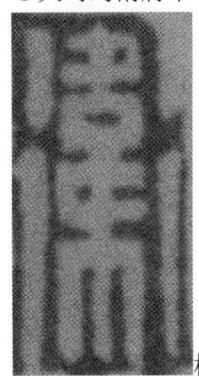
　柿葉齋兩漢印萃

○魏少卿 
　柿葉齋兩漢印萃

○衛騎將軍

歷代印匋封泥
○齊衛士印

歷代印匋封泥
○衛侯之印

漢代官印選
○衛尉印章

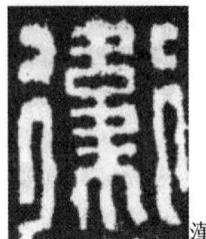

漢代官印選
○長樂屯衛司馬

漢印文字徵
○衛良

漢印文字徵
○衛子長印

漢印文字徵
○衛霜

漢印文字徵
○衛官候之印

漢印文字徵
○中衛司馬

漢晉南北朝印風
○中衛司馬

漢晉南北朝印風
○武衛次飛武賁將印

漢晉南北朝印風
○衛成

漢晉南北朝印風
○衛偃

漢晉南北朝印風
○衛說

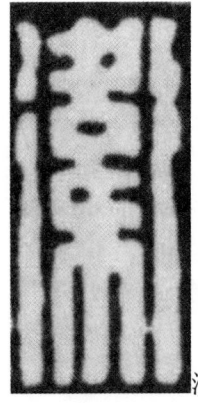

漢晉南北朝印風
○衛翁壹

漢晉南北朝印風
○衛恭私印

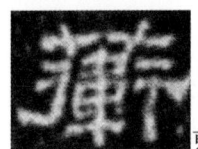

東漢・景君碑
○攘竟蕃衛

東漢・西狹頌
○幼而宿衛

東漢・肥致碑

東漢・成陽靈臺碑
○魚師衛仕

三國魏・三體石經春秋・隸書

○丑鄭伯捷卒衛人侵

三國魏・三體石經春秋・篆文

○衛人侵

三國魏・三體石經春秋・古文

○衛侯

東晉・王閩之誌

○射特進衛將軍彬之孫

北魏・元項誌

北魏・元項誌

北魏・元固誌

北魏・司馬紹誌

北魏・元懷誌

北齊・唐邕刻經記

○領群神而擁衛

〖衍〗

春中・仲滋鼎

馬壹257_2下

馬壹245_1下\2下

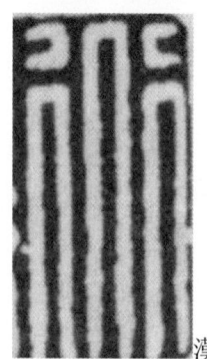

漢晉南北朝印風

○衍時

石鼓·霝雨

○衍時

〖衕〗

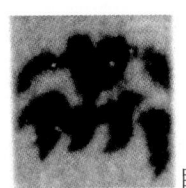

睡·日甲 83

○其咎在渡衕（巷）

〖衡〗

秦文字編 313

秦文字編 313

齒部

【齒】

《説文》：齒，口齗骨也。象口齒之形，止聲。凡齒之屬皆从齒。

【𠚒】

《説文》：𠚒，古文齒字。

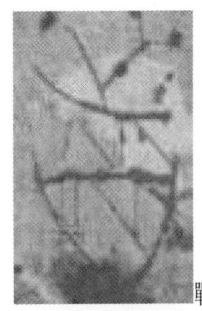

戰晚·三十二年相邦冄戈

睡·為吏 17

睡·日書乙種《盜》255

○乃折齒

關·病方 326

○病齲齒笴（苟）

馬壹 139_9 下/151 下

○无上齒

馬壹 4_2 下

○齒九五休否

馬貳 247_292

馬貳 291_369/278

○角象齒一笥

張·脈書 3

張·引書 2

敦煌簡 1124

○牡齒六歲

敦煌簡 0048

○皆大齒

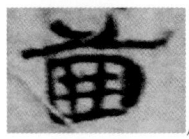

居·EPF22.22

○齒八歲

金關 T11:004

○齒年十五

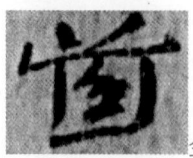

金關 T10:110A

○齒十四歲

金關 T24:430

○駹牝齒七歲

金關 T26:238

金關 T21:426

○青犗齒九歲

武·甲《特牲》50

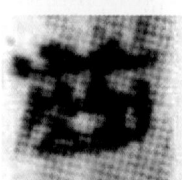

武·甲《特牲》50

流沙墜簡

○六齒

歷代印匋封泥

○□齒

歷代印匋封泥

秦代印風

秦代印風

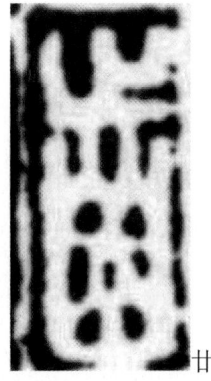

廿世紀璽印三-SY

廿世紀璽印三-SY

漢印文字徵

○宋齒之印

漢印文字徵

○陽威齒

漢印文字徵

漢印文字徵

漢印文字徵

漢晉南北朝印風
○陽成齒

漢印文字徵
○宋齒之印

漢晉南北朝印風
○史少齒

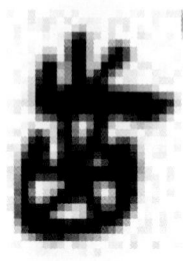

秦駰玉版
○其齒七

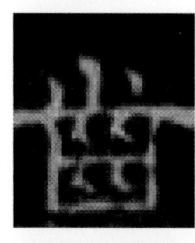

西晉・臨辟雍碑

北魏・源延伯誌
○与齒俱成

北魏・元瑱誌

北魏・慈慶誌
○法門宿齒

東魏·王僧誌

○聲播稚齒

北齊·高百年誌

【斷】

《說文》：斷，齒本也。从齒斤聲。

【齔】

《說文》：齔，毀齒也。男八月生齒，八歲而齔。女七月生齒，七歲而齔。从齒从七。

秦文字編 314

張·奏讞書 199

○女子齔出

金關 T21:374A

○齔宮

東漢·曹全碑陽

○童齔好學

東漢·鮮於璜碑陽

○岐齔謠是

北魏·元壽安誌

○爰自韶齔

北魏·于仙姬誌

○童年幼齔

北魏·楊乾誌

○韶齔

北魏·甄凱誌

○年方韶齔

北魏·趙光誌

○玉振齔歲

【齰】

《說文》：齰，齒相值也。一曰齧也。从齒責聲。《春秋傳》曰："皙齰。"

秦文字編 314

北壹·倉頡篇 18

○齜娷齫齞齧繞

【齜】

《說文》：齜，齒相斷也。一曰開口見齒之皃。從齒，柴省聲。讀若柴。

秦文字編 314

【齘】

《說文》：齘，齒相切也。從齒介聲。

馬貳 219_39/50

○五曰齘（齧）審察

【齞】

《說文》：齞，口張齒見。從齒只聲。

北壹·倉頡篇 18

○齜娷齫齞齧繞

【齼】

《說文》：齼，齒差也。從齒兼聲。

【齫】

《說文》：齫，齒擼也。一曰齰也。一曰馬口中橜也。從齒匘聲。

北壹·倉頡篇 18

○齜娷齫齞齧繞

【齲】

《說文》：齲，齒不正也。從齒禹聲。

【齬】

《說文》：齬，齬齒也。從齒盧聲。

【齱】

《說文》：齱，齲也。從齒取聲。

【齹】

《說文》：齹，齒參差。從齒差聲。

【齝】

《說文》：齝，齒差跌皃。從齒佐聲。《春秋傳》曰："鄭有子齝。"

【齯】

《說文》：齯，缺齒也。一曰曲齒。

从齒弅聲。讀若權。

【齫】

《説文》：齫，無齒也。从齒軍聲。

【齾】

《説文》：齾，缺齒也。从齒獻聲。

【齟】

《説文》：齟，齗腫也。从齒巨聲。

【齯】

《説文》：齯，老人齒。从齒兒聲。

【齮】

《説文》：齮，齧也。从齒奇聲。

里·第五層1
○齮手

里·第八層704
○守丞齮敢言之

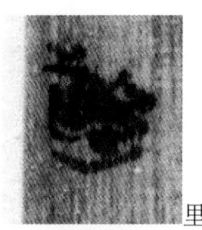

里·第八層背1563
○齮手

北壹·倉頡篇51
○齮齕痍傷毆伐

秦代印風

○公孫齮

漢印文字徵
○縊齮

【齣】

《説文》：齣，齰齒也。从齒出聲。

【齛】

《説文》：齛，齧也。从齒沓聲。

【齚】

《説文》：齚，齰或从乍。

里·第八層 2137

○齘

北壹·倉頡篇 71

○曠疑齘圍

廿世紀璽印三-SP

○齘

漢印文字徵

○□齘

漢印文字徵

○□齘

【齗】

《說文》：齗，齧也。从齒咸聲。

【齦】

《說文》：齦，齧也。从齒𠅃聲。

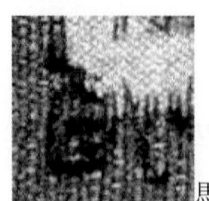

馬貳 74_134/134

○齒齦

張·脈書 51

○齦齊齒長

【齟】

《說文》：齟，齒見皃。从齒干聲。

【齤】

《說文》：齤，齟，齤也。从齒卒聲。

【齘】

《說文》：齘，齒分骨聲。从齒㓝聲。讀若刺。

【齩】

《說文》：齩，齧骨也。从齒交聲。

【齰】

《說文》：齰，齒差也。从齒屑聲。讀若切。

【齕】

《說文》：齕，齒堅聲。从齒吉聲。

【齭】

《説文》：齮，齕牙也。从齒豈聲。

【齝】

《説文》：齝，吐而噍也。从齒台聲。
《爾雅》曰："牛曰齝。"

【齤】

《説文》：齤，齧也。从齒气聲。

秦文字編 315

馬壹 81_43

○魚（吾）信若遒（猶）齤（齧）也

張·脈書 3

北壹·倉頡篇 51

○齮齤痍傷

漢印文字徵

○榮齤之印

漢印文字徵

○公孫齤

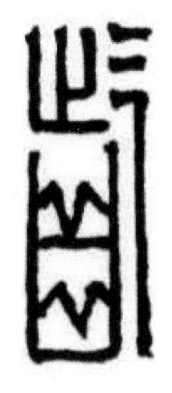

漢印文字徵

○譚齤

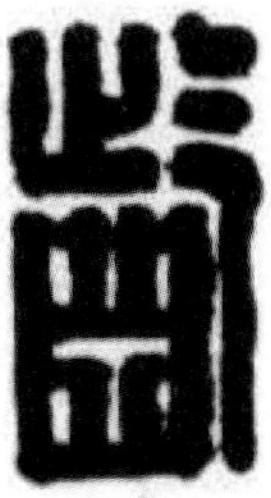

漢印文字徵

○弓齤

漢印文字徵

○室孫齤

【齧】

《說文》：齾，齒見皃。从齒聯聲。

【齧】

《說文》：齧，噬也。从齒㓞聲。

睡·法律答問 88

睡·法律答問 83

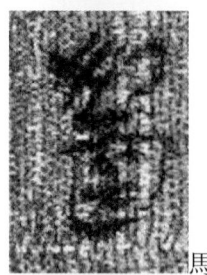

馬貳 71_64/64

張·引書 18

北壹·倉頡篇 18

北魏·薛慧命誌

東魏·公孫略誌

【齭】

《說文》：齭，齒傷酢也。从齒所聲。讀若楚。

【齨】

《說文》：齨，老人齒如臼也。一曰馬八歲齒臼也。从齒从臼，臼亦聲。

【齬】

《說文》：齬，齒不相值也。从齒吾聲。

【齛】

《說文》：齛，羊糞也。从齒世聲。

【齸】

《說文》：齸，鹿麋糞。从齒益聲。

【齕】

《說文》：齕，齒堅也。从齒至聲。

【齳】

《說文》：齳，齧骨聲。从齒从骨，骨亦聲。

【齝】

《說文》：齝，噍聲。从齒昏聲。

【齻】

《說文》：齻，噍堅也。从齒，博省聲。

【齡】

《說文》：齡，年也。从齒令聲。

敦煌簡 1275

廿世紀璽印四-SY

○湛千齡白賤

北魏・源延伯誌

○眇眇弱齡

北魏・元晫誌

北魏・元定誌

○永錫修齡

北魏・元彬誌

○溫仁著於弱齡

【齠】

北魏・鞠彥雲誌

北魏・元仙誌

○齠年結譽

北魏・元颺誌

○睦睦於齠年

北魏・鄯乾誌

東魏・鄭氏誌

【齺】

秦文字編 315

牙部

【牙】

《說文》：牙，牡齒也。象上下相錯

之形。凡牙之屬皆从牙。

【齒】

《說文》：齒，古文牙。

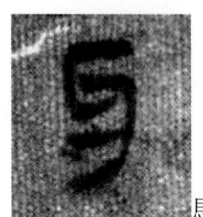

馬壹 78_87

馬壹 4_11 下

○之牙吉上（尚）

馬貳 98_16

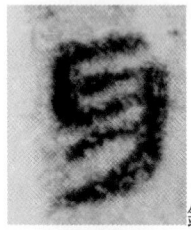

銀壹 153

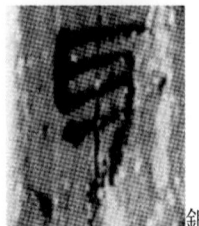

銀貳 1825

金關 T24:822

漢晉南北朝印風

○虎牙將軍章

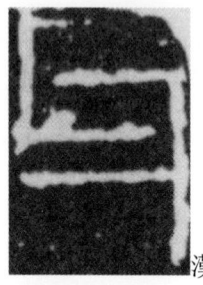

漢晉南北朝印風

○牙門將印章

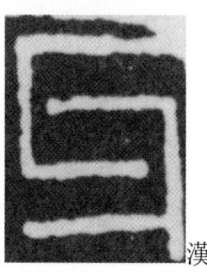

漢晉南北朝印風

○牙門將印章

漢印文字徵

○李牙

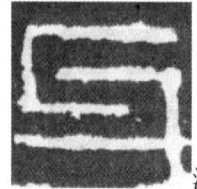

漢代官印選

○虎牙將軍

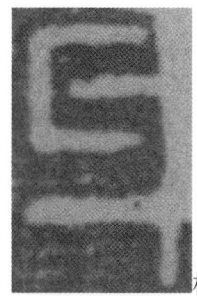

柿葉齋兩漢印萃

○牙門將印章

柿葉齋兩漢印萃

○牙門將印章

漢印文字徵

○牙門將印章

漢印文字徵

○牙門司馬

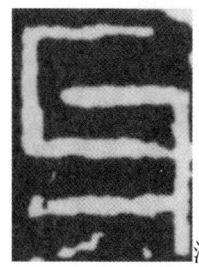

漢晉南北朝印風

○牙門將印章

廿世紀璽印四-GY

○牙門將印

漢晉南北朝印風

○牙門將之章

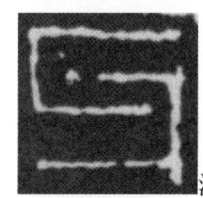

漢晉南北朝印風

○牙門將印

漢晉南北朝印風

○牙門將印

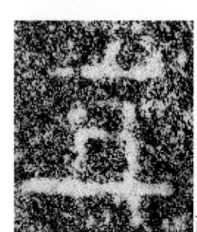

西漢·霍去病墓題字

○宿伯牙霍巨孟

三國魏·上尊號碑

○虎牙將軍

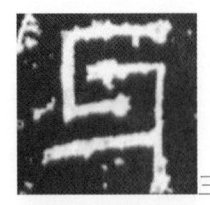

三國魏・毋丘儉殘碑

○督七牙門討句驪

北魏・張玄誌

○爪牙帝室

東魏・李挺誌

○豈獨牙周

【猗】

《說文》：猗，武牙也。从牙从奇，奇亦聲。

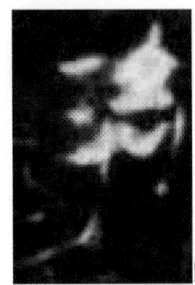

戰晚・十二年上郡守壽戈

戰晚・十三年上郡守壽戈

戰晚・囗年上郡守戈

戰國・十五年上郡守壽戈

【𤘓】

《說文》：𤘓，齒蠹也。从牙禹聲。

【齲】

《說文》：齲，𤘓或从齒。

足部

【足】

《說文》：足，人之足也。在下。从止、口。凡足之屬皆从足。

漢銘・中宮鴈足鐙

漢銘・竟寧鴈足鐙

漢銘・綏和鴈足鐙

漢銘・山陽邸鴈足長鐙

漢銘・建昭鴈足鐙一

睡・秦律十八種 2

睡・封診式 69

關・病方 337

獄・數 204

里・第八層 90

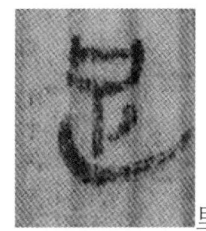

里・第八層背 527

馬壹 149_76/250 下

○不足見也

馬壹 80_12

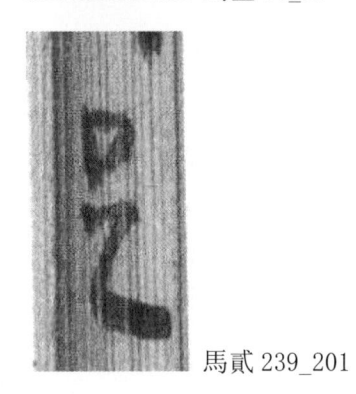

馬貳 239_201

○九郭（槨）足

馬貳 63_34

張・奏讞書 181

張·算數書 134

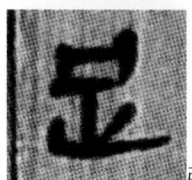

張·脈書 20

張·引書 45

張·引書 16

銀壹 533

銀貳 1181

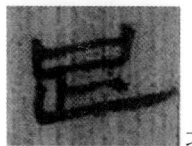

北貳·老子 26

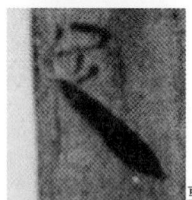

敦煌簡 0813

金關 T06:176

金關 T07:081

○令足以飲此

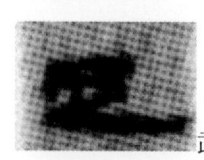

武·儀禮甲《士相見之禮》3

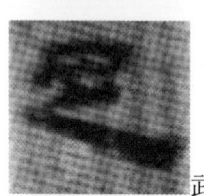

武·儀禮甲《服傳》16

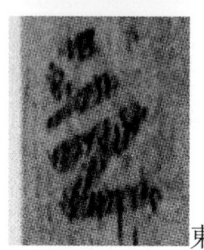

東牌樓 055 正

○吾復作足手

漢印文字徵

○弩足印

漢印文字徵

○樂足私印

漢晉南北朝印風

○駑足印

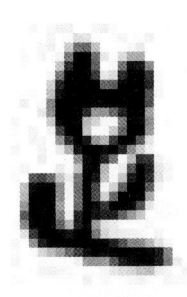

秦駰玉版

東漢・曹全碑陽

○民給足

東漢・永和二年畫像石題記

北魏・王基誌

○傲然獨足

北魏・元始和誌

○威足以摧敵

北魏・韓顯宗誌

東魏・嵩陽寺碑

北齊・高淯誌

北周・大比丘佛經摩崖

○是諸菩薩具足无

【踞】

《說文》：踞，足也。从足虎聲。

秦文字編 317

【跟】

《說文》：跟，足踵也。从足𠨞聲。

【䢐】

《說文》：䢐，跟或从止。

【踝】

《說文》：踝，足踝也。从足果聲。

馬貳 62_5

馬貳 65_28/62

張·脈書 12

張·引書 43

北壹·倉頡篇 69

漢印文字徵
○董踝

漢印文字徵
○李踝

北齊·無量義經二

【跖】

《說文》：跖，足下也。从足石聲。

漢印文字徵
○謝跖印

【踦】

《說文》：踦，一足也。从足奇聲。

秦文字編 317

廿世紀璽印三-SY
○史踦

漢印文字徵

○趙踦

漢印文字徵

○霍踦之印

漢印文字徵

○王踦

漢印文字徵

○臣踦

漢晉南北朝印風

○董踦印

【跪】

《說文》：跪，拜也。从足危聲。

銀貳 1070

○計相跪（詭）也

北朝·千佛造像碑

○退則跪誦繙大藏經

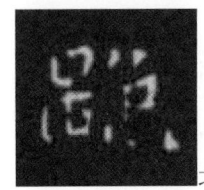

北魏·元順誌

○跪玉几

北齊·石佛寺迦葉經碑

○迦葉菩薩長跪合掌

【跽】

《說文》：跽，長跪也。从足忌聲。

東漢·史晨後碑

○式路虔跽

【踧】

《說文》：踧，行平易也。从足叔聲。《詩》曰："踧踧周道。"

東魏·廉富等造義井頌

○晨踧峰雲

【躍】

《說文》：躍，行皃。从足瞿聲。

【踏】

《說文》：踏，長脛行也。从足畓聲。一曰踞踏。

【踽】

《說文》：踽，疏行皃。从足禹聲。《詩》曰："獨行踽踽。"

【蹡】

《說文》：蹡，行皃。从足將聲。《詩》曰："管磬蹡蹡。"

【躖】

《說文》：躖，踐處也。从足，斷省聲。

【趴】

《說文》：趴，趣越皃。从足卜聲。

【踰】

《說文》：踰，越也。从足俞聲。

馬壹 87_178

銀貳 1462

○曰愛踰（喻）信

銀貳 1463

敦煌簡 0163

○踰想而已

魏晉殘紙

○闊別踰異

東漢・路公食堂畫像石題記

○不踰

東漢・朝侯小子殘碑

東漢・北海相景君碑陰

西漢・永興二年刻石

○更踰二年

東漢・從事馮君碑

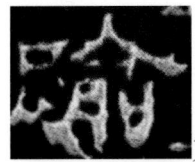

東漢・楊震碑

東漢・鮮於璜碑陰

北魏・爾朱襲誌

北魏・馮會誌

北魏・元弘嬪侯氏誌

北魏・元演誌

北魏・堯遵誌

北魏・李媛華誌

北魏・丘哲誌

○但邊吳踰越

北魏・卅一人造像

北魏・元略誌

北魏・緱光姬誌

東魏・元均及妻杜氏誌

北齊・元賢誌

北周・安伽誌

【跋】

《說文》：跋，輕也。从足戉聲。

【蹻】

《說文》：蹻，舉足行高也。从足喬聲。《詩》曰："小子蹻蹻。"

秦文字編 317

【跾】

《說文》：跾，疾也。長也。从足攸聲。

【蹡】

《說文》：蹡，動也。从足倉聲。

【踊（踴）】

《說文》：踊，跳也。从足甬聲。

馬貳 37_51 下
○踊躍

東漢・成陽靈臺碑

東漢・夏承碑

北魏・元瞻誌
○徒踴無滄

北魏・元曄誌
○踴如有謀

北魏・張盧誌
○提戈踴赴

北魏・張安姬誌
○親號躃踴

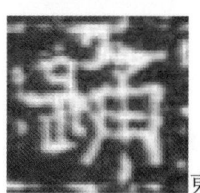

東魏・嵩陽寺碑

北齊・姜纂造像

北齊・宋敬業造塔

【躋】

《說文》：躋，登也。从足齊聲。《商書》曰："予顛躋。"

北魏・元文誌

北魏·元頊誌

北魏·寇治誌

○君誕世鴻躋

北魏·元颺誌

【躍】

《説文》：躍，迅也。从足翟聲。

銀貳 2119

○星躍（燿）

東漢·夏承碑

東漢·熹平石經殘石四

北魏·元顯誌

北魏·馮會誌

東魏·杜文雅造像

○愓躍難任

【跧】

《説文》：跧，蹴也。一曰卑也，絭也。从足全聲。

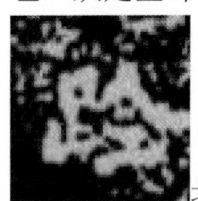

北魏·南石窟寺碑

○近跧通家之俊

【蹴】

《説文》：蹴，躡也。从足就聲。

北壹·倉頡篇 12

○闊錯蹴

北齊·司馬遵業誌

○陵蹴巨源

【躡】

《説文》：躡，蹈也。从足聶聲。

漢印文字徵

○躡

北魏·元顯魏誌

○往躡丹墀

北魏·元悌誌

○方當躡驃騎之遺蹤

北魏·唐雲誌

○曳裾躡矯

北魏·元願平妻王氏誌

○望齊躡姬

北周·寇嶠妻誌

○遂躡高行之風

【跨】

《説文》：跨，渡也。从足夸聲。

東漢·燕然山銘

○跨安侯

北魏·爾朱襲誌

○跨兹驥騄

北魏·元熙誌

○跨虞邁姒

北魏·元昭誌

○效跨齊魯

東魏·閭叱地連誌

東魏·邑主造像訟

○跨躡崇□

東魏·李挺誌

北齊·法懃塔銘

【蹋】

《說文》：蹋，踐也。从足習聲。

【踄】

《說文》：踄，蹈也。从足步聲。

【蹈】

《說文》：蹈，踐也。从足舀聲。

東漢·圉令趙君碑

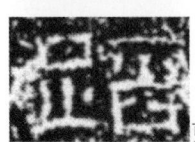

東漢·北海相景君碑陽

北魏·元繼誌

○雖伯獻五蹈三事

北魏·元顯魏誌

○始蹈龍門

北魏·元悌誌

北魏·元尚之誌

○高蹈曾閔

北魏·李慶容誌

○先遠已蹈

東魏·廣陽元湛誌

【躔】

《說文》：躔，踐也。从足廛聲。

【踐】

《說文》：踐，履也。从足戔聲。

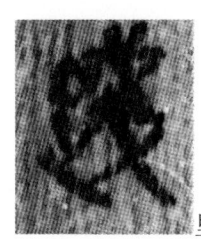

里·第八層 651

○封當踐十二月

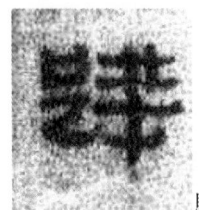

馬壹 128_1 上\78 上

馬貳 3_34

張・史律 486

○二更踐更

張・奏讞書 111

張・引書 67

北壹・倉頡篇 71

○闌踐羄杅

東漢・成陽靈臺碑

東漢・西狹頌

晉・洛神十三行

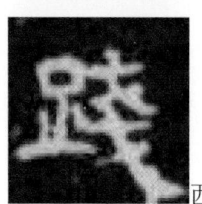

西晉・臨辟雍碑

○聖上踐祚

北魏・惠猛誌

○神鑒一踐

北魏・元誘誌

北魏・吐谷渾璣誌

○幽途夜踐

北魏・塔基石函銘刻

○踐纏術而觀險易

【踵】

《說文》：踵，追也。从足重聲。一曰往來皃。

馬壹 99_106
○善能踵（動）善時

馬貳 213_19/120
○曰直踵四曰側句（

張・脈書 18
○此爲踵（踵）歷

張・引書 14
○後雇（顧）踵

張・引書 9
○胻直踵（踵）幷

敦煌簡 1949A
○更主踵故以

吳簡嘉禾・三
○七歲踵兩足

北魏・李慶容誌
○仁路踵賢

北魏・元項誌
○慶踵（鍾）當世

北魏・寇治誌
○應圖踵武

北魏·元譚妻司馬氏誌

北魏·寇演誌

○光踵前脩

東魏·王僧誌

○踵世傳芳

【踔】

《說文》：踔，踶也。从足卓聲。

【蹛】

《說文》：蹛，踶也。从足帶聲。

【蹩】

《說文》：蹩，踶也。从足敝聲。一曰跛也。

【踶】

《說文》：踶，躛也。从足是聲。

漢印文字徵

○踶印忠臣

東魏·李挺誌

【躛】

《說文》：躛，衛也。从足衛聲。

【蟄】

《說文》：蟄，蟄足也。从足執聲。

【胝】

《說文》：胝，䠡也。从足氏聲。

【蹢】

《說文》：蹢，住足也。从足，適省聲。或曰蹢䠱。賈侍中說：足垢也。

【躅】

《說文》：躅，蹢躅也。从足蜀聲。

北齊·柴季蘭造像

○軌躅鬱曄

【踤】

《說文》：踤，觸也。从足卒聲。一曰駭也。一曰蒼踤。

【蹶】

《說文》：蹶，僵也。从足厥聲。一曰跳也。亦讀若橜。

【躝】

《説文》：躝，蹶或从闌。

馬貳 65_37/71

○此爲臂靡靡（蹶）

張·脈書 46

○此爲臂靡（蹶）

張·引書 41

○更蹶之

北齊·高淯誌

○蹶然已謝

北周·匹婁歡誌

○申屠蹶張

【跳】

《説文》：跳，蹶也。从足兆聲。一曰躍也。

馬貳 64_13/47

○痛郤（膝）跳付（跗）

北魏·張正子父母鎮石

○跳梁墓道

【踬】

《説文》：踬，動也。从足辰聲。

【躇】

《説文》：躇，跱躇，不前也。从足屠聲。

【𨆪】

《説文》：𨆪，跳也。从足弗聲。

【蹠】

《説文》：蹠，楚人謂跳躍曰蹠。从足庶聲。

北魏·元徽誌

○蹠四岳而特立

北魏·元悛誌

○謂蹠三台

北齊·婁叡誌

○觀夫崇墉厚蹠

北齊·薛懷儁誌

○且蹠台階

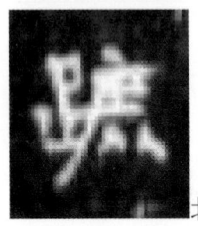

北周·韋彪誌

【踏】

《說文》：踏，跲也。从足荅聲。

【蹈】

《說文》：蹈，跳也。从足䍃聲。

【跋】

《說文》：跋，進足有所擷取也。从足及聲。《爾雅》曰："跋謂之擷。"

【蹞】

《說文》：蹞，步行獵跋也。从足貝聲。

【躓】

《說文》：躓，跲也。从足質聲。《詩》曰："載躓其尾。"

北魏·元邵誌

北魏·王遺女誌

○以斯艱躓

【跲】

《說文》：跲，躓也。从足合聲。

【跇】

《說文》：跇，述也。从足世聲。

【蹎】

《說文》：蹎，跋也。从足真聲。

【跋】

《說文》：跋，蹎跋也。从足犮聲。

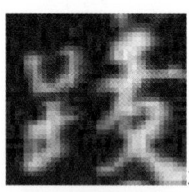

北朝·千佛造像碑

○不相跋(悖)焉

北魏·元愻誌

○朔卒跋扈

東魏·陸順華誌
○祖受洛跋

北齊·元賢誌
○辛勞跋涉

北周·拓跋虎誌
○拓跋氏

【踳】

《說文》：踳，小步也。从足𩥇聲。《詩》曰："不敢不踳。"

【跌】

《說文》：跌，踼也。从足失聲。一曰越也。

北齊·宇文誠誌

【踼】

《說文》：踼，跌踼也。从足易聲。一曰搶也。

【蹲】

《說文》：蹲，踞也。从足尊聲。

【踞】

《說文》：踞，蹲也。从足居聲。

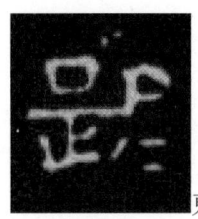

東魏·廉富等造義井頌
○地踞華蕃

【跨】

《說文》：跨，踞也。从足夸聲。

【躩】

《說文》：躩，足躩如也。从足矍聲。

【踣】

《說文》：踣，僵也。从足音聲。《春秋傳》曰："晉人踣之。"

【跛】

《說文》：跛，行不正也。从足皮聲。一曰足排之。讀若彼。

馬壹 7_37 上
○跛能利正（征）

北魏·常岳等造像
○致使跛者之□

【蹇】

《說文》：蹇，跛也。从足，寒省聲。

馬壹 6_24 下
○蹇（蹇）來反六四

馬壹 5_24 上
○蹇（蹇）利西南不

馬壹 5_24 上
○蹇（蹇）利西南不

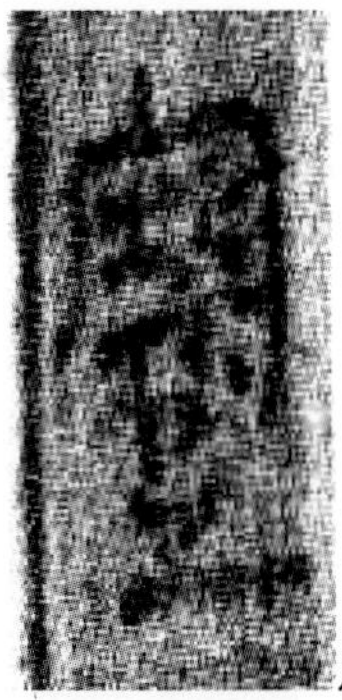

馬貳 203_6
○炁堅蹇不死

金關 T30:116A
○長馬蹇

廿世紀璽印三-SY
○蹇明

漢印文字徵
○蹇順

秦文字編 318

東漢・熹平石經殘石五
○王臣蹇蹇

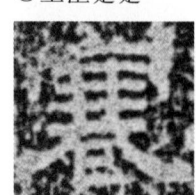

東漢・熹平石經殘石五
○王臣蹇蹇

北魏·元恐誌

○搴搴爲國

北魏·元孟輝誌

○貞標搴諤

北魏·元颺誌

○搴搴於弱歲

北齊·張忻誌

○危峰偃搴

【躪】

《說文》：躪，足不正也。從足扁聲。一曰拖後足馬。讀若苹。或曰徧。

【踒】

《說文》：踒，脛肉也。一曰曲脛也。從足夆聲。讀若逢。

【踒】

《說文》：踒，足跌也。從足委聲。

【跣】

《說文》：跣，足親地也。從足先聲。

東魏·張滿誌

○雖魏王徒跣而接子遠

【跔】

《說文》：跔，天寒足跔也。從足句聲。

【踞】

《說文》：踞，瘃足也。從足困聲。

【距】

《說文》：距，雞距也。從足巨聲。

馬壹 89_228

○河南距莎（沙）丘

馬貳 213_21/122

張·引書 99

銀貳 1145

漢印文字徵

○虞距

漢印文字徵

漢印文字徵

○距梁

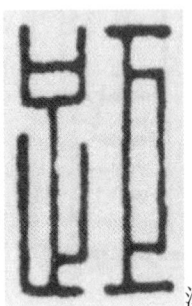

漢晉南北朝印風

○臣距

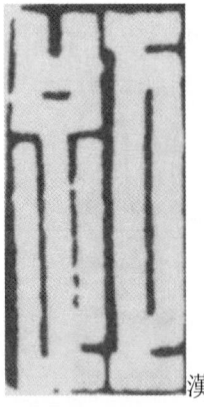

漢晉南北朝印風

○韓距

東漢・武氏左石室畫像題字

○與項相距

東漢・朝侯小子殘碑

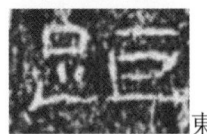

東漢・石門頌

東晉・黃庭經

○中外相距重閉之

北魏・元顥誌

北魏・寇治誌

○荊蠻敢距

【躢】

《说文》：𩌏，舞履也。从足麗聲。

【䩕】

《说文》：䩕，或从革。

【踞】

《说文》：踞，足所履也。从足叚聲。

【誹】

《说文》：誹，踦也。从足非聲。讀若匪。

【趴】

《说文》：趴，斷足也。从足月聲。

【跀】

《说文》：跀，趴或从兀。

【跊】

《说文》：跊，曲脛馬也。从足方聲。讀與彭同。

【趹】

《说文》：趹，馬行皃。从足，決省聲。

【跰】

《说文》：跰，獸足企也。从足开聲。

【路】

《说文》：路，道也。从足从各。

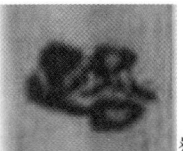

獄·田與案 199

里·第八層 1014

馬壹 104_47\216

○路人

馬壹 82_53

馬貳 211_97

銀貳 1003

敦煌簡 2253

○小路彭池

金關 T30:219

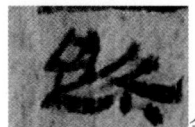

金關 T15:009

○頭遣路奉君

北壹・倉頡篇 53

○徑路衝（衛）術

秦代印風

秦代印風

秦代印風

秦代印風

廿世紀璽印三-SY

廿世紀璽印三-SY

廿世紀璽印三-SY

漢印文字徵

○趙子路

漢印文字徵

○趙路人

漢印文字徵

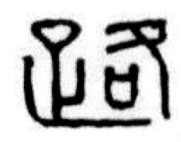

漢印文字徵

柿葉齋兩漢印萃

漢印文字徵

○路並

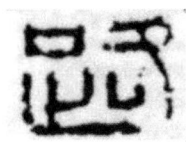

歷代印匋封泥

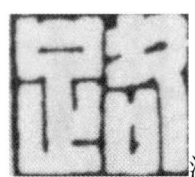

漢晉南北朝印風

○央子路

漢晉南北朝印風

○趙路印

漢晉南北朝印風

秦駰玉版

東漢・西狹頌

東漢・北海相景君碑陽

東漢・洛陽黃腸石六

○路伯石廣三尺

東漢・孟孝琚碑

○顏路哭回孔

東漢・東漢・魯峻碑陽

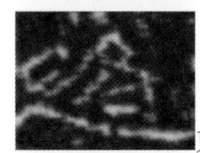

東漢・石祠堂石柱題記額

○差於路食

北魏・塔基石函銘刻

北魏・楊大眼造像

北魏・李端誌

北魏・李蕤誌

○夷路无窮

北魏・寇臻誌

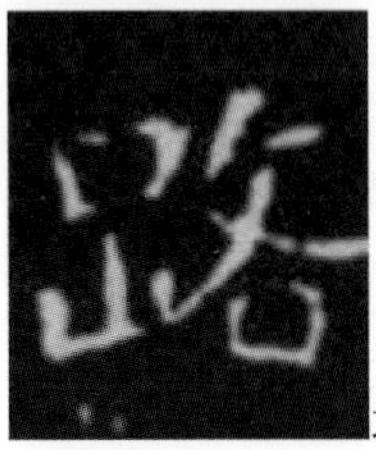
北魏・吐谷渾璣誌

○臨葬引路

北魏・元維誌

北魏・卅一人造像

東魏・李顯族造像

○行路過逢

北齊・庫狄業誌

○薤路

【蹸】

《說文》：蹸，轢也。从足粦聲。

【跂】

《說文》：跂，足多指也。从足支聲。

銀壹 916

○爲大跂（企）而

北壹・倉頡篇 30

○兼溢跂奭

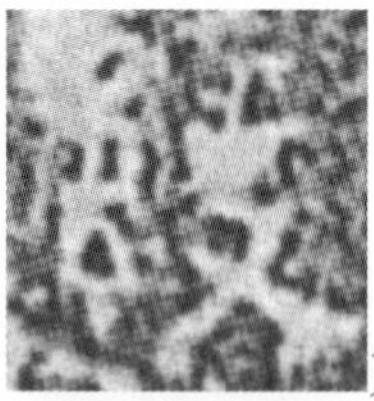
東漢・三公山碑

○跂行喙息

北魏・宋靈妃誌

○跂予何望

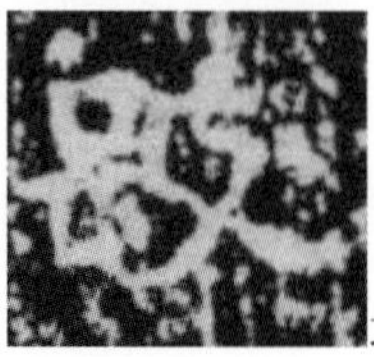
北齊・宋買等造像

○跂看之徒

【躚】

《說文》：躚，蹁躚，旋行。从足䙴

聲。

【蹭】

《說文》：蹭，蹭蹬，失道也。从足曾聲。

【蹬】

《說文》：蹬，蹭蹬也。从足登聲。

【蹉】

《說文》：蹉，蹉跎，失時也。从足差聲。

【跎】

《說文》：跎，蹉跎也。从足它聲。

【蹙】

《說文》：蹙，迫也。从足戚聲。臣鉉等案：李善《文選注》通蹴字。

北魏·元寶月誌

○長途已蹙

【踸】

《說文》：踸，踸踔，行無常皃。从足甚聲。

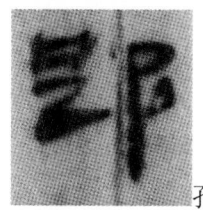

〖邱〗

孔·死失 328

○邱至派罄

〖趺〗

北魏·陳天寶造像

○光趺三尺，圖侍備設

東魏·道穎等造像

〖趾〗

東漢·西岳華山廟碑陽

北魏·元項誌

北魏·元欽誌

○麟趾既茂

北魏·元融誌

○麟趾磅礡

北魏・元靈曜誌
○由巖殘趾

北魏・元譿誌
○

【跀】

漢印文字徵
○跀印猛友

【跗】

張・引書 12
○足跗各卅而更

金關 T08:007
○仁青跗明年卅四

漢印文字徵
○桑印山跗

漢印文字徵
○質山跗

漢印文字徵
○家印青跗

北魏・華山郡主誌銘
○分跗萼於瓊岫

【跬】

廿世紀璽印二-SP
○咸郦里跬

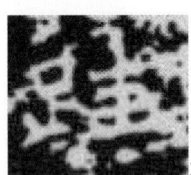

北魏・王紹誌

【跱】

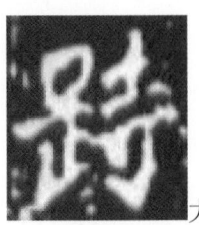

大趙・王真保誌
○豪桀鼎跱

北魏・元靈曜誌

○孤峰獨跱

北魏・王紹誌

西魏・辛蔓誌

〖跖〗

漢印文字徵

○徐跖

〖蹢〗

漢印文字徵

○蹢迈印霖

〖踈〗

敦煌簡1464A

○所賣布踈始樂

東漢・踈夫規冢刻石

○踈夫規冢

東漢・元嘉元年畫像石墓題記

○簿踈郭中

〖踠〗

張・引書102

○踠指以利足氣

〖踘〗

北魏・元徽誌

北魏・高猛誌

〖踧〗

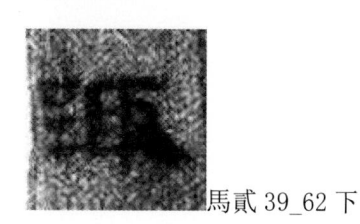

馬貳39_62下

○尙欲踧之者睫不厭

〖跥〗

漢印文字徵

○跳壽私印

【踢】

漢印文字徵

○趙印子踢

【踟】

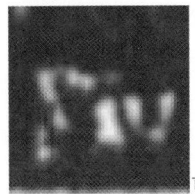

東魏・劉靜憐誌

○蓋踟躕引輈者

【跫】

馬壹9_61上

○欽（咸）其（烘）跫(腓)

【踏】

北魏・元徽誌

北魏・高猛誌

【蹀】

北魏・弔比干文

○蹀䮾廊西

【踳】

銀貳1922

○四則踳（蜃）五

【踱】

張・引書36

○左足踱（蹠）壁

【蹄】

張・引書102

○以利足蹄

【踝】

北魏·元瞻誌
○途絕囂蹕

北魏·元彝誌
○奉迎鑾蹕於河渚

【蹳】

睡·秦律十八種 194
○斗甬（桶）期蹳計

【�】

秦文字編 318

【躙】

北齊·高叡修定國寺碑
○躙虺蛇而尾虎豹

【躇】

北魏·弔比干文
○少躊躇以相羊

【塹】

北魏·丘哲誌
○趑趄塹異

北魏·元茂誌
○紆君塹撫

北魏·寇憑誌
○君以牛刀塹割

【蹤】

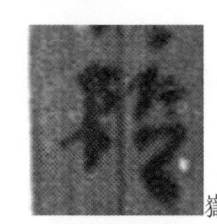

嶽·質日 3429
○失蹤不直論令

東漢·楊著碑額
○追蹤曾參

北魏・元悌誌
○遺蹤

北魏・元颺誌
○挺英蹤於崐岳

北魏・元簡誌
○式述徽蹤

東魏・王僧誌
○悲靈蹤而思結

北齊・爾朱元靜誌
○擬蹤識錄

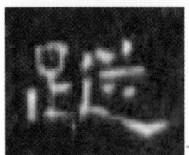

北齊・李君穎誌
○齊蹤機伯

〖蹯〗

北魏・元伯楊誌
○始蹯龍門

〖蹹〗

北齊・韓裔誌
○彈箏蹹鞠

〖躁〗

馬貳35_40下
○靜躁無所法者

馬貳35_38下
○筋不躁動

漢印文字徵
○躁武之印

〖躃〗

北魏・趙廣者誌
○子孫崩躃

北魏・張安姬誌
○親號躃踊

西魏・韋隆妻梁氏誌

○九宗蹕摽

【躊】

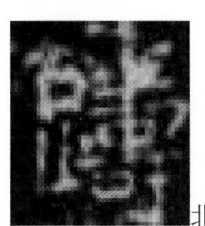

北魏・弔比干文

○少躊躇以相羊

【躑】

北魏・元崇業誌

○哀禽躑躅

【蹢】

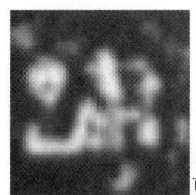

東魏・劉靜憐誌

○蓋跖蹢引輈者

【蹴】

北魏・元詮誌

○毀蹴戒途

【躪】

北齊・高叡修定國寺碑

○陵躪百王

【躅】

北魏・元崇業誌

○哀禽躑躅

疋部

【疋】

《説文》：疋，足也。上象腓腸，下从止。《弟子職》曰："問疋何止。"古文以爲《詩・大疋》字。亦以爲足字。或曰胥字。一曰疋，記也。凡疋之屬皆从疋。

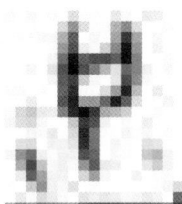

秦駰玉版

○玉疋（米胥）既精

【𤴙】

《説文》：𤴙，門戶疏窗也。从疋，疋亦聲。囪象𤴙形。讀若疏。

【延】

《説文》：延，通也。从爻从疋，疋亦聲。

品部

【品】

《說文》：品，眾庶也。从三口。凡品之屬皆从品。

里·第八層 1923

敦煌簡 0783

○伏虜品約捕

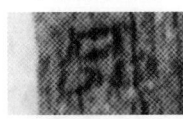

敦煌簡 0220

金關 T21:103

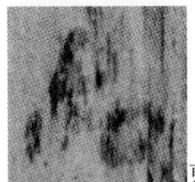

東牌樓 047 正

○品□□屬之

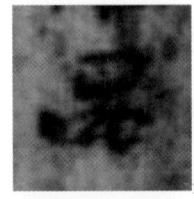

吳簡嘉禾·一四二六

東漢·封龍山頌

北魏·王僧男誌蓋

○魏品一墓誌銘

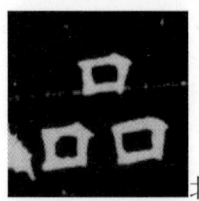

北魏·元弘嬪侯氏誌

東魏·嵩陽寺碑

○拯拔群品，

【喦】

《說文》：喦，多言也。从品相連。《春秋傳》曰："次于喦北。"讀與聶同。

北周·韋彪誌

北周·韋彪誌

【喿】

《說文》：喿，鳥羣鳴也。从品在木上。

睡・日甲《詰》33

獄・占夢書16

里・第八層1552
○戍卒喿（操）衣

張・蓋盧43
○則疾喿（噪）從

漢印文字徵
○喿成

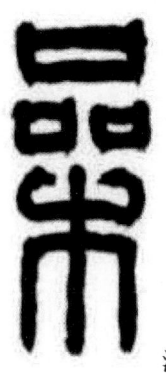

漢印文字徵
○喿王孫

北齊・高潤誌
○內喿（參）百揆

北齊・和紹隆誌
○喿（參）軍

北周・拓跋虎誌
○喿聞遺令

龠部

【龠】

《說文》：龠，樂之竹管，三孔，以和眾聲也。从品、侖。侖，理也。凡龠之屬皆从龠。

漢銘・新嘉量一

漢銘·新嘉量一

睡·為吏9

○戶關龠（鑰）

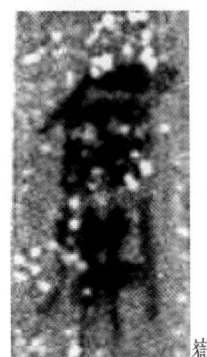

獄·為吏62

○關龠不利

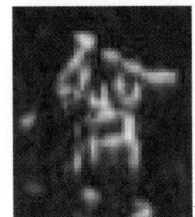

北魏·韋彧誌

【龡】

《說文》：龡，籥，音律管壎之樂也。从龠炊聲。

【𠎤】

《說文》：𠎤，管樂也。从龠虒聲。

【篪】

《說文》：篪，𠎤或从竹。

【龢】

《說文》：龢，調也。从龠禾聲。讀與和同。

春晚·秦公鎛

春早·秦公鎛

春早·秦公鎛

春早·秦公鎛

春晚·秦公鎛

春早·秦公鎛

廿世紀璽印三-SY

○張穌印信

秦公大墓石磬

東漢·乙瑛碑

【龢】

《說文》：龢，樂和龤也。从龠皆聲。《虞書》曰："八音克龤。"

冊部

【冊】

《說文》：冊，符命也。諸矦進受於王也。象其札一長一短，中有二編之形。凡冊之屬皆从冊。

【笧】

《說文》：笧，古文冊从竹。

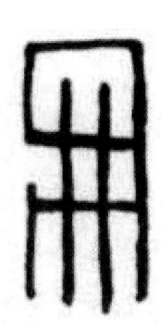

漢印文字徵

○張冊

北魏·華山郡主誌銘

○冊贈華山郡主，

北魏·王悅及妻郭氏誌

○追尋往冊

北魏·元順誌

北魏·胡明相誌

○故以備諸史冊

北魏·尉氏誌

北魏·堯遵誌

○揖禪□於金冊矣

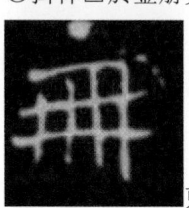

東魏·叔孫固誌

○冊勳有典

東魏・崔鷫誌
○冊贈使持節

北齊・斛律氏誌
○猶且氤氳篆冊

【嗣】

《說文》：嗣，諸侯嗣國也。从冊从口，司聲。

【孠】

《說文》：孠，古文嗣从子。

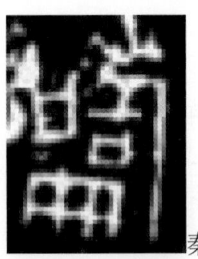

秦代・元年詔版五

秦代・元年詔版二

銀壹744
○後嗣

敦煌簡1461A

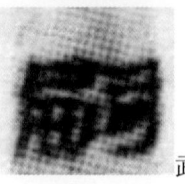

武・甲《特牲》36

漢印文字徵
○司馬嗣印

漢印文字徵
○趙嗣印信

石鼓・而師

秦公大墓石磬

詛楚文・沈湫
○又秦嗣王

泰山刻石

瑯琊刻石

東漢·景君碑

東漢·曹全碑陰

東漢·諸掾造冢刻石
○嗣子□始

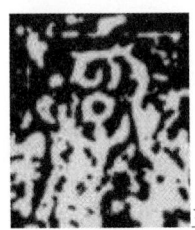

三國魏·三體石經尚書·古文
○我後嗣子孫

三國魏·三體石經尚書·篆文
○我後嗣子孫

【扁】

《說文》：扁，署也。从戶、冊。戶冊者，署門戶之文也。

漢銘·昭臺宮扁

嶽·數131

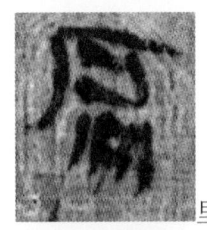

里·第八層1081

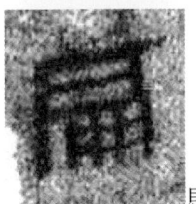

馬壹40_23下

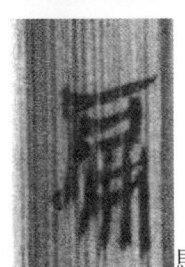

馬貳244_261

張·傅律361

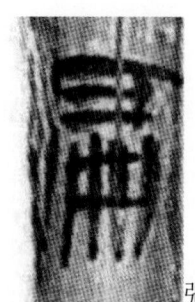

張·脈書 38

北貳·老子 207

敦煌簡 1557

金關 T31:064

漢印文字徵
○扁翁孺

漢印文字徵
○李久扁

漢印文字徵
○扁調

漢印文字徵
○扁逆

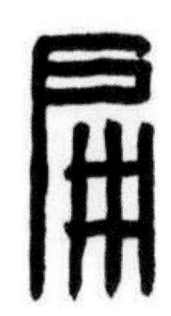